Pourquoi ça casse
alors que
ça pourrait marcher

DU MÊME AUTEUR
AUX ÉDITIONS PAYOT

Si les hommes pouvaient parler… Les sept clés de la psychologie masculine

Alon Gratch

Pourquoi ça casse alors que ça pourrait marcher

L'ambivalence dans les relations amoureuses

Traduit de l'anglais (États-Unis) par Corinne Marotte

Petite Bibliothèque Payot

Retrouvez l'ensemble des parutions
des éditions Payot & Rivages sur

www.payot-rivages.fr

Titre original :
If love could think

INTRODUCTION

Quand l'amour déraille : les 7 types d'échec amoureux

Quand l'amour déraille, tout va mal. Ainsi s'expriment mes patients – au travers de leurs mots et clichés, bien sûr, ou par les symptômes et les troubles qu'ils manifestent. Quand l'amour flanche, notre esprit nous joue de sales tours : dépression, angoisse, attaques de panique, problèmes sexuels, stress, alcool et drogue sont autant d'expressions des difficultés que nous rencontrons dans notre dialogue avec l'amour. Aussi simpliste que cela puisse sembler, nos échecs amoureux forment le cœur théorique de la psychologie du développement.

Nous avons tous entendu parler des divers types d'échec amoureux. Et pourtant, nous sommes toujours aussi déconcertés par ce que recouvrent ces clichés et par ce qu'il faudrait mettre en œuvre pour s'en sortir. Ce livre s'adresse à tous ceux dont le comportement sentimental est prisonnier de schémas récurrents : que vous envisagiez de mettre fin à une relation ou que vous ayez déjà franchi le pas et ne souhaitiez pas reproduire les mêmes erreurs à l'avenir ; que vous soyez du genre à ne jamais trouver l'âme sœur en dépit d'innombrables rencontres amoureuses ou que vous vous trouviez à nouveau embarqué dans une relation qui ne vous convient pas ; que vous vous demandiez si vous devriez envisager de vous marier ou si vous n'êtes pas coincé dans un mariage sans amour ; que vous soyez tout simplement fasciné par les mystères de l'amour et vouliez connaître et comprendre le chemin parcouru par certains de ses explorateurs les plus intrépides (mes patients) – ces pages sont pour vous.

Les modèles relationnels ne se réduisent pas à la répétition d'un comportement unique et aisément identifiable. Ainsi, vous qui avez tendance à toujours aller vers des hommes indisponibles, il est probable que ce soit à chaque fois dans un contexte différent : peut-être l'un d'entre eux habitait-il loin, un autre ne pouvait-il pas s'engager, un troisième était-il marié ou bisexuel sans le savoir… De plus, vous avez sans doute cherché à dépasser ce schéma en nouant une relation avec quelqu'un qui ne vous attirait pas vraiment mais qui s'intéressait beaucoup à vous. En d'autres termes, vous ne savez réagir qu'en vous plaçant de l'autre côté de l'équation.

Nous verrons que les recoupements et corrélations entre les modèles relationnels, loin d'être anecdotiques dans le désordre de notre paysage interpersonnel, sont d'abord une conséquence de racines psychologiques communes qu'il s'agit d'identifier pour atteindre l'amour. Mais d'abord, pour vous permettre d'y voir clair dans vos propres modes de fonctionnement, je voudrais rapidement passer en revue les plus courants. Pour plus de simplicité, je les ai organisés en sept catégories ou types. On notera qu'ils se manifestent aussi bien dans le cadre de rencontres amoureuses, parfois même dès le premier rendez-vous, que dans celui d'histoires à long terme, y compris dans les mariages les plus durables. Et comme nous le verrons, ces comportements ne nous conduisent qu'à l'échec si nous nous obstinons à les interpréter de travers : car ce sont des fantasmes, de la poésie, des contes de fées ; autrement dit, une image passionnée de la réalité, mais non la réalité elle-même. Dans une certaine mesure, ils forment la partie créative d'une relation amoureuse. Mais ils ont aussi le pouvoir de contaminer notre psyché et de détruire notre capacité à nouer ou à poursuivre des relations intimes durables.

J'appelle « amour narcissique » le premier de ces modèles. Il n'est que juste de commencer par celui-ci puisque, comme l'affirme avec raison la sagesse populaire, pour aimer les autres il est indispensable de s'aimer soi-même : de sorte que tout amour commence par l'amour de soi. De fait, nous recherchons en général l'amour à cause de ce qu'il provoque en *nous-mêmes* – le bonheur fou d'être vivant, apprécié, et un sentiment d'extase à l'égard de la vie, de *notre* vie. S'il est donc sain qu'une relation amoureuse comporte une dose normale de narcissisme, dans l'amour narcissique, en revanche, nous avons un besoin démesuré de nous sentir spécial. Si, pour tomber amoureux, il est nécessaire d'idéaliser son partenaire afin de ne pas trop s'arrêter à ses limites, dans l'amour narcissique le fossé entre l'idéalisation et la réalité de l'autre est si profond qu'il finit par être fatal à la relation.

Dans ce modèle amoureux, le couple semble se nourrir de l'idée que son histoire est l'expression la plus ultime et la plus extraordinaire de l'amour, comme si chacun des deux partenaires proclamait en permanence qu'il est le plus grand amour de l'autre et adoptait le comportement correspondant. Le moindre de nos actes, la moindre de nos possessions, et avant tout notre partenaire, se voient conférer une exclusivité esthétique, intellectuelle et affective, telle que l'entourage aura le sentiment de ne jamais être à la hauteur. Dans une relation à long terme, ce type d'adoration mutuelle se révèle souvent être une posture superficielle adoptée pour masquer ressentiments secrets, problèmes sexuels ou relations extraconjugales. Dans le cadre d'une rencontre récente, ce niveau d'idéalisation est temporaire et conduit fréquemment à son contraire : la dévaluation. Je distinguerai d'ailleurs à ce propos l'idéalisation saine et nécessaire caractéristique de la période « lune de miel » du début (et qui, avec un peu de chance, continue par la suite) de l'idéalisation plus problématique décrite ci-dessus. En guise d'aperçu, disons que la première permet d'avoir une meilleure opinion de soi alors que la seconde constitue une tentative extrême bien qu'inconsciente de réguler son estime de soi.

Dans le second modèle relationnel, « l'amour virtuel », la séparation géographique est une donnée *a priori* de la relation dans laquelle nous nous engageons : l'autre habite loin, on ne le voit que de manière intermittente ou on ne communique que par l'intermédiaire d'Internet. Il y a ainsi incapacité physique à être ensemble de façon régulière. Allégé des réalités de la vie quotidienne, cet amour, dans sa forme la plus extrême, génère des fantasmes de perfection à propos de l'autre et de la relation. Mais dès que nous essayons d'amener cette relation « virtuelle » dans le monde physique, la construction fantasmatique s'effondre, nous laissant avec nos attentes et des doutes déstabilisants à l'égard de notre capacité à aimer.

J'appelle « amour à sens unique » la troisième forme d'amour : plus l'autre est hors d'atteinte, plus il nous manque. Lorsque l'objet de notre amour ne répond pas à nos sentiments, nous nous persuadons que nous serions heureux et comblé si seulement nous étions aimé en retour. Mais en vérité, nous nous désintéressons souvent de la relation lorsque le sentiment devient réciproque. De plus, comme nous le verrons, en pourchassant une cible inaccessible nous nous coupons nous-mêmes de ceux qui, de leur côté, nous poursuivent : les deux attitudes forment ainsi les revers d'une même médaille.

Dans « l'amour interdit », ce sont le risque et même le danger formés par les écueils placés en travers de la relation qui nous attirent. Nous sommes dans ce cas de figure quand un professeur d'université et son étudiante tombent follement amoureux l'un de l'autre, quand une femme divorcée s'amourache d'un copain de fac de son fils, quand une femme mariée s'éprend de son professeur de tennis. Nous nous persuadons que si nous réussissions à écarter les obstacles nous empêchant de vivre notre relation au grand jour, nous pourrions concrétiser pour toujours notre amour. Or il apparaît le plus souvent que c'est justement cet élément défendu qui alimente notre passion. Aussi, quand il disparaît, l'amour s'éteint de lui-même car l'un des amants, et parfois les deux, finit par s'ennuyer ou par s'intéresser à d'autres situations interdites.

« L'amour sexuel » forme le cinquième type d'échec amoureux : je le définis non pas tant comme l'amour avec une composante sexuelle, mais comme le sexe sans l'amour – une relation presque uniquement fondée sur le désir physique. Ce peut être le cas de façon consciente quand les deux partenaires se lancent dans une exploration charnelle sans autre forme d'engagement, ou, de façon inconsciente, quand l'un ou l'autre, et parfois les deux, se raconte qu'il est amoureux alors qu'il ne cherche qu'à assouvir une envie sexuelle – un grand classique chez les hommes. La relation se délite dès lors que l'un des deux partenaires « se souvient » qu'il n'est pas qu'un corps et que sa psyché ou son âme est une réalité aussi forte, aux besoins aussi puissants que ses organes sensuels et sexuels.

« L'amour triangulaire » introduit une troisième personne, réelle ou imaginaire, au milieu de la relation : on aime sa femme en tant qu'épouse-mère et on aime sa maîtresse en tant que partenaire sexuelle ; on sort avec un homme tout en nourrissant une passion secrète pour son frère ; on aime son mari mais on préfère consacrer tous ses week-ends à sa mère. Notons que ce tiers peut aussi être une chose ou une activité : je suis engagé dans une relation avec ma petite amie, mais tous les samedis et les dimanches je vais skier ou boire des verres avec mes potes ; j'aime mon amie, pourtant je préfère passer tout mon temps libre à surfer sur Internet. Dans la plupart de ces cas, quand il s'agit de faire des choix, la troisième personne finit par être sacrifiée, mais non sans avoir auparavant endommagé la relation primaire.

Parfois les deux relations, l'officielle comme la secondaire, échouent, et d'autres fois la première doit s'incliner devant la concurrence. Dans ces cas-là, comme dans l'amour interdit, il est probable que l'on finira par se rendre compte que les attraits irrésistibles offerts par l'outsider n'étaient qu'illusoires.

Enfin, dans « l'amour androgyne », nous aimerions inconsciemment que notre partenaire change de « sexe affectif », quitte à subir une opération : « les hommes sont des salauds » ou « les femmes sont trop sensibles », disons-nous en essayant de transformer l'autre dans l'espoir qu'il se comporte davantage comme une femme ou elle comme un homme. C'est le chemin le plus sûr vers la catastrophe. Dans certains cas, nous allons jusqu'à choisir une personne dont le caractère s'approche de celui de notre propre sexe. En ces temps de postféminisme, nous sommes nombreux à nous trouver dans une relation où la femme est le membre le plus entreprenant et le plus agressif du couple, tandis que l'homme se montre sensible et émotif. La polarisation réelle des rôles constitue un danger pour une relation parce que tôt ou tard l'homme finit par reprocher à sa femme d'être un petit chef et elle par mépriser son mari de n'être qu'un paillasson.

Même si chacun compte dans son entourage quelqu'un – quand ce n'est pas soi-même – qui se trouve confronté à la nature répétitive de l'un des modes de fonctionnement que je viens de décrire, rappelons que ces schémas, lorsqu'ils ne sont pas poussés à l'extrême, sont d'abord l'un des multiples aspects de l'amour. Non seulement ils sont présents à des degrés divers dans toutes les histoires mais, comme je l'ai indiqué plus haut, même lorsqu'ils sont destructeurs, il est rare qu'on les trouve sous leur forme la plus pure. Prenons le cas de Béatrice, une femme d'une trentaine d'années venue me voir après une série d'échecs sentimentaux. À l'université, son premier petit ami sérieux avait été un interne en médecine un peu plus âgé qu'elle. Énergique, idéaliste, dévoué et sensible, cet homme était tout pour elle. Il s'était créé toute une philosophie autour de sa relation à ses patients, se portait volontaire pour partir en mission dans des pays en voie de développement et se lançait à tout bout de champ dans des projets de recherche « importants ». Pendant les deux premières années, Béatrice s'était sentie spéciale par le simple fait qu'elle le soutenait et le fréquentait, ce qui lui donnait en retour l'impression d'être aimée. Mais le temps passant, il s'était mis à trouver qu'elle avait des attentes excessives, qu'elle l'éloignait de ses recherches et qu'il devait, à cause d'elle, renoncer à des femmes plus brillantes et plus excitantes. Bien entendu, Béatrice s'était sentie coupable, mais elle l'aimait et ne pouvait imaginer vivre sans lui. Il avait fini par rompre et elle s'était jurée par la suite de ne jamais succomber à ce type d'amour narcissique. Ce n'était évidemment pas le terme qu'elle avait employé et c'est lors de sa thérapie, des années plus tard, qu'elle s'était rendu compte qu'elle avait déjà eu auparavant deux autres relations semblables, bien que plus brèves.

Mais à l'époque, Béatrice avait tant souffert de sa rupture qu'elle avait décidé de ne pas s'aventurer dans une autre histoire sérieuse. Elle était alors au milieu de la vingtaine et elle s'était mise à sortir à droite à gauche. Jusqu'au jour où elle avait éprouvé une intense attirance sexuelle pour Robert, un jeune et séduisant étudiant en droit rencontré dans un bar. Comme le sentiment était réciproque, ils s'étaient rapidement lancés dans une liaison à fort caractère sexuel tout en étant clairs sur le fait qu'il s'agissait de prendre du bon temps et que ni l'un ni l'autre ne souhaitaient s'engager davantage. Même s'ils se montraient toujours agréables et gentils l'un envers l'autre, ils ne se voyaient qu'un soir ou deux par semaine pour se livrer à leurs ébats. À l'initiative de Robert, ils mettaient en scène leurs fantasmes sexuels, jouant par exemple au médecin et à l'infirmière ou interprétant d'autres scénarios dans lesquels elle le suppliait de la prendre jusqu'à ce qu'il se rende. Mais bien que Béatrice appréciât et même attendît avec impatience ces expériences, elle avait fini par se dire que son amant se servait d'elle et s'était sentie coupable une fois de plus.

C'est à peu près à cette époque que son colocataire avait reçu la visite de l'un de ses amis, Éric, qui habitait à l'autre bout du pays. Elle avait passé une nuit à lui parler de relations amoureuses et de sa situation avec Robert. Cet homme était tellement plus profond et complexe que son amant qu'elle avait senti toutes les cellules de son corps irrésistiblement attirées par lui. Elle avait arrêté de fréquenter Robert et commencé à correspondre par e-mail et par téléphone avec Éric. Quand, par la suite, elle avait été passer un long week-end avec lui, ils avaient eu des conversations merveilleuses et étaient tombés amoureux. Leur relation s'était transformée en une véritable liaison à distance qui s'était poursuivie pendant un an avant que ne soit soulevée la question de l'engagement. Éric travaillait dans l'industrie des loisirs et affirmait qu'il était totalement irréaliste pour lui de déménager. Béatrice, en revanche, venait de finir ses études et de commencer son premier boulot, aussi envisageait-elle de le rejoindre s'il se disait prêt à s'engager. Mais dès que le jeune homme avait entendu qu'elle était sur le point de déménager « pour lui », il avait senti peser sur lui tout le poids de la responsabilité. « Je ne suis pas prêt », lui avait-il dit et cela avait conduit à une année de séparation supplémentaire, pleine de discussions, de doutes, de sentiments blessés, de déceptions et de colère. « Tu es une personne merveilleuse, avait fini par déclarer Éric à Béatrice, et je voudrais pouvoir unir mon existence à la tienne mais en réalité j'en suis incapable. » Ils avaient rompu et la jeune femme en avait été une nouvelle fois anéantie.

Nous venons ainsi de voir une personne aux prises avec trois des modes relationnels. En tentant de surmonter l'amour narcissique, elle était tombée dans les plaisirs momentanément enivrants de l'amour sexuel ; en cherchant à atteindre une intimité plus riche avec son partenaire, elle avait été trompée par les promesses de l'amour virtuel. À chaque fois, Béatrice pensait essayer quelque chose de nouveau, et en un sens elle avait raison – chacune de ces relations avait ses propres caractéristiques. Mais comme le comprend de façon intuitive n'importe quel observateur : le neuf n'était qu'une autre version du vieux. Béatrice ne cessait de tomber dans un piège paradoxal : c'était précisément les différences apparentes entre toutes ces relations qui lui permettaient de répéter ses erreurs et d'être toujours déçue. Pourtant, à y regarder de plus près, on s'aperçoit que les trois modèles relationnels ci-dessus sont fortement liés. Ils plongent tous leurs racines dans un problème critique et universel : *l'ambivalence*.

Nous sommes persuadés que l'amour devrait être pur ; or c'est impossible, car ni le donneur ni le receveur ne le sont. L'amour s'accompagne toujours de haine ou, pour dire les choses de façon plus acceptable, de colère et de déception – précisément parce que nous prenons les choses à cœur. Pour aimer, nous devons rester vulnérables ; mais cette vulnérabilité engendre de la haine pour la personne qui « provoque » chez nous de tels sentiments. C'est pourquoi l'amour est associé à une chute (comme dans l'expression « tomber amoureux ») et une bonne part des créations musicales, poétiques, littéraires et cinématographiques sont une variation sur le thème : encore une fois amoureux, je ne voulais pas, que vais-je faire ? je ne peux pas m'en empêcher.

Dans *Can Love Last ?* le psychanalyste Stephen Mitchell a cerné l'essence de cette ambivalence. À partir d'une métaphore utilisée par Nietzsche pour démontrer le combat de l'homme face à l'immortalité, il compare l'amour romantique à un château de sable bâti sur la plage. Nous devons investir toute notre passion dans ce projet tout en gardant en tête qu'il risque à tout moment d'être balayé par la marée. C'est bien entendu un état d'esprit difficile à maintenir et, comme le dit l'auteur, pour y arriver nous « divisons » notre fascinant mais fragile château de sable en deux : « château de pierres » d'un côté et « château en Espagne » de l'autre. Le premier représente nos relations à long terme et autres liens matrimoniaux, stables mais ennuyeux ; et le second est fait de nos fantasmes et de nos brèves rencontres, moments d'extase romantique et de nouveauté sexuelle. Bien qu'aucun ne nous rende heureux, ils nous protègent néanmoins de l'incertitude, du risque et de la vulnérabilité inhérents à l'amour. Dans nos « châteaux de pierres », la réalité prend sans doute le pas sur le fantasme, mais au moins leur prévisibilité et leur solidité nous rassurent-ils. Dans nos « châteaux en Espagne », nous nous abandonnons au fantasme et manquons de sens des réalités. Mais qu'avons nous à y perdre, à part quelques illusions ?

En examinant les types d'échec amoureux décrits plus haut, on retrouve à chaque fois le même mécanisme : une tentative de se protéger de la vulnérabilité et par conséquent de la haine, de la colère ou du ressentiment éprouvés à l'égard de l'objet de sa flamme.

Dans l'amour narcissique, l'ambivalence est neutralisée de façon temporaire ou superficielle grâce à l'idéalisation mutuelle, dont le but est d'éviter d'avoir à admettre les imperfections de l'autre et les sentiments que ces dernières provoquent chez vous.

Dans l'amour virtuel, le principe paradoxal selon lequel l'absence attise l'amour l'emporte sur le côté négatif de l'ambivalence : la haine et autres sentiments apparentés. Notre amour peut rester pur, puisque notre partenaire est physiquement absent.

Dans l'amour à sens unique, c'est : « Suis-moi je te fuis, fuis-moi je te suis », et j'évite l'ambivalence en aspirant à avoir ce que je ne peux atteindre. Et, bien entendu, si par chance je finis par arriver à mes fins, je me détourne de ce qui m'intéressait tant jusque-là, autre manière d'éviter l'ambivalence puisque je n'éprouve maintenant que des sentiments négatifs.

Dans l'amour sexuel, nous partagcons notre ambivalence de façon à obéir au corps, non pas à l'âme de notre partenaire.

Dans l'amour triangulaire, nous séparons notre ambivalence entre notre partenaire originel et la troisième personne ou l'activité que nous faisons entrer dans la relation : plutôt que de vivre avec les défauts de notre partenaire, nous prenons un amant qui n'en a pas ou, plus exactement, qui en a d'autres ; au lieu d'essayer de surmonter l'ennui de notre mariage, nous nous livrons de façon compulsive à différentes activités extérieures comme l'alcool, le shopping ou le golf.

Enfin, dans l'amour androgyne, nous tentons d'éviter l'ambivalence en prétendant qu'il n'y a aucune différence psychologique entre les sexes et que notre partenaire peut donc être totalement compatible avec nous ; quand il ne l'est pas, nous nous disons qu'il changera. Parfois, nous essayons de résoudre le problème en choisissant un partenaire plus féminin (si nous sommes une femme) ou plus masculin (si nous sommes un homme).

Il est facile de comprendre pourquoi nous déployons tant de créativité pour nous mentir à nous-mêmes et fuir l'ambivalence : quel être doué de bon sens souhaiterait éprouver colère, rejet, mépris ou dégoût envers son partenaire ? Mais sommes-nous pour autant à jamais condamnés à lutter contre l'ambivalence dans toutes nos relations amoureuses ? Y a-t-il une alternative à l'amour aveugle, et quelle est-elle ? Cette dernière question est essentielle pour nombre de personnes qui se battent pour comprendre et résoudre les problèmes qu'elles rencontrent dans leur vie sentimentale. Mais pour y répondre, nous devons d'abord remonter aux origines psychologiques de l'ambivalence. Demandez-vous si certains des éléments que je vais maintenant évoquer s'appliquent à votre histoire personnelle. Cela vous sera utile plus tard lorsque nous traiterons des types d'échec amoureux.

L'ambivalence de notre rapport à l'amour trouve-t-elle sa source dans une relation psychologique à deux ou à trois personnes ? La théorie freudienne veut que le problème commence dès lors qu'un tiers, le père, est introduit dans le tableau relativement harmonieux de la relation mère-enfant. Quand le père pénètre dans le monde interpersonnel de l'enfant, au moins deux ans après la mère, celui-ci va devoir affronter son parent du même sexe pour gagner l'amour de son parent du sexe opposé. Dans ce drame œdipien, l'enfant craint la vengeance de son rival et ne peut s'empêcher d'éprouver du ressentiment envers ses deux parents, qui l'ont placé dans cette mauvaise passe. L'amour et la haine sont, de ce fait, inextricablement liés.

Les théories plus récentes soutiennent que les problèmes liés à l'amour commencent bien plus tôt, à l'époque prétendument bienheureuse du couple mère-enfant. Sur les plans cognitif et affectif, le nourrisson serait incapable d'accepter que la mère qui le nourrit et prend soin de lui soit cette même créature qui parfois le prive. Dans son esprit, l'enfant sépare donc sa mère en deux – ou, dans la symbolique psychanalytique, dissocie le « bon sein » du « mauvais sein ». Cette séparation est nécessaire d'un point de vue émotionnel pour que la colère éprouvée par le bébé envers cette mère imparfaite et castratrice ne détruise pas l'amour qu'il ressent pour sa mère idéalisée et généreuse. En d'autres termes, le sentiment d'ambivalence à l'égard de l'objet d'amour est présent dès l'origine, mais il semble si dangereux à l'enfant qu'il n'a d'autre choix que de le nier.

Aujourd'hui, la plupart des théoriciens de la psychanalyse estiment qu'il n'est pas nécessaire de jeter Freud avec l'eau du bain pour reconnaître l'importance primordiale des premières relations mère-enfant. De fait, les théories œdipiennes et préœdipiennes se complètent parfaitement et proposent une explication pertinente du développement des problèmes liés à l'amour. Ainsi, nous commençons notre vie par un sentiment d'ambivalence fondamental à l'égard de l'objet dont nous dépendons – le plus souvent la mère –, objet qui ne sera jamais parfait ; quand le second parent entre dans le champ de notre conscience, l'inévitable compétition qui s'instaure ne fait qu'approfondir cette ambivalence ; bien entendu, nous sommes entourés de nos frères, de nos sœurs et d'autres êtres que nous aimons et dont nous avons besoin, mais dont nous souhaiterions aussi qu'ils disparaissent de l'écran de notre radar émotionnel ; enfin, pour couronner le tout, il y a les pertes, déceptions, et blessures qui débutent dès que l'enfant se risque hors du foyer familial et se poursuivront tout au long de sa vie, cimentant et renforçant sa relation ambivalente (amour-haine) avec l'amour.

À présent, réfléchissez à la relation que vous avez eue avec vos parents pendant l'enfance. Aviez-vous le sentiment qu'ils vous aimaient ? Sans doute. Les aimiez-vous ? C'est probable. Mais vous sentiez-vous également jugé, déçu, voire trahi ? Et éprouviez-vous de la colère à leur égard ou du plaisir à leur échapper ? Trouviez-vous que vous n'obteniez jamais assez de l'un de vos parents et sans doute trop de l'autre ? Si vous répondez « jamais » à chacune de ces trois dernières questions, je vous soupçonne d'être semblable à certains de mes patients qui, au cours de la première consultation, s'exclament qu'ils ont eu les meilleurs parents du monde. Ce que je veux dire, c'est que l'ambivalence inhérente à nos premières relations – inhérente parce qu'être parent est un travail impossible – laisse littéralement une empreinte sur notre jeune cerveau en développement. Nous ne pouvons par la suite nous empêcher de la « surimposer » sur nos relations adultes, comme si nous réempruntions un chemin déjà familier.

Nous voyons donc que non seulement l'ambivalence ne pourra disparaître, mais aussi qu'elle forme une part intégrale de la condition humaine. Cependant, elle nous effraye tant que nous préférons souvent croire à l'illusion de l'amour parfait plutôt qu'à sa réalité plus complexe. Les patients auxquels je mentionne le concept d'ambivalence veulent toujours en savoir davantage. Ils comprennent de manière intuitive son importance et cela les intrigue. Mais ils confondent souvent ambivalence et ambiguïté, qui signifie « vague » ou « trouble », peut-être parce que leur ambivalence les effraye tellement qu'ils n'ont rien contre une dose d'ambiguïté quand il s'agit de se pencher sur la question. Ils n'ont pourtant rien à craindre parce que ce n'est pas l'ambivalence qui pose un problème en amour, mais la manière dont on l'assume – ou ne l'assume pas.

Voici donc la réponse à notre seconde question : oui, il existe une alternative à l'amour illusoire. En faisant évoluer notre conception de l'amour ou tout simplement en utilisant notre cerveau quand nous sommes amoureux, nous pouvons apprendre à gérer notre ambivalence plutôt qu'à la nier.

Comme souvent en psychologie, du moins sur le plan conceptuel, la solution est plus simple que le problème. La complexité du sujet – ici, les types d'échec amoureux – brouille les pistes. À bien y réfléchir, l'ambivalence n'est un problème que si l'on aborde l'amour avec l'idée que nous sommes censés en *retirer* quelque chose. En raisonnant sur la base de ce paradigme, je pourrais ainsi ne pas vouloir m'engager davantage avec ma petite amie si je pense qu'elle n'est pas assez intelligente, parce que nous n'aurions pas de conversations stimulantes ; ou, si elle n'est pas assez jolie, elle m'excitera moins et au lit mon plaisir sera moins grand ; si mon petit ami n'est pas assez démonstratif, mes sentiments ne seront pas validés ; s'il travaille trop, il ne sera pas là pour moi ; s'il ne gagne pas très bien sa vie, je ne pourrai accéder au niveau de vie auquel je suis habituée ; s'il déteste voyager, je ne pourrai jamais partir en vacances loin.

De toute évidence, ce qui ressort de cette approche de l'amour – qui est sans doute celle qui domine dans notre culture –, c'est *ce que je m'attends à recevoir* de mon partenaire. Bien entendu, en fonction du niveau de mon appétit affectif, il est possible que je ne rencontre jamais personne capable de me satisfaire. Quoi qu'il en soit, dans ce modèle, notre capacité à aimer dépend par définition de l'autre : qu'on l'attribue au « karma » ou à la psychologie, nous pensons tomber amoureux à partir du moment où la personne idéale se présentera. Et nous nous attendons à ce que cela se produise même si nous savons que c'est un défi à tout ce que nous savons de l'amour : d'abord, nous nous retrouvons toujours avec le mauvais partenaire ; ensuite, ceux qui passent leur vie à attendre le prince ou la princesse charmante, le seul et l'unique, ou la personne vraiment idéale, finissent à coup sûr leurs jours au bas de la liste d'attente.

En vérité, *la capacité à aimer est indépendante de l'objet d'amour*. Il en est ainsi parce que – comme l'explique Erich Fromm dans *L'Art d'aimer* – l'amour est d'abord la capacité à donner et non à recevoir. « La personnalité marchande, écrivait Fromm il y a quarante ans, est prête à donner mais seulement en échange de quelque chose. » Pour cette personne, « donner » signifie « abandonner » – en se privant ou en se sacrifiant. C'est pourquoi il est juste d'en attendre quelque chose en retour. Mais pour la « personnalité productive », explique Fromm, donner à un sens totalement différent : c'est l'expression de sa puissance émotionnelle et de sa richesse. *Elle* donne parce qu'elle a beaucoup et qu'elle en retire de la joie et le sentiment d'être vivant. Dans ce type de don, il ne s'agit pas seulement de faire ou d'apporter des choses aux autres, mais aussi de donner de sa personne ou de partager l'intimité de son monde intérieur avec l'autre.

Appliquée aux relations sentimentales, cette définition de l'amour semble être d'une exigence démesurée : « Et *mes* besoins alors ? », n'est-ce pas ce que la plupart d'entre nous demandent à leur amant tout en murmurant *in petto* : « Et moi, qu'est-ce que je retire de cette relation ? » Mais bizarrement, ce but est assez facile à atteindre dès lors que l'on a à faire à d'autres types de relations affectives. Les parents, par exemple, ne renoncent pas à aimer leurs enfants parce qu'ils ne sont pas assez intelligents, pas assez beaux, ennuyeux, ou parce qu'ils font les quatre cents coups. À la différence d'un amant, ils n'abandonnent pas leurs enfants parce qu'ils « ne les intéressent plus », qu'ils « sont passés à autre chose » ou « ne les aiment plus ». De la même façon, en tant que thérapeute, je ne cesse pas d'aimer mes patients parce qu'ils ne comprennent rien, qu'ils sont difficiles, qu'ils ne progressent pas suffisamment, qu'ils ne sont pas bien habillés ou qu'ils sont en colère contre moi. En fait, sauf à ce qu'ils commettent un acte universellement reconnu comme monstrueux, je ne critique et ne porte guère de jugement sur eux, et je vous assure que ce n'est pas parce que je suis en général du genre à rester neutre.

Même si l'amour d'un parent et l'amour d'un thérapeute sont de toute évidence différents l'un de l'autre, ils ont néanmoins un important dénominateur commun : dans les deux cas, aimer fait partie de notre boulot, de notre responsabilité. Donner est aussi le but avoué de ces relations, du moins consciemment, et nous n'en attendons rien en retour. C'est la raison pour laquelle un parent suffisamment bon n'éprouvera guère de difficulté à aimer son enfant, quel que soit le degré d'ambivalence ressenti à l'égard de ses défauts. De la même façon, le thérapeute suffisamment bon n'a pas besoin de se sentir concerné par le cas de son patient – il lui est le plus souvent facile d'aimer son patient. Lui non plus n'attend rien en retour, sauf bien entendu de l'argent, mais c'est pour son temps, pas pour son amour.

L'idée selon laquelle l'amour ne doit rien attendre en retour et qu'il ne relève pas du devoir professionnel ni de la mission est probablement enracinée en nous depuis la nuit des temps, car notre survie dans l'évolution des espèces a toujours dépendu de notre capacité à nous occuper de nos descendants qui, à la différence d'autres espèces, sont totalement désarmés et dépendants de leurs parents longtemps après la naissance.

Tout cela pour dire que notre difficulté à donner et donc à dépasser notre ambivalence se trouve « dans notre tête ». Au plus profond de nous-mêmes, nous sommes tous capables de donner. De fait, au début d'une histoire d'amour, tout nous est rendu sous la forme d'une générosité joyeuse et inconditionnelle. Puis, très vite, nous commençons à réfléchir à nos propres besoins et nous perdons de vue l'idée qu'il ne faut rien attendre en retour. Pourquoi ? Et pourquoi sommes-nous incapables par la suite de revenir à cette première conception de l'amour ? Pourquoi échoue-t-on à redéfinir l'amour, pourquoi faut-il sans cesse répéter : « Aimer, c'est donner et pas recevoir, imbécile ! » ? Parce que la plupart d'entre nous ont de tels manques affectifs que lorsque l'amour relève d'un choix et non d'un devoir, nous avons l'impression de n'avoir rien à donner.

Naturellement, pour pouvoir donner librement aux autres, nous devons commencer par nous donner à nous-mêmes. Notez la différence fondamentale entre se donner à soi-même et attendre que les autres vous donnent… Cette philosophie pourrait se résumer à : « Ne te demande pas ce que les autres peuvent faire pour toi, mais ce que tu peux toi-même faire pour toi. » Notez également que donner, du moins tel que j'emploie ce verbe, n'a rien à voir avec le bien-être matériel ou les succès extérieurs. Il s'agit plutôt de développer ses propres ressources émotionnelles et intellectuelles, d'investir dans sa propre croissance de façon à finir par trouver en soi le courage de s'accepter et le désir de progresser dans la voie de ce que l'on est déjà.

Tel est le but ultime de la psychothérapie qui, selon moi, ne doit pas chercher à changer les gens : au contraire, il s'agit de les aider à aller davantage vers ce qu'ils sont en les encourageant à dévoiler certains aspects inconnus d'eux-mêmes. Bien entendu, la psychothérapie ne détient pas l'exclusivité en la matière et d'autres disciplines peuvent vous accompagner dans ce voyage. À dire vrai, toute entreprise humaine doit permettre de découvrir et de faire entendre sa voix profonde : voyez la philosophe Cheryl Mendelson qui écrivit un pavé de huit cent quatre-vingt-quatre pages sur l'art de tenir sa maison ! D'ailleurs, l'art sous toutes ses formes est la mise en œuvre parfaite de cette démarche. Quand vous dessinez, écrivez ou prenez des photos, vous ne pouvez vous empêcher de projeter votre propre vision, la singularité de votre esprit dans vos dessins, vos écrits ou vos photos.

En psychothérapie, le patient est l'artiste. Comme Orphée – le poète de la mythologie dont les chants de deuil convainquirent Hadès de renvoyer sa femme dans le royaume des vivant –, il descend dans l'outre-monde de l'amour perdu formé par son propre inconscient. Grâce aux mots et à la communication non verbale, il se débat pour exprimer la douleur qui lui est propre en une langue qui n'appartient qu'à lui. Comme n'importe quel artiste, le patient doit pour ce faire avoir recours à un mélange de pulsion créatrice et de technique. La première se manifeste chez lui par l'envie d'exprimer quelque chose : parler d'un rêve, d'une dispute avec sa petite amie, d'un différend avec son patron, d'une expérience sexuelle – peu importe. La seconde fait référence à ce qu'on décide de dire, aux mots que l'on choisit d'employer, au moment et à la façon dont on les dit. En thérapie et en art, c'est dans le dialogue qui se noue entre ces deux aspects (pulsion et technique, spontanéité et discipline, fond et forme) que gît l'articulation d'une vision personnelle. En thérapie, c'est également là que réside la solution au problème de l'amour.

Pour réussir à métamorphoser l'amour, nous devons ouvrir notre cœur aux peines que l'amour nous a causées tout en ouvrant les yeux sur les illusions qu'il nous a vendues. Celui qui accepte ses sentiments est comme un peintre qui fait tomber de façon accidentelle une goutte de couleur informe sur une toile et découvre qu'il vient de créer une œuvre d'art. Pour arriver à ce résultat, l'intentionnalité de l'acte doit s'allier aux propriétés physiques de la peinture. Sens et sentiments ne suffisent pas : la pensée est indispensable. Nous devons éprouver, nous devons penser, et nous devons penser ce que nous éprouvons. Bref, l'amour doit aussi penser.

Tout au long de ce livre, à mesure que nous nous familiariserons avec les expériences de mes patients dans le domaine amoureux, nous verrons que c'est grâce au dialogue entre émotion et cognition, passion et contrôle, désir et correction que ces hommes et ces femmes se sont autorisés à s'approprier ou à retrouver la voix qui leur est propre. Et c'est en allant jusqu'au bout de leur démarche qu'ils ont fini par se libérer des schémas de l'échec amoureux. Aussi égoïste que cela puisse sembler, la réussite de cette entreprise nous donne les moyens de renoncer au paradigme amoureux du « donne-moi, donne-moi, donne-moi » et à remplacer ses conséquences illusoires par la réalité du don de soi à une autre personne.

Vous ne trouverez pas ici de recette toute faite : mon but est d'essayer de vous inspirer le désir d'atteindre ce niveau d'amour tout en vous donnant des indications pratiques sur le chemin à suivre. J'espère que vous serez aussi ému et fasciné que moi par les histoires de mes patients et que vous vous sentirez suffisamment concerné pour réussir à tirer un enseignement de façon indirecte de leurs échecs et de leurs succès. Et comme j'entends également vous montrer comment appliquer mes idées et mes techniques thérapeutiques à votre propre vécu amoureux, je ralentirai ou ferai même des arrêts sur le processus à l'œuvre à mesure que je décrirai le travail que j'accomplis avec mes patients.

Si j'en juge par ma propre expérience comme par des discussions avec des collègues et des psychologues que je supervise, je serais tenté de dire qu'au moins la moitié des patients en thérapie consulte pour difficultés amoureuses. On compte parmi eux des célibataires à la recherche d'une relation intime et durable, des couples mariés ou des concubins en pleine crise parce que l'amour ne ressemble pas à ce qu'ils imaginaient. Cette « statistique », cependant, ne concerne que les patients conscients que leurs difficultés sont liées à l'amour. Si nous prenons en considération tous ceux qui viennent consulter pour anxiété, dépression ou troubles psychosomatiques – des patients qui souvent, mais pas toujours, développent différents symptômes pour essayer de façon inconsciente de résoudre leurs problèmes amoureux – je me risquerais à dire qu'une large majorité des patients en thérapie cherchent à soigner leurs peines de cœur.

Le sujet de ce livre est intemporel. Pourtant, d'une certaine manière, il est plus que jamais d'actualité. Les études, les experts et les médias nous disent tous que le retour aux valeurs de base est l'une des conséquences du climat d'insécurité qui règne aujourd'hui. Et qu'y a-t-il de plus basique que notre besoin d'amour ? Le 11 septembre, à bord des avions détournés et du haut des tours jumelles en feu, les gens qui téléphonaient de leur portable n'appelaient pas pour dire : « N'oublie jamais à quel point je gagnais bien ma vie, chérie » ou : « Je voudrais que tu saches combien je suis fier d'avoir réussi à Wall Street ». Non, c'était : « Je t'aime » qu'ils disaient. D'ailleurs, pendant les mois qui ont suivi les attentats, la peur de l'anthrax et les attaques terroristes à travers le monde, les journaux et les magazines ont fait état d'une hausse des fiançailles, d'une augmentation du nombre de personnes mettant fin à des relations malheureuses au profit de relations plus équilibrées, et même du redoublement des relations sexuelles.

Ces comportements ont tous la même signification : créer du lien. Pendant que certains tentent de surmonter ce nouveau sentiment de vulnérabilité en poursuivant des gratifications immédiates (« sexe, drogue et rock and roll » ou « prozac et viagra »), la plupart finissent par rechercher sécurité et protection dans une relation durable. Une récente étude menée à New York montre que les hommes et les femmes sont davantage disposés à une relation monogame sérieuse qu'avant le 11 septembre. Ce changement d'attitude – qui, je crois, a pris de l'ampleur lors de l'éclatement de la bulle Internet et des scandales financiers de la fin des années 1990 – est corroboré par ce que j'observe chez mes patients et patientes. Face aux incertitudes, les gens trouvent la sécurité dans les relations humaines.

Ces changements, quel que soit leur degré de profondeur à l'avenir, ne sont probablement que la culmination d'un processus beaucoup plus long et plus vaste que l'on appellera la « maturation des sociétés occidentales ». À la suite de certaines évolutions récentes – par exemple, le mouvement d'émancipation des femmes –, nous bénéficions aujourd'hui de possibilités de choix sans précédent dans le domaine amoureux. Nous pouvons nous marier jeune ou attendre, divorcer, élever seul un enfant, vivre en couple sans nous marier ou vivre plus ouvertement qu'avant avec une personne du même sexe que nous, etc. Au cours des deux ou trois dernières décennies, cette liberté de choix accrue a permis à la psychologie de l'amour d'atteindre de nouveaux sommets. Maintenant que nous nous sommes relativement émancipés des contraintes religieuses, financières et politiques, il est logique que ce soit la psychologie qui guide nos décisions.

Les premiers mouvements de libération des femmes et de révolution sexuelle embrassèrent ces idées avec une certaine naïveté, promettant à qui voulait les entendre amour idéal et satisfaction sexuelle. Nombre de ces promesses ne se matérialisèrent jamais, et les solutions instantanées qui explosèrent dans les années 1980 furent tout aussi naïves. On ne niera pas que quantités d'ouvrages de développement personnel se sont révélés utiles, et certains même importants. Mais mises à part quelques exceptions notables, la plupart manquèrent à expliquer le problème de l'amour. Rien d'étonnant, d'ailleurs, car celui-ci est aussi vieux que l'amour lui-même ! En réalité, ces livres ont surtout échoué parce qu'ils promirent trop et trop vite et n'aidèrent pas le lecteur à travailler sur ses difficultés amoureuses dans une perspective *à long terme*. Ils proposèrent trop de tactiques et de trucs comportementaux, et pas suffisamment de réflexion stratégique affective.

Mais en dépit de ces fausses promesses, ou peut-être à cause d'elles, une profonde maturation s'est opérée depuis cette époque. De nos jours, un nombre croissant de personnes d'une vingtaine ou d'une petite trentaine d'années entament une thérapie en ayant conscience que quelque chose cloche dans leur vie amoureuse. Ces patients savent que leur histoire affective obéit à un modèle qui les empêche de s'engager dans une relation longue et ils savent qu'ils n'ont pas beaucoup de temps pour trouver une solution. Mon expérience montre aussi que de moins en moins de gens s'attendent à « guérir » en trois mois.

Au sein de ma génération, celle des quarantenaires, le changement est également manifeste. D'un point de vue anecdotique au moins, les couples qui traversent une crise relationnelle semblent de plus en plus nombreux à recourir à une thérapie avant d'envisager la séparation et le divorce. Cette évolution indique que l'on a pris conscience que la solution au problème de l'ambivalence de l'amour ne réside pas dans le remplacement de son partenaire. Dans la communauté homosexuelle aussi, l'idée de construire un futur en le liant à une autre personne laisse une part plus importante à la maturité et à la réflexion stratégique.

Par conséquent, si les années 1960 et 1970 ont promis libération, spontanéité, épanouissement désinhibé, et les années 1980 offert des remèdes aussi séduisants qu'irréalistes pour répondre à l'échec de ces promesses, les années 1990 ont vu resurgir des concepts tels que devoir, responsabilité, projets à long terme, et notamment l'idée que l'amour demande du travail. Au début du troisième millénaire, nous sommes enfin en position de faire cohabiter la discipline et l'ordre qui caractérisaient l'amour dans la première moitié du XXe siècle avec la libération et l'excitation que lui a amenées la seconde moitié. C'est précisément une telle approche équilibrée des relations amoureuses qu'offre ce livre.

Aussi, bien que je sois persuadé que cette sorte d'équilibre se situe dans le droit fil de ce que la plupart des gens pensent de l'amour aujourd'hui, les années 1990 ont aussi vu émerger deux tendances susceptibles de venir menacer cette maturité nouvellement acquise. Il y a eu tout d'abord la révolution des moyens d'information. Même si les changements qu'induiront dans notre vie l'Internet et les autres avancées technologiques sont dans l'ensemble imprévisibles, je constate déjà dans ma pratique l'impact de cette révolution sur la psychologie de l'amour.

Prenez le cas d'une célibataire qui peine à rencontrer l'âme sœur. Avant l'ère Internet, à la suite de plusieurs échecs amoureux et d'un certain nombre d'occasions peu enthousiasmantes, cette femme en aurait conclu qu'il ne restait guère d'hommes disponibles. Elle aurait commencé à désespérer et à se demander : « Mais qu'est-ce qui cloche chez moi ? » Cela l'aurait amenée à se livrer à une sorte d'examen de conscience et à essayer de modifier son comportement, ce qui aurait pu finir par déboucher sur la relation désirée. Mais à l'ère de l'interconnexion, les relations par e-mail, les *chats* et la recherche sur Internet ont considérablement élargi le réservoir d'hommes auxquels ce type de femme a accès. Aussi, de nos jours, celle-ci aura-t-elle davantage tendance à résumer la rencontre du partenaire idéal à une affaire de nombre. Il lui faudra donc beaucoup plus longtemps pour comprendre qu'*il y a bien* quelque chose qui « cloche » chez elle.

Voici un autre exemple : considérez un célibataire cherchant à mettre en place une relation de qualité fondée sur un partage de centres d'intérêt et de valeurs. En ligne, cet homme a accès à un grand nombre de candidates et peut opérer une sélection. Il attendra ainsi de « rencontrer » une femme qui aime les mêmes livres et films que lui, qui a le même sens de l'humour, qui voudrait elle aussi aller en Nouvelle-Zélande et en Alaska avant de se fixer, et qui tout comme lui rêve d'habiter dans un loft et de faire de l'escalade le week-end. De toute évidence, lorsqu'il finit par rencontrer vraiment la femme de ses rêves, la petite part essentielle d'insaisissable que l'on appelle « chimie » risque, elle, de ne pas être au rendez-vous. En vérité, vu l'énergie que déploie cet homme dans sa quête de perfection, il est même certain qu'elle ne sera pas là. Aussi, comme le démontre le chemin amoureux virtuel emprunté par notre personnage, l'immense réserve de candidates potentielles que propose l'Internet, associée à l'immatérialité de ce mode de communication, sont de nature à considérablement renforcer le fantasme qu'il existe une perfection sans ambivalence.

Une seconde tendance « antimaturité » est aussi apparue dans les années 1990 et sans doute est-elle liée à la précédente. Selon Wendy Kaminer, il s'agit de « l'amphigouri de religions et de nouveaux mouvements "spichologiques" à la mode ». Selon moi, l'adhésion à certaines transformations métaphysiques telles que la réincarnation, le spiritisme, la communication avec Dieu, la relation avec les extraterrestres et la communication intuitive avec l'esprit d'autrui, est également une tentative pour échapper à l'ambivalence. Ces théories sont très séduisantes en tant que telles, et pas seulement pour les moins éduqués ou les plus instables d'entre nous. J'ai eu plusieurs fois l'occasion de soigner des femmes compétentes et « raisonnables » tombées amoureuses d'hommes rencontrés au cours d'ateliers et de retraites spirituelles. Les mots employés par ces individus sonnaient si justes – engagement, responsabilité, travailler sur la relation, t'aider à t'épanouir, donnons-nous les moyens d'atteindre ce à quoi nous aspirons – qu'ils réussissaient à « berner » tout le monde : ma patiente, eux-mêmes, et moi par-dessus le marché. Quels que soient leur désir de croissance personnelle et l'intérêt qu'ils portent aux autres, ces hommes finissent toujours par déclarer au bout de quelques mois : « Je ne me sens plus proche de toi » et par rompre. Pour dire les choses simplement, lorsque leur transformation spirituelle vite faite mal faite se trouve confrontée à la réalité imparfaite de la relation, ils passent à leur prochaine… aventure interpersonnelle pseudo-transcendantale.

Au travers des cas que je vous présenterai, nous rencontrerons de gens aux prises avec des dynamiques séculaires dans un monde complètement neuf. Nous verrons que pour nombre d'entre eux cela implique de combattre non seulement des modèles relationnels dépassés et inefficaces, mais aussi un nouvel environnement qui, de façon paradoxale, ne sert qu'à renforcer ces modèles. Pourtant, je n'ai rien contre la technologie. Ni contre la spiritualité. Les révolutions de l'information et du *new age* font partie du paysage humain contemporain et ajoutent une touche d'actualité à cette nouvelle exploration d'un problème ancestral.

L'idée selon laquelle l'amour romantique devrait conduire au mariage et à la création d'une famille prévaut aujourd'hui dans notre civilisation occidentale, mais elle est en réalité relativement récente : elle est venue remplacer la conception du mariage comme institution économique ou politique qui prévalait il y a moins de cent ou deux cents ans. En revanche, la quête d'un amour romantique parfait et sans ambivalence est universelle et ancienne. Pour le prouver, et afin d'aider le lecteur à saisir l'essence de chacun des modèles relationnels présentés dans ce livre, je les ai associés à des légendes classiques tirées de la mythologie grecque.

Quand sa femme mourut, le poète Orphée, « père du chant », ne put l'accepter. Cette perte l'avait tant abattu qu'il entreprit d'aller rechercher Eurydice chez Hadès, le roi du monde des morts. Là, dans ce royaume souterrain, son chant de deuil était si transperçant, si envoûtant, qu'il fut autorisé à retrouver sa bien-aimée et à la ramener au pays des vivants. Mais en gage de cette libération, Orphée dut promettre qu'il ne se retournerait pas pour regarder sa femme tant qu'ils se trouveraient encore sous terre et n'auraient pas atteint l'autre côté. Bien entendu, il faillit à sa promesse. L'amour le poussa à regarder et Orphée perdit à nouveau son Eurydice, cette fois-ci pour de bon. À partir de ce moment-là, tout alla de mal en pis : comme il se refusait à envisager toute autre relation, un groupe de femmes qui se sentaient négligées finit par l'attaquer. Elles le démembrèrent et précipitèrent sa tête décapitée dans la rivière. Emportée par le courant, la tête appelait : « Eurydice ! Eurydice ! » pendant que les rives se renvoyaient l'écho de son nom.

Cette légende nous parle, entre autres choses, du pouvoir de transformation de l'amour, de sa capacité à guérir comme à détruire. Ne serait-il pas agréable de modifier l'histoire en lui ôtant par exemple la deuxième partie ? Ou en lui attribuant une autre fin qui donnerait à Orphée la chance d'aimer à nouveau ? C'est précisément ce que je cherche à accomplir avec mes patients et ce que j'aimerais faire ici : donner une nouvelle chance à l'amour. Lui donner autant de chances que nécessaire puisque, dans ce domaine, l'être humain est long à la détente. Ce qu'il y a d'encourageant c'est que, du moins d'un point de vue conceptuel, la marche à suivre pour avoir droit à une nouvelle chance est très claire. Mais nous nous égarons en chemin à cause de notre compulsion à répéter ce que nous savons déjà et de notre peur de ce qui est vraiment spontané et nouveau. C'est par exemple ce qui se produit au début d'une relation, quand nous nous préoccupons de questions tactiques et que nous nous éloignons de notre stratégie de départ. En nous demandant : « Devrais-je l'appeler ou attendre qu'il le fasse ? » ou : « Devrais-je lui laisser davantage de latitude ou lui dire ce que je ressens quand il se dérobe ? », nous nous focalisons sur les détails de notre interaction et perdons de vue l'ensemble, à savoir qu'au fond de nous-mêmes nous savons déjà si la relation a de l'avenir ou non. Car nous sentons *toujours* quand nous sommes piégés dans une relation sans issue que nous maintenons en vie grâce aux machinations ingénieuses de notre déni.

Aussi, pour vous aider à maintenir votre cap stratégique vers l'amour, à mesure que je présenterai les sept types d'échec amoureux, je ne cesserai de revisiter les trois étapes fondamentales qu'il vous faudra suivre. Elles ont été élaborées à partir du travail que j'accomplis depuis des années avec mes patients. Elles impliquent de se familiariser avec sa propre psychologie afin de pouvoir se libérer de considérations tactiques et d'être plus réceptif à l'amour. Nous commencerons donc par apprendre à identifier notre modèle relationnel et à reconnaître les signaux d'alarme qui nous permettront de réagir avant qu'il ne soit trop tard. Dans la deuxième étape, nous ferons le point sur l'ambivalence qui sous-tend notre modèle : ce qui provoque chez nous un sentiment d'ambivalence. Et pour finir, nous résoudrons cette ambivalence en l'acceptant.

En fonction du type d'amour discuté et des circonstances individuelles, ces étapes se répéteront avec des variantes à chaque chapitre du livre. Parallèlement, une grande partie des suggestions proposées ici et là peuvent être appliquées à chacun des modèles. En explorant ces étapes, je montrerai non seulement comment elles se mettent en place au cours d'une psychothérapie, mais aussi comment les faire sortir de mon cabinet pour les intégrer dans votre vie personnelle.

Comme nous le verrons, ces trois étapes ne

rassemblent pas seulement des outils techniques, mais vous donnent plutôt le mode d'emploi pratique des conditions psychologiques préalables pour atteindre l'amour. Dans la mythologie, l'âme de l'être aimé est souvent représentée par un papillon parce que tous les deux traversent une métamorphose que les Grecs, dans leur sagesse infinie, considéraient être un état permanent de l'esprit. Aussi, à la troisième étape, au lieu de chercher à attraper ou à épingler une autre âme, vous serez invité à engager la vôtre. Vous devrez métamorphoser votre propre âme en vous donnant à vous-mêmes au lieu d'attendre des autres qu'ils vous donnent. Paradoxalement, c'est de cette façon que vous réussirez aussi à donner aux autres, ce qui, somme toute, est le but ultime de l'amour.

CHAPITRE PREMIER

L'amour narcissique

Nous connaissons tous l'histoire de Narcisse, ce beau jeune homme qui tomba éperdument amoureux de sa propre image se reflétant dans l'étang ; mais celle de sa partenaire, la jeune nymphe Écho, nous est moins familière. Pour la punir, les dieux l'avaient condamnée à répéter ce que disaient les autres, la rendant ainsi incapable de prononcer la moindre parole qui lui fût propre. Un jour Écho, tout emplie de l'admiration qu'elle avait toujours pour elle-même, aperçoit Narcisse et l'entend prononcer ce qu'elle pense être une déclaration d'amour, qu'elle répète aussitôt. Un observateur extérieur aurait pu voir dans cette scène la célébration d'un amour mutuel. En réalité, Écho n'est que la version audio de l'étang réfléchissant auquel Narcisse, tombé amoureux de son propre reflet dans l'onde, s'adresse indéfiniment par la suite. On relèvera cependant que les deux jeunes gens se piégèrent *eux-mêmes* par cette galerie des glaces : ne pouvant, de l'endroit où elle se tenait, voir le reflet qui se projetait dans l'eau, Écho crut que Narcisse s'adressait à elle ; quant à ce dernier, il se consuma d'amour pour son reflet adoré et dépérit lentement. Même aux Enfers, il se regardait encore dans l'eau du Styx.

Que le personnage de Narcisse nous soit bien plus connu que celui d'Écho ne relève sans doute pas du hasard. À bien y réfléchir, pourtant, la jeune fille ne nous est pas non plus étrangère. Les féministes reconnaissent en elle l'épouse traditionnelle, dont le rôle est de soutenir son mari : la femme derrière l'homme. Et les psychologues branchés la qualifient de « codépendante » ou de « soutien » – la compagne désintéressée qui prend soin et, sans le vouloir, participe à la défaite de son partenaire égoïste et autodestructeur (Narcisse finit par mourir de faim parce qu'il était incapable de s'arracher à son propre reflet). Mais ce que l'on sait moins sur Écho et ses sœurs d'aujourd'hui, c'est qu'elle est en tous points aussi narcissique que son compagnon d'infortune, dont elle semble pourtant être l'opposée. Dans nos cultures traditionnelles, toute la socialisation des femmes visait à apporter soutien et respect à leur partenaire, quand ce n'était pas à lui obéir. Elles étaient censées atteindre une bonne estime de soi, non pas grâce à quelque réussite personnelle extérieure, mais au travers des attentions qu'elles prodiguaient aux autres. Les femmes ont sans doute davantage de prédispositions biologiques pour ce qui touche à l'éducation des enfants que les hommes. Cela n'explique pas qu'en dépit des transformations de nos sociétés, nombre de femmes continuent de se fabriquer une bonne opinion d'elles-mêmes en aidant *les autres* à avoir une bonne opinion d'eux-mêmes. Autrement dit, leur besoin égoïste est de se montrer désintéressées. Leur narcissisme réside dans leur désir que l'on ait besoin d'elles – et peu importe la réalité de ce besoin. De sorte que ce narcissisme-là, bien que plus difficile à déceler, est aussi prononcé que celui des hommes.

Dans l'amour narcissique, la dynamique du couple s'organise souvent en fonction de cette différenciation sexuelle des formes de narcissisme. Face au monde, l'homme pose en bâtisseur de pyramides pendant que la femme applaudit et soutient son effort en vaquant aux affaires de la maison et en faisant bonne impression entre ses bras. En dépit de tous les changements engendrés par les mouvements féministes, ce schéma préside aux premiers rendez-vous amoureux : l'homme affiche ses talents, son intelligence et son importance. Son travail, sa mission ou son emploi du temps prennent le pas sur ceux de la femme, quels que soient le travail, la carrière ou les désirs ouvertement égoïstes de celle-ci. Aussi déconcertant que cela puisse paraître à notre époque, beaucoup de femmes – du moins celles qui souffrent d'une mauvaise estime de soi – n'ont pas, malgré leurs réalisations notables, une bonne opinion d'elles-mêmes dès lors qu'elles ont l'impression que leur partenaire ou leurs enfants n'ont pas besoin d'elles et qu'elles ne plaisent pas en société.

Heureusement, ces modes de fonctionnement ne sont pas aussi rigides que l'on pourrait s'y attendre et nous verrons qu'ils peuvent évoluer. De plus, quantité d'hommes et de femmes passent d'une relation amoureuse où ils jouent le rôle d'Écho à une autre où ils assument celui de Narcisse, avant de finir par trouver le juste milieu.

Première étape : qui suis-je ?

Le narcissisme « pathologique » est le plus souvent considéré comme une forme excessive d'amour de soi, alors que c'est l'inverse qui est vrai. Pour lutter contre une faible estime de soi inconsciente, voire une haine de soi, le narcissique en rajoute et met en avant ses performances, son pouvoir ou sa beauté. En outre, plus on a conscience de ne pas s'aimer ou d'avoir une mauvaise estime de soi, plus le narcissisme s'accentue parce que l'on a en permanence à cœur de prouver le contraire. Il est donc plus juste d'envisager le narcissisme comme un égocentrisme résultant de nos efforts pour *réguler notre estime de soi* et de ne pas le réduire à un état pathologique : c'est d'ailleurs aussi un aspect nécessaire et potentiellement positif du processus de développement psychologique. Pour montrer ce dont on est capable ou pour plaire aux autres et accéder à une bonne estime de soi, on évolue. Bien sûr, dans sa forme extrême et sous certaines conditions, le narcissisme se révèle être un problème débilitant.

En amour, le narcissisme joue encore une fois un rôle positif et négatif important. Dans la mesure où l'estime de soi vient du sentiment que l'on a eu d'être aimé depuis l'enfance, elle est sollicitée dès que l'on tombe amoureux. Si notre amour est partagé, nous nous sentons valorisé ; dans le cas contraire, nous ne nous sentons pas à notre place. Et parce que notre confort moral dépend de manière cruciale de l'estime de soi, notre narcissisme fait appel à divers mécanismes de défense pour maintenir cette dernière à un bon niveau. Le principal se nomme *idéalisation* et il se révèle très utile quand on tombe amoureux. La générosité émotionnelle éprouvée à ce moment-là est conditionnée par la façon dont nous idéalisons notre partenaire : cela nous permet de fermer les yeux sur ses défauts, de croire que nous avons enfin rencontré l'âme sœur et de nous persuader que jamais nous ne serons trahi ni abandonné. Nous ne disposons souvent d'aucun fait pour étayer cette certitude puisque l'autre nous est inconnu au moment où nous tombons amoureux.

Mais nous en retirons néanmoins le sentiment d'être précieux, vital et spécial quand par ailleurs nous nous sentons ordinaire, fade et sans importance par rapport au reste de l'humanité. En bref, l'idéalisation nous confère une bonne opinion de nous-mêmes, directement quand nous en sommes l'objet, indirectement quand nous idéalisons une autre personne et que nous profitons du reflet de son rayonnement.

Dominant dans les premiers temps de la relation – période de la « lune de miel » pendant laquelle on est aussi amoureux de l'amour –, ce type d'idéalisation se poursuit parfois lorsque certaines relations plus ou moins « saines » s'installent. Il s'équilibre pourtant en général à mesure que l'on apprend à connaître l'autre : édulcoré d'un côté, enrichi d'un autre, la réalité de l'esprit et du corps de notre partenaire et l'histoire de notre vie commune l'influencent. S'il est nécessaire qu'un noyau de l'idéalisation du début soit préservé pour que l'amour dure, l'intensité et l'expansion des premiers moments finissent par nuire à la pérennité de l'intimité. Il en est ainsi parce que l'autre ne nous connaîtra pas vraiment et ne nous aimera donc que superficiellement tant que nous n'aurons pas pu lui montrer nos traits de caractère moins séduisants et les faire admettre comme tels. C'est tout le problème de l'amour narcissique. Dans les cas les plus extrêmes, nous tombons amoureux d'un *détail* de la personnalité de notre partenaire, sur lequel nous concentrons notre attention en nous répétant qu'il s'agit de *l'ensemble* de la personne. En ignorant dès le départ la réalité de celui ou de celle que nous avons en face de nous, nous découvrons souvent par la suite qu'il/elle a comme une vie secrète.

L'une de mes patientes, âgée d'une trentaine d'années, cachait sous un abord séduisant et brillant une personnalité « fragmentée », incohérente et peu sûre d'elle-même. Enfant, elle avait été très proche de sa mère alors que son père était absent, littéralement à la suite du divorce de ses parents, mais aussi d'un point de vue affectif parce qu'il était, selon ses propres termes, une « non-entité » : calme à la limite de l'effacement, il était aussi infantile et naïf, se livrant souvent à des blagues stupides ou marmonnant des propos incohérents. Pour finir, c'était aussi un « raté », car il avait été chômeur pendant la plus grande partie de l'enfance de ma patiente. Pourtant, cette dernière affirmait que tout cela ne l'avait en rien affectée : « Dans la mesure où je n'ai jamais eu aucune relation avec mon père, je me fiche bien de ce qu'il est ou n'est pas. » Ce à quoi je répliquais à chaque fois que cette absence de relation était précisément l'aspect le plus critique de leur relation. En d'autres termes, il est impossible de n'avoir aucune relation avec l'un de ses parents – ne serait-ce que sous la forme de fantasmes. Au pire, l'absence du parent en vient toujours à constituer une présence immense dans l'esprit de la personne *ainsi que* dans ses relations intimes. Dans le cas de cette patiente, cela se manifestait au travers d'une succession de relations avec des hommes idéalisés et narcissiques.

Comme beaucoup d'autres dans la même situation, cette femme choisissait en toute conscience des hommes qui étaient *tout sauf* son père : ils avaient un bon métier et étaient intelligents, enthousiastes, sensibles et attentifs. Bref, des hommes qui avaient l'air parfaits et qu'à la différence de son père elle pouvait facilement idéaliser. Outre que personne n'est parfait, ceux qui semblent l'être le sont en réalité encore moins que les autres. Elle eut ainsi une liaison avec Kevin, un jeune avocat, employé dans un organisme public de conseil juridique. Comme on peut l'attendre de quelqu'un dans ce secteur, il était sûr de lui et brillant, mais aussi idéaliste, car son activité impliquait qu'il défende des personnes économiquement faibles. Il était aussi très séduisant dans un style un peu gamin, affectueux, respectueux, et il aimait discuter de questions liées à la famille et à leur relation. Enfin, il adorait s'amuser et il était toujours partant pour voyager, multiplier les activités et sortir.

Leur liaison commença par des confidences échangées jusque tard dans la nuit, de longs coups de téléphone, des explorations sexuelles libres et fréquentes, et des proclamations mutuelles que cette relation était différente de toutes celles qu'ils avaient eues par le passé. Au bout d'un mois, ils avaient pratiquement emménagé ensemble, même si Kevin retournait parfois chez lui. Quelques mois plus tard, le jeune homme se mit à vouloir passer du temps seul pour décompresser du stress de son boulot exigeant et à dire qu'il avait besoin de « plus d'espace ». Cela ne parut pas déraisonnable à son amie et ils décidèrent d'échelonner leurs nuits ensemble pendant la semaine. Au même moment, la fréquence de leurs relations sexuelles baissa et Kevin fut à plusieurs reprises incapable d'avoir une érection. Pourtant, il continuait de parler de leur relation, de ses angoisses et du désir qu'il avait que leur couple fonctionne. « Cela n'a rien à voir avec toi, affirmait-il, c'est *mon* problème. » Il poursuivait en déclarant que son besoin d'espace était sans doute une réaction au fait d'avoir été élevé par une mère envahissante et surprotectrice. Et il veillait à rassurer son amie afin qu'elle ne se sente pas visée.

Aussi ma patiente était-elle toujours persuadée que Kevin était quelqu'un de spécial au moment même où le jeune homme faisait machine arrière. Il assumait ses propres problèmes, accordait de l'importance à ses sentiments et, à la différence d'autres hommes, se disait prêt à en parler. Par conséquent, alors qu'elle était obsédée par son absence – même quand il était là, elle se demandait avec inquiétude s'il n'aurait pas préféré être ailleurs –, elle « décida » de ne pas trop faire état de ses propres attentes et, à la place, d'être attentive à celles de son ami. Quand ils faisaient des projets, elle lui demandait avec beaucoup de bon sens s'il était certain de ne pas préférer faire quelque chose de son côté ; parfois, elle lui apportait à dîner puis repartait ; elle passait du temps avec lui le week-end et l'accompagnait faire ses courses ; et elle satisfaisait à tous ses désirs sexuels. Elle faisait tout cela non seulement pour qu'il se sente mieux avec elle, mais aussi parce qu'elle savourait chaque minute qu'ils passaient ensemble. « Il sait et il comprend tant de choses, me disait-elle. Et il m'a ouvert tant de portes sur le plan intellectuel et affectif que j'ai du mal à imaginer ne plus être avec lui. »

Malgré tous ses efforts pour se montrer positive et refouler ses sentiments négatifs, cette idéalisation tomba à l'eau quand, au bout d'un an et demi environ, Kevin mit fin à leur relation. Il lui expliqua honnêtement qu'il éprouvait un sentiment d'ambivalence depuis le début et qu'il avait fini par comprendre qu'il serait injuste pour elle de poursuivre plus avant leur histoire alors qu'il était incapable de s'engager. La jeune femme tomba des nues : que signifiaient alors tous ces « on finira bien par trouver une solution », ces « c'est mon problème », ces « tu es si spéciale » ? Elle exigea une explication mais n'obtint qu'un : « Pourquoi veux-tu que je revienne là-dessus ? Je ne tiens pas à blesser tes sentiments ! » Devant son insistance, il finit par marmonner quelques mots en rougissant : après les premières semaines, il avait « perdu » toute envie sexuelle à son égard et il devait fantasmer à chaque fois sur d'autres femmes pour arriver jusqu'au bout de l'acte ; oui, c'était bien *son* problème, parce que cela lui était déjà arrivé et il avait essayé de trouver une solution pour voir si son désir reviendrait mais ça n'avait pas marché. « Je suis désolé », lui dit-il en cachant son visage entre ses mains avec – pour la première et dernière fois – ce que ma patiente prit pour une expression de honte et de dégoût de soi.

Il fallut à la jeune femme plusieurs mois avant de surmonter le rejet et la perte qu'elle avait vécus, et plus longtemps encore pour commencer à comprendre qui était vraiment Kevin. Quand elle y parvint, elle vit qu'en plus – ou, plus précisément, en dessous – de sa personnalité sans doute réellement spéciale, se trouvait un enfant angoissé, dépendant et tiraillé par les conflits, capable de beaux discours mais incapable de les mettre en pratique. Elle se rendit compte par ailleurs que malgré toute leur grandeur – comme par exemple le fait de défendre les laissés-pour-compte dans un organisme public peu rémunérateur –, ses idéaux étaient motivés non par une vraie passion mais par la peur de grandir et d'avoir à affronter le « vrai monde ».

Qui que fût le « vrai » Kevin – d'ailleurs, ce terme ne veut rien dire –, tant qu'elle était amoureuse, ma patiente ne voyait qu'une partie du tableau, celle qui l'autorisait à aimer quelqu'un de si extraordinaire que cela rayonnait sur elle par simple association. Ce phénomène est typique de l'amour narcissique : nous refusons de reconnaître l'ambivalence des sentiments que nous portons à l'autre afin d'échapper à une mauvaise estime de soi qui, dans le cas de ma patiente, était le résultat du sentiment que le père provoquait chez sa fille – celui de ne pas mériter sa présence. Mais comme la jeune femme n'avait pas conscience de l'impact que la honte et l'absence paternelle avaient eu sur elle – ne reconnaissant que son désir d'échapper à cet impact en fuyant toute relation avec un homme qui aurait donné le moindre signe de faiblesse –, elle se liait à des hommes en apparence parfaits. Or, de façon paradoxale mais inévitable, ces hommes étaient prêts à tout pour masquer leur profond sentiment d'infériorité. Avec le temps, leur séduisante enveloppe extérieure partait en lambeaux, révélant tôt ou tard qu'ils étaient trop beaux pour être honnêtes. Ainsi, à chaque fois, la jeune femme finissait par être rejetée ou par rejeter des hommes qui, en définitive, ressemblaient de façon étrange à son père.

Après sa rupture avec Kevin, la jeune femme travailla en thérapie pour comprendre ces dynamiques. Bien qu'elle commençât à les admettre d'un point de vue intellectuel, il lui fallut une autre relation pour les intégrer sur le plan affectif. Même si l'approche que je propose demande de raisonner par rapport à ses propres sentiments, chaque étape doit être assimilée aussi bien de façon émotionnelle que cognitive et doit correspondre à une évolution profonde. Cette patiente eut donc besoin d'une nouvelle histoire d'amour qui cette fois dura un an : pour éviter de répéter son erreur, elle choisit un homme honnête et sincère, de toute évidence incapable de la moindre dissimulation. Le problème était qu'elle portait maintenant aux nues cette sincérité qu'elle voyait comme un trait de caractère rare et en voie de disparition. Bref, en idéalisant une qualité qui est sans doute une condition nécessaire mais non suffisante à une bonne relation, elle cherchait à nouveau à se rattacher à quelque chose d'extraordinaire. Aussi, de façon assez prévisible, une fois passé l'idéalisation du début, elle commença à s'ennuyer. Ce ne fut qu'après sa rupture qu'elle prit conscience d'avoir répété l'aspect narcissique de sa relation avec Kevin.

Quand je lui montrai comment les deux relations trouvaient leur origine dans son besoin compréhensible mais autodestructeur d'échapper à une faible estime de soi issue de sa relation avec son père, elle comprit d'un point de vue émotionnel en quoi consistait la première étape (« Qui suis-je ? ») : « Acceptons les choses telles qu'elles sont, je ne suis pas la plus jolie femme de la création, j'ai honte de moi et aucun homme ne pourra remplacer mon père en me donnant l'impression que je suis un trésor unique au monde. » Jamais plus elle ne fréquenta un homme dans le but de se sentir spéciale.

Dans certaines relations ou au début d'une idylle, notre tendance à mettre l'autre sur un piédestal se heurte rapidement à une forte contre-offensive de la réalité qui transforme l'idéalisation de départ en son contraire : la dévaluation. L'un de mes patients, un jeune architecte brillant et réfléchi, rencontra une jeune femme, Jeanne, dans une soirée. « Ce n'était pas tout à fait mon type, m'expliqua-t-il. Elle était petite et pas aussi jolie ni aussi sexy que le genre de fille sur lequel je flashe d'habitude. Elle portait des lunettes et en plus elle était plus âgée que moi, autour de trente-huit ans. Mais j'ai été attiré vers elle quand je l'ai entendu parler des *Quatre derniers lieder* de Strauss. Vous les connaissez ? C'est la musique la plus magnifique et la plus spirituelle qui ait jamais été composée. Strauss l'a écrite avant de mourir et c'est une évocation de la vie et de la mort. C'est l'une de mes préférées et je me suis aussitôt senti un lien avec Jeanne. Je me suis donc glissé dans la conversation et nous avons parlé musique. Les autres ont fini par s'éloigner et devinez quoi ? La première chose qu'elle me dit fut qu'elle s'apprêtait à partir au Tibet ! Incroyable : j'avais moi-même l'intention de me rendre au Tibet et j'avais étudié l'art tibétain. Ensuite, nous avons parlé philosophie (elle était prof de philo) et je me suis rendu compte qu'elle était férue de Spinoza, mon philosophe préféré à la fac ! À l'évidence, beaucoup de choses nous rapprochaient. Nous avons passé le reste de la nuit à parler et presque toutes nos nuits ensemble pendant les deux semaines qui ont suivi. Enfin quelqu'un qui comprenait mes aspirations professionnelles et mes projets pour associer spiritualité et design ! »

Ce jeune homme avait été l'enfant unique d'une famille très disciplinée, structurée et conventionnelle de la classe moyenne supérieure. Ses deux parents avaient fait carrière dans de grandes entreprises et s'étaient toujours montrés soucieux de faire ce qu'on attendait d'eux, travaillant dur pour offrir à leur famille une sécurité financière et un avenir stable. Ils n'avaient donc pas de temps à perdre avec des sottises telles que la créativité, la curiosité ou l'espièglerie. Même les loisirs devaient être pratiqués « comme il se doit » et les activités artistiques telles que le piano ne laissaient aucune part à l'expression personnelle mais étaient affaire d'ordre et de répétition. Le moindre désordre – de toute façon inexistant – devait être rangé immédiatement. Aussi, pendant son enfance, le jeune homme eut-il l'impression d'être méconnu, dévalorisé et opprimé. À l'adolescence, puis à l'âge adulte, il éprouva le besoin de s'exprimer en dehors de sa famille, sur le plan littéral comme au figuré : il se mit à écrire, à écouter de la musique, à s'intéresser à la spiritualité et, d'une manière générale, à toutes sortes d'activités subjectives étrangères à ses parents et interdites pendant son enfance.

Quand il rencontra Jeanne, il se sentit comme légitimé. Cette femme, plus âgée et plus brillante que lui, qui toute sa vie avait remis en cause les conventions et recherché la signification spirituelle des choses, avait exactement les mêmes goûts que lui. Pendant les deux premières semaines de leur liaison, le couple se nourrit de ces ressemblances, écoutant Strauss dans un silence solennel, discutant de la signification du divin chez Spinoza et transcendant la réalité elle-même en d'euphoriques unions sexuelles. Puis Jeanne perdit brusquement son emploi. Au début, son amant prit fait et cause pour elle. Puis il se rendit compte, au cours des discussions qui suivirent, que ce qui lui arrivait n'était pas totalement injustifié : on venait de lui refuser sa titularisation et, de toute évidence, son passé ne plaidait pas en sa faveur puisqu'elle avait la réputation de ne pas terminer ses communications académiques et de ne pas se présenter aux séminaires qu'elle animait.

« On dirait bien qu'elle a quelques défauts, se dit-il d'abord. Je me demande si ça va avoir une influence sur notre relation. » Puis : « La philosophie et la musique c'est bien joli, mais il faut aussi gagner sa vie, assumer, et savoir gérer les priorités. » Pour ne pas contrarier sa maîtresse, il ne lui dit pas ce qu'il pensait. D'ailleurs, elle se montrait beaucoup plus intéressée de poursuivre leurs conversations philosophiques que de parler de sa situation professionnelle. Cela ne manqua pas d'inquiéter davantage mon patient qui commença à trouver que sa nouvelle petite amie n'avait aucun sens des réalités. « Certes, elle a un esprit brillant, dit-il, mais je dois bien dire – et je ne sais pas comment j'ai fait pour ne pas m'en apercevoir avant – que je crois qu'elle est à côté de la plaque. Et puis – et là je ne sais *vraiment* pas comment j'ai fait pour ne pas m'en apercevoir avant –, elle n'est pas du tout jolie. » Et il rompit.

Eh bien, s'il n'avait pas vu tout cela avant, c'est que la ligne qui sépare l'idéalisation de la dévaluation est encore plus ténue que celle qui sépare l'amour de la haine. Dans les deux cas, on refuse de voir certains aspects de la personnalité de l'autre, refus qui semble venir du combat que l'on mène pour réguler son estime de soi. Ici, l'idéalisation « fit son entrée » lorsque Jeanne valida les aspects de la personnalité de son ami que ses parents n'avaient jamais remarqués ni valorisés lorsqu'il était petit. Avec Jeanne, il était l'enfant fou, rêveur et créatif – mais un enfant chéri, proche du génie –, que son père et sa mère avaient totalement rejeté. Mais lorsque cela entra en conflit avec la réalité, le jeune homme « vira de bord » et adopta le point de vue de ses parents, pour qui le jeu, la spiritualité et la subjectivité, ont quelque chose de pathétique. Cela ne me surprit pas outre mesure, car même si son intérêt pour la spiritualité et l'art était réel, ces domaines restaient associés dans son esprit à une mauvaise estime de soi. Bien qu'il se fût consciemment révolté contre la rigidité conventionnelle de son milieu et qu'il eût choisit un chemin plus créatif, au plus profond de lui ses parents restaient les juges ultimes de ce qui était acceptable ou pas. D'après ses critères – qu'en dépit de sa résistance, il avait intériorisés enfant –, les valeurs sûres étaient le bon sens, la discipline, le succès et l'argent, et non pas la philosophie. Ce point de vue fut réactualisé quand la réalité se chargea de faire descendre Jeanne de son piédestal et de lui ôter le pouvoir de lui donner une bonne opinion de lui-même.

Au cours de cette brève relation, cet homme était passé du statut d'enfant idéalisé à celui de parent tout-puissant. Parallèlement, Jeanne, qui incarnait un parent puissant et valorisant, s'était transformée en une enfant faible et débile. Autrement dit, mon patient n'avait jamais vu Jeanne comme une personne réelle, car elle avait toujours rempli une fonction psychique en incarnant des aspects projetés et symboliques de lui-même. Ce mode de fonctionnement est typique de l'amour narcissique, où la principale raison d'être affective de notre partenaire est, quelle que soit sa personnalité réelle, de jouer un rôle dans notre monde intérieur. Ce rôle est de nous aider à regonfler notre estime de soi. Ce n'est donc pas pour rien que mon patient se sentait *aussi bien* lorsqu'il idéalisait son amie que lorsqu'il la dévaluait : d'abord en s'associant avec une personne idéalisée, puis en se dissociant d'une personne dévaluée. Pour dire les choses autrement : tant que Jeanne était « le bon miroir » dans lequel il voyait ce qu'il aimait chez lui, il en fut fou amoureux, mais quand elle se transforma en « mauvais miroir », réfléchissant ce qu'il détestait chez lui, il cessa de l'aimer.

Combattre Narcisse et Écho

Dans la mesure où tomber amoureux comporte toujours un certain degré d'idéalisation et où le vécu amoureux de l'amour narcissique ressemble à ce qu'il est dans d'autres formes d'états amoureux plus « réalistes » (Freud ne comparait-il pas le fait de tomber amoureux à un bref épisode psychotique, et Shakespeare n'écrivait-il pas sur les lunatiques, les amants et les fous ?), il est particulièrement complexe d'identifier en temps réel les premiers indices de l'amour narcissique. Atteindre l'étape du : « Qui suis-je ? » et se surprendre à idéaliser quelqu'un ou à être idéalisé, non pas dans le but de commencer une histoire avec un autre être humain imparfait mais plutôt dans celui d'en retirer une bonne opinion de soi, peut donc se révéler très difficile. Cependant, en plus de la répétition pure et simple d'un même mode de fonctionnement qui est en définitive le meilleur signe, même rétrospectif, que votre engouement et votre idéalisation ne résisteront pas à l'épreuve du temps et de la réalité, quelques détails ne trompent pas.

Certains clichés, dont celui de la crise masculine du milieu de la vie, reflètent vraiment la réalité. Dans mon cabinet, j'ai vu défiler des hommes de quarante ou cinquante ans incapables d'accepter leurs limites, qui tombaient amoureux d'une jeune femme symbolisant la jeunesse, la vitalité, l'espoir et peut-être même l'immortalité : non seulement elle est séduisante, mais en plus sa jeunesse la conduit à idéaliser son partenaire plus âgé, ce qui, du moins au début, aide ce dernier à transcender ses limites et à avoir une plus haute opinion de sa personne.

Symétrique à ce cliché, on trouve la jeune femme qui se convainc qu'elle est attirée par la « forte personnalité » de l'homme puissant ou riche dont elle est amoureuse. Elle prend les diamants, cadeaux et autres traitements somptueux non pas pour des preuves d'amour mais pour la preuve de sa propre valeur. Grâce à l'apparence et au style de vie luxueux de son amant, elle ne se sent pas aimée mais méritante. Si l'on fouille dans son passé, gageons qu'on s'apercevra qu'elle avait eu, en grandissant, l'impression d'être peu de chose ou d'être aimée de façon conditionnelle. Pour généraliser, on pourrait dire que si vous avez le sentiment que votre partenaire vous sauve d'une façon ou d'une autre de vous-même, autrement dit s'il y a quelque chose chez lui ou chez elle qui vous aide à échapper à la mauvaise opinion que vous avez de vous-même, il y a fort à parier que l'amour que vous éprouvez est de type narcissique.

Je vous entends protester : est-ce que l'amour ce n'est pas ça, justement, se sentir valorisé et donc vivant et heureux ? D'abord, tout est affaire de degré. Autrement dit, comme pour les types d'échecs amoureux, la différence entre amour narcissique et amour tout court est d'ordre quantitatif plus que qualitatif. Aussi, plus votre estime de soi habituelle contredit celle que vous avez de vous depuis que vous êtes amoureux et plus il est probable que vous vous servez de l'autre pour des raisons narcissiques personnelles. Ensuite, dans les situations amoureuses plus réalistes, le sentiment de notre propre valeur est donné par la connexion que nous ressentons avec l'autre, non par les biens extérieurs que ce dernier apporte dans notre vie. Dans l'amour narcissique, au contraire, nous ne sommes jamais sûrs que nous resterions aux côtés de notre partenaire si l'argent, le pouvoir, la santé ou la jeunesse lui faisaient tout d'un coup défaut.

Si, au début d'une histoire, vous et/ou la personne avec qui vous sortez vous préoccupez davantage *d'images* ou *d'idées* de la réalité que de la réalité elle-même, il est à craindre que vous soyez plus enclin(s) à l'amour narcissique. Ainsi, celui qui fixe *a priori* des normes esthétiques auxquelles les gens ou même les objets doivent se conformer tombera plus facilement amoureux des apparences que de la substance. Je ne veux pas dire que l'apparence ne compte pas dans notre société, ou qu'elle ne joue pas un rôle capital dans l'attirance sexuelle – ce serait ridicule. Mais ce n'est pas l'ingrédient essentiel de l'amour. De même, je dirais que celui qui occupe un poste pour le prestige qu'il en retire et non parce qu'il aime ce qu'il fait, ou celle qui va à l'opéra pour avoir l'air raffiné et non par goût pour la musique, seront plus susceptibles de tomber amoureux de *l'idée* qu'ils se font de leur partenaire que de la réalité de celui-ci. Je répète que tout le monde est sensible à l'idée d'impressionner son entourage. Pour autant, nous finissons par faire les choses davantage parce que nous les aimons ou parce que nous leur accordons de l'importance que pour éblouir. Sinon, ou si nous sortons avec quelqu'un pour qui ce n'est pas le cas, il est probable qu'il s'agisse d'une forme d'amour narcissique.

Le fait que les sentiments que nous portons à notre partenaire fluctuent en fonction de l'opinion qu'en ont les autres constitue en général un indice : si vous ressentez un regain d'amour pour votre petit ami en apprenant que vos parents ou un(e) ami(e) que vous respectez l'aiment beaucoup, vous êtes sans doute plus préoccupé par *votre* image que par la personnalité réelle de cet ami. De même, si vous constatez par exemple que vous vous mettez à aimer moins votre ami alors que les autres semblent l'apprécier beaucoup, vous continuez en réalité de réagir en fonction de ce que pensent les autres (en vous rebellant ou en adoptant une autre forme de comportement d'opposition) et non de vos propres impulsions.

Alors que les Narcisse se seront peut-être reconnus dans le portrait que je viens de dresser, les Écho auront tendance, à juste titre et ce n'est pas surprenant, à ne reconnaître que leur partenaire dans ma description. Comment prendre conscience de ses propres prédispositions à l'amour narcissique ? Voici ce qu'écrivit Rilke, qui présentait le point de vue classique d'un homme : « Que chacun monte la garde contre la solitude de l'autre : telle est selon moi la fonction la plus noble du lien qui unit deux personnes. » C'est là où Écho faillit à sa tâche : pour elle, la solitude signifie être seule avec sa faible estime de soi. Aussi n'est-elle heureuse qu'en compagnie de son amant idéalisé. Si donc vous êtes incapable d'être seul(e) (autrement dit, si ce que vous pensez ou vivez n'offre que peu d'intérêt à vos yeux) ou de vous détacher de la personne avec qui vous sortez (physiquement ou même d'un point de vue affectif, au sens où vous ne pouvez vous empêcher de penser à elle), il est fort possible que vous ayez des prédispositions à l'amour narcissique.

Dans la lignée de ce que je viens de dire, si vous êtes du genre à donner aux autres, à les soutenir en évitant de vous trouver au centre et à trouver votre bonheur en prenant soin d'eux, vous êtes aussi une proie idéale pour l'amour narcissique. Plus vous vous conduirez ainsi envers votre partenaire et plus il appréciera les feux de la rampe, plus le risque sera grand. Bien que le narcissisme adopte des formes variées chez les hommes, voici deux des personnalités les plus communes dont vous devrez vous méfier : l'homme qui n'est préoccupé que par sa carrière ou par l'accumulation de richesse ou de jouets typiquement masculins à l'exclusion de toute autre chose, et celui qui fait montre d'une séduction charmante et enfantine, d'un idéalisme ou d'une sensualité excessifs, ou d'un profond désir d'être aimé, y compris des gens qu'il ne connaît même pas.

Le narcissisme n'est pas l'apanage des hommes et les femmes ont leur propres caractéristiques. Sans vouloir remettre en cause les changements sociaux des trente dernières années, les formes traditionnelles du narcissisme féminin sont encore très répandues. En plus du « type Écho », très fréquent, les femmes, bien davantage que les hommes, continuent d'essayer d'améliorer leur estime de soi en améliorant leur apparence. Aussi les hommes qui souhaitent se préserver de l'amour narcissique devraient-ils se méfier des femmes aux préoccupation esthétiques très développées, des perpétuelles gravures de mode comme de celles qui arrangent leur intérieur comme un musée. Les hommes et les femmes devraient aussi porter une attention particulière aux personnes qui ont des talents « spéciaux » (et non pas humains comme par exemple une aptitude dans le domaine de l'art, des mathématiques ou de la mécanique) comme une sorte de spiritualité transcendentale ou une prétention à des dons surnaturels. N'oublions pas non plus que la ligne de partage entre narcissisme « masculin » et « féminin » ne suit plus nécessairement la division entre les sexes. Les « types » que je présente ne sont que des indications : ils doivent être replacés dans le contexte de votre propre prise de conscience que je vous aurai, j'espère, aidé à développer. Aucun ne constitue une personnalité narcissique en tant que telle, et certainement pas un narcissisme « pathologique ». Il n'y a de toute évidence rien de mal ou d'inquiétant en soi à se passionner pour son métier, pour l'art, pour les autres ou pour la spiritualité.

Le fait que votre relation amoureuse soit coupée du reste de votre vie ou de celle de votre partenaire peut aussi être le signe d'un amour narcissique. Voici quelques possibilités : il vous sort dans des endroits merveilleux (restaurants, spectacles, vacances) mais ne veut pas rencontrer vos amis ni vous présenter sa famille ; il veut bien connaître vos amis mais comme le courant ne passe pas, vous finissez par vous éloigner d'eux et par perdre vos amis les plus proches ; à cause de ce nouvel amour, vous adoptez un comportement adolescent (dans l'hypothèse où vous n'en soyez plus un-e), c'est-à-dire que vous vous mettez à négliger vos responsabilités et ne voulez que vous « éclater » avec votre amant. Je me méfierais aussi de certaines transformations brutales provoquées par l'amour : si par exemple, sous l'influence idéalisée de votre nouvel(le) ami(e), vous vous passionnez soudain pour l'art, la musique, le droit, la physique, l'écriture, le vin, la marijuana ou tout ce qui n'était pas vraiment vous la veille. Je ne dis pas que nous n'avons rien à apprendre de notre partenaire ou qu'il ne doit pas nous influencer. Mais bien qu'elle corresponde souvent à un ressenti profond, c'est la transformation brutale, semblable à celle d'un caméléon, qui est problématique.

Si identifier l'amour narcissique en temps réel est tellement difficile, c'est que même lorsque nous répétons un schéma, nous idéalisons souvent un aspect différent de l'autre à chaque nouvelle relation. De façon assez paradoxale, nous le faisons parfois même exprès, précisément dans le but d'éviter la répétition : après avoir eu une relation traumatisante avec un banquier d'affaires dont nous avions porté aux nues l'énergie, la confiance en soi et l'ambition, nous nous tournons vers un travailleur social que nous adorons pour sa sensibilité, son honnêteté et sa disponibilité. Dans un cas comme dans l'autre, si l'idéalisation est trop grande, nous finissons inévitablement par nous dire : « Ce n'est pas l'homme que j'imaginais. » C'est d'ailleurs là que réside la solution à l'amour narcissique : si quelque chose commence par nous attirer avant de nous rebuter, ou le contraire, ce n'est sans doute pas la chose elle-même qui est en cause, mais plutôt la perception que nous en avons. Reconnaître que le problème vient de notre perception de la réalité, et non de la réalité elle-même, conduit à la première étape (« Qui suis-je ? »). Au lieu de considérer l'autre comme un miroir, d'abord flatteur, puis déformant, nous nous tournons vers le miroir symbolique de notre esprit et nous disons : « Miroir, miroir, *je ne suis pas* la/le plus joli(e) d'entre tou(te)s. »

Deuxième étape : qu'est-ce que je veux ?

Dans le mythe grec d'origine, Narcisse cherche indéfiniment à atteindre ou à embrasser l'objet de son adoration, et découvre avec angoisse que son aimé disparaît brusquement dans l'onde lorsqu'il tente de lui rendre la pareille. Dans le contexte de l'amour narcissique tel qu'on le rencontre au quotidien, l'angoisse ne provient pas simplement de la perte inévitable de l'amour, mais aussi de la disparition du miroir dont on dépend pour réguler son estime de soi. Quand l'histoire est terminée – ou, dans le cas d'une relation longue, à l'issue de la période d'idéalisation intense –, nous nous sentons tout à la fois honteux et confus, incertains de nos désirs. Ce moment, s'il est très douloureux, n'est pas mauvais pour autant. Au contraire, correctement appréhendé, il peut conduire à la deuxième étape (« Qu'est-ce que je veux ? »), au cours de laquelle nous nous demandons ce que nous attendons d'une relation intime en dehors d'être un régulateur externe de notre estime de soi. Nous savons que la perfection n'existe pas (seul un miroir déformant nous la proposera) ; aussi s'agit-il de savoir quel type d'imperfection humaine nous sommes capables de supporter. Bien entendu, la réponse à cette question passe d'abord par une meilleure connaissance de soi et nous avons besoin pour cela d'un miroir psychologique plus ou moins objectif.

À défaut d'entreprendre une psychothérapie – qui n'est pas toujours nécessaire et n'est de toute façon pas adaptée à tout le monde –, la seule solution est de s'impliquer davantage dans la vie, en multipliant les expériences et les rencontres pour ensuite les interpréter. J'encourageai ainsi l'un de mes patients, Joël, à comparer ce qu'il avait retiré de deux types de relation différentes. C'était un jeune analyste-programmeur plutôt intello. Il sortait parfois avec des femmes en apparence sincères, gentilles et faciles à vivre, autant de qualités qui lui semblaient indispensables à une relation à long terme. Mais à chaque fois il finissait par trouver ces femmes « naïves », « simples » et « légères », défauts inacceptables pour lui qui appréciait les conversations intellectuelles et s'intéressait beaucoup à la littérature, l'histoire et la politique. Aussi rompait-il toujours avec celles qu'il surnommait les « jeunes filles en fleur » et se mettait-il en quête de leur contraire. Il sortait alors avec des femmes que, me dit-il, les magazines à la mode qualifiaient de « bourges branchées » : sophistiquées, sexy, fascinantes, mais qui, au bout de quelques mois, devenaient « difficiles », « hostiles » et « instables ». Aucun des deux types de relations ne pouvait donc fonctionner.

Il nous fallut, à Joël et à moi, plusieurs histoires et de nombreuses rencontres avec variations sur le thème avant d'extraire ces deux types de femmes de la complexité des interactions humaines de sa vie amoureuse. Leur définition peut paraître un peu simpliste, elle n'en correspond pas moins à la réalité. Je demandai alors à Joël où il se situait par rapport à ces deux types, et je ne fus pas surpris d'entendre qu'il se sentait plus proche de la « bourge branchée » que de la « jeune fille en fleur ». Je lui remémorai alors certains éléments de sa vie : petit, il avait été en proie aux méchancetés de voisins plus âgés. Soucieux avant tout de leur plaire et d'être accepté par le groupe, il se pliait à leurs caprices. Un jour, ils l'avaient même poussé à danser nu dans la neige. Par la suite, pendant son adolescence et même plus tard, son frère aîné l'avait persuadé à plusieurs reprises de lui prêter de l'argent qu'il ne lui avait jamais remboursé.

Joël réagit à ce rappel par un flot de souvenirs et d'associations qui révélèrent vite que sous des dehors matérialistes et sophistiqués, il cachait une nature douce, simple et confiante, confinant même à la naïveté. Au fil des années, honteux de ce que son caractère le poussait à faire, il s'était forgé un esprit sceptique, critique et excessivement développé.

Cependant, même désavouée et « enfouie », son innocence restait une part authentique de sa personnalité qu'il cherchait à retrouver au travers des « jeunes filles en fleur ». Tôt ou tard, ces dernières finissaient par lui rappeler cette douce naïveté dont il avait tellement honte et il devait prendre ses distances. Il sortait alors avec leur contraire et, sans grande surprise, ces « bourges branchées » lui mettaient la pression et il ressentait à nouveau le besoin d'une relation amoureuse simple, douce et tranquille.

Grâce au miroir historico-psychologique que je lui mis à plusieurs reprises devant les yeux, Joël finit, non sans mal, par atteindre la première étape (« Qui suis-je ? »). Il accepta de reconnaître l'aspect de sa personnalité qu'il avait jusque-là rejeté et lui fit une place dans son style plus intellectuel. Dans la mesure où il admettait que ce petit garçon naïf et soucieux de plaire faisait toujours partie de lui, il n'avait plus besoin de rechercher des femmes qui personnifieraient – ou qui, par opposition inconsciente avec lui, développeraient – ces caractéristiques pour son bénéfice intérieur. De même, il lui était désormais inutile de sortir avec d'autres dont la sophistication matérialiste était censée l'aider à échapper à ce petit garçon.

Maintenant qu'il avait cessé de se servir des femmes comme d'un miroir, il fut prêt à se consacrer à la deuxième étape (« Qu'est-ce que je veux ? ») qui consistait à se demander à quel type de femme et de relation il aspirait vraiment. Ce travail ne releva pas simplement de la cognition, comme lorsqu'on est assis et que l'on réfléchit, mais fut un mélange de cognition, d'actions et d'expériences. Désormais, lorsqu'il faisait la connaissance d'une femme, Joël ne se présentait plus sous les traits d'un intellectuel intimidant, ce qui obligeait son interlocutrice à réagir en se positionnant *soit* comme une gentille fille, *soit* comme une intellectuelle de son niveau. Au lieu de cela, il laissait à la fois l'intérêt tout simple qu'il portait à l'amour *et* celui qui le poussait vers des sujets plus intellectuels guider la conversation et orienter son comportement. Cet équilibre attira tout naturellement vers lui des personnalités plus équilibrées. Plus il acceptait cette part de lui-même et plus il lui apparut qu'entre la jeune fille en fleur et la bourge branchée – il avait d'ailleurs découvert qu'il existait toutes sortes de déclinaisons intéressantes entre les deux –, il souhaitait rencontrer une femme qui se rapprochât davantage de la seconde catégorie. Il était certes important pour lui de se montrer sincère et gentil, mais tout aussi important de se lier à quelqu'un avec qui il pourrait avoir des conversations intellectuelles.

Joël finit par épouser une journaliste passionnante et aventureuse, très investie dans son métier. La décision ne fut pas toujours facile à assumer car il se retrouva au chômage à la suite de l'éclatement de la bulle Internet. Il demeura sans emploi pendant plusieurs mois, ce qui mit son estime de soi à rude épreuve, notamment quand il comparait sa carrière à celle de sa fiancée. Mais il ne chercha pas à camoufler sa vulnérabilité sous un raisonnement compliqué et des considérations philosophiques. L'honnêteté et l'ouverture d'esprit qu'il manifesta alors à propos de ses difficultés professionnelles poussèrent son amie à faire preuve de toute la douceur et la gentillesse dont elle était capable. Car même si c'était une jeune femme énergique et ambitieuse, elle le soutint parfaitement. Joël et la relation qu'ils avaient demeuraient sa priorité et ils réussirent à surmonter le coup dur.

Ce cas montre que pour dépasser l'amour narcissique et atteindre la deuxième étape (« Qu'est-ce que je veux ? »), il est nécessaire d'avoir une excellente connaissance de soi afin de bien choisir son ou sa partenaire. L'un des exemples les plus frappants m'a été donné par une patiente venue me voir à cause d'un conflit d'identité sexuelle. Séduisante et intelligente, cette femme d'une trentaine d'années était, sur le plan sexuel comme affectif, attirée autant par les hommes que par les femmes. Mais à l'exception d'une liaison à l'université, elle n'avait eu de relation amoureuse ni avec les uns, ni avec les autres. Quelque temps après le début de sa thérapie, elle tomba amoureuse d'un homme. Leur relation était saine, ouverte, laissant la place à de nombreuses discussions intimes, à beaucoup de plaisir et à une vie sexuelle active et excitante. Au bout d'un an environ ils parlaient mariage mais, alors que ma patiente s'affirmait prête à s'engager, son ami demanda quelques années supplémentaires pour construire sa carrière.

La jeune femme se posa alors des questions sur son sérieux, ce qui la plongea dans une spirale d'angoisse. Elle se persuada que, s'ils se mariaient, son ami finirait par ressembler à son père – qui, alors qu'elle était encore enfant, avait trompé sa mère avant d'abandonner sa famille. Elle se mit à le questionner sur ses fantasmes sexuels, sur l'intérêt qu'il portait aux autres femmes et sur sa réticence à s'engager. Elle lui mit aussi la pression en lui demandant d'emménager avec elle ou de se fiancer. Il lui résista au début, mais j'étais certain qu'il l'aimait et qu'il était sur le point de franchir le pas. Et de fait, à un moment donné, il lui proposa – sans pour autant rechigner comme s'il s'était rendu à un ultimatum – de prendre un appartement avec elle.

Pourtant cela ne fit qu'accroître l'angoisse de ma patiente. Dans son affolement, elle fouilla dans les affaires de son ami et tomba sur une photo dénudée de l'une de ses anciennes petites amies. La coupe était pleine pour elle – elle était désormais certaine qu'il finirait par la tromper. Elle lui dit qu'elle n'avait pas la moindre intention d'emménager avec lui mais qu'elle était en revanche décidée à rompre. Au même moment, elle tomba amoureuse de l'une de ses collègues. Il s'indigna et protesta, mais il sautait aux yeux que leur relation prenait l'eau.

C'est pendant cette période que la jeune femme commença à aborder la première étape (« Qui suis-je ? »). Cela fut lors d'une séance, quand je lui fis remarquer que rien ne prouvait que son ami *ressemblait* à son père. Je lui dis, et elle ne fut pas longue à le reconnaître, que ses peurs et ses accusations étaient une projection : c'était elle qui voulait mettre fin à leur relation au moment où il lui proposait justement de vivre ensemble ; et c'était elle qui ressemblait (ou plutôt s'identifiait) à son père en s'intéressant brusquement à quelqu'un d'autre et en étant incapable de s'engager.

Ma patiente compléta alors cet autoportrait un peu douloureux : je suis celle qui, pendant des années, a fui toute relation amoureuse ; je suis celle qui quitte et blesse cet homme qui m'aime ; je suis celle qui doute de son orientation sexuelle et qui par conséquent ne sait pas ce qu'elle veut.

Aussi pénible que fut la rupture pour ma patiente et son ami, elle était inévitable car il est impossible de s'engager envers quelque chose que vous ignorez vouloir. Ce qui nous amène à la deuxième étape (« Qu'est-ce que je veux ? »). Dès qu'elle arrêta ses projections et accepta de voir que c'était *elle* qui se dégageait de la relation, la jeune femme se rendit compte qu'elle devait s'interroger davantage sur sa sexualité. Cela l'amena à la conclusion qu'elle aspirait vraiment à être avec une femme. Cela n'avait rien d'une élaboration théorique : comme pour illustrer le fait que les étapes ne sont pas toujours aussi identifiables que je les décris, elle commença une liaison avec sa collègue peu de temps après avoir rompu avec son ami. Le temps prouva qu'il s'agissait d'une relation sérieuse et durable.

Il va sans dire que ces vignettes ne rendent pas compte du cheminement sexuel et personnel de cette patiente, et sa thérapie fut complexe. Il n'en demeure pas moins qu'elles décrivent la transition de la première étape vers la deuxième, tout en montrant clairement qu'il est nécessaire à un moment donné de « se jeter à l'eau » pour progresser. Il faut essayer de nouveaux comportements et se lancer dans différents types de relations au lieu de rester assis sur le banc de touche. Sans doute souffrirez-vous et ferez-vous souffrir d'autres personnes, mais c'est le seul moyen de découvrir ce que vous voulez vraiment.

Prenez garde cependant de ne pas tomber dans le piège de vous lancer dans une nouvelle relation avant d'avoir essayé de faire évoluer celle que vous vivez. Quand leur idéalisation mutuelle faiblit, nombre de jeunes gens entreprennent une thérapie pour savoir s'ils veulent vraiment s'engager. Ils sont en général indécis parce que leur attirance réciproque initiale comme leurs doutes s'appuient sur des projections narcissiques. Ce n'est qu'en dépassant le point d'idéalisation et de dévalorisation que nous sommes à même de voir au-delà et de comprendre si ce que nous vivons avec notre partenaire *du moment* correspond à ce que nous voulons *vraiment*.

Troisième étape : qui êtes-vous ?

« Je vais vous raconter ma vie », me dit Jeannette, une femme séduisante, proche de la quarantaine, venue consulter parce que son couple traversait une crise. « Mon mariage est la deuxième relation amoureuse sérieusc que j'aie eue dans ma vie. La première, à laquelle je ne cesse de repenser ces derniers temps, commença à l'université. J'étais d'un petit village et je suis venue ici pour poursuivre mes études. C'est en section littéraire que j'ai rencontré Jérémie. Il prenait les choses beaucoup plus à cœur que moi : il écrivait des poèmes et des nouvelles et voulait devenir écrivain. Il était, je crois, très doué, mais aussi incroyablement romantique et séduisant. Il avait grandi ici – son père était un artiste connu – et il était bien plus brillant que moi. C'est le premier homme avec qui j'ai fait l'amour et il était à la fois sensuel et très doux. En résumé, je me pâmais pour lui et je l'idolâtrais. Nous sommes restés ensemble quatre ans et il m'a tout appris en matière d'art, de littérature et de la vie ici. J'ai été heureuse pendant presque toute la durée de notre relation – je ne suis d'ailleurs pas sûre d'avoir jamais été aussi heureuse même si je me demande à quelle réalité cela correspondait. Je trouvais qu'il était merveilleux et je crois que le fait qu'un homme comme lui puisse s'intéresser à moi me donnait le sentiment d'être spéciale. En tout cas, réalité ou non, je n'oublierai jamais le soir où il m'a proposé de prendre le ferry, histoire de faire une balade. Nous étions sur ce bateau, à regarder les lumières de la ville, avec autour de nous l'eau, les étoiles… Je me suis sentie envahie par la joie d'aimer et d'être aimée et je me suis promis de ne jamais oublier ce moment. »

En souriant, j'évoquai un dessin paru dans un journal montrant un couple minuscule au bord de l'eau, dominé par la silhouette majestueuse des gratte-ciel de New York. La légende disait : « Ce que j'aime à New York, Claudia, c'est toi. » Jeannette sourit aussi, comprenant que, dans son premier amour, elle avait en grande partie été amoureuse de l'amour et qu'elle avait imprégné sa relation – pour le meilleur et pour le pire – de toute l'extase du narcissisme romantique. « Que s'est-il passé ensuite ? » lui demandai-je alors.

« Et bien, à peu près tout tournait autour de lui – ses aspirations artistiques, sa carrière, ses difficultés à trouver du boulot après la fac. Je m'en fichais tellement je l'aimais : une fois nos études terminées, nous avons emménagé ensemble et j'ai fait bouillir la marmite pendant qu'il travaillait à une série de nouvelles, dont je viens de découvrir qu'il a fini par les publier. Mais à cette époque, il sortait aussi avec une bande de jeunes, plus "cool" avec qui je ne me sentais aucune affinité. Du coup, il finissait la nuit dans des boîtes pendant que je restais à la maison ou que je sortais avec d'autres amis. Et puis un jour, il m'avoua qu'il avait une liaison avec une femme qu'il avait rencontrée dans l'un de ces clubs. Notre rupture m'a brisé le cœur et il m'a fallu des années avant de m'en remettre.

Je me suis mise à repenser à cette relation récemment parce que ce type d'amour et l'intensité qui allait avec sont précisément ce qui manquent à mon mariage. Par un curieux hasard, il y a quelques semaines Jérémie a refait surface et j'ai reçu un e-mail me disant que ce serait sympa de se revoir. J'ai donc déjeuné avec lui, curieuse de voir l'effet qu'il me ferait aujourd'hui. Et bien, ce fut l'un des déjeuners les plus ennuyeux de ma vie. Il n'avait pas changé d'un iota, pérorant sur la difficulté qu'il y avait à écrire, sur les livres qu'il avait lus, les boîtes ou les dîners auxquels il était allé. Il était complètement centré sur lui et j'ai été étonnée de voir à quel point il manquait de charme. Il était seul et n'avait pas d'enfant. Et, comme il fallait s'y attendre, il perdait ses cheveux.

J'ai été sidérée de voir à quel point cet homme dont j'avais été raide dingue et qui m'avait tant influencée m'était apparu si barbant et vide. Je me fichais bien de le revoir. Ce qui me ramène à mon mariage. David et moi sommes ensemble depuis dix ans et nous avons deux enfants, un garçon et une fille. Après ma rupture avec Jérémie, j'ai volontairement cherché un homme fiable, avec les pieds sur terre. Il m'a fallu du temps avant de le trouver car je continuais à être attirée par le genre artiste cool et branché. David était différent. Nous sommes tombés amoureux, c'est certain, mais c'était beaucoup plus tranquille, plus mûr sans doute. Et puis j'étais davantage au centre de la relation, David m'admirait et m'était entièrement dévoué. Il m'a redonné confiance en mon corps en me disant que j'étais la plus belle femme qu'il ait jamais rencontrée. Il venait de trouver son premier vrai boulot et il m'a dit qu'il voulait que l'on fonde une famille. Je pouvais toujours compter sur lui et je savais que c'était une des raisons pour lesquelles j'étais avec lui. Après Jérémie et quelques poètes du même acabit, j'avais fini par comprendre que je voulais être avec quelqu'un de vrai et qui, pour changer, me mettrait sur un piédestal.

Tout cela pour dire que nous nous sommes mariés et nous avons eu des enfants. Ça commençait à bien marcher pour lui professionnellement et je travaillais à temps partiel, tout occupée par mon rôle de mère, ce qui, soit dit en passant, est la chose la plus géniale qui soit. Mais notre relation est peu à peu tombée dans la routine, un peu comme le lien qui unit deux partenaires dans une affaire, ou disons un frère et une sœur. La romance a disparu et ça me manque. Nous ne nous disputons guère, c'est un bon père, il charge le lave-vaisselle et change les ampoules. Mais il manque d'esprit, d'une petite étincelle de folie ou quelque chose du genre. Peut-être qu'il est déprimé, je ne sais pas. Il se contente d'un rôle d'observateur, comme si c'était à moi de le distraire. Il est passif et n'a pas grand-chose à dire ou à donner. Nous avons beaucoup en commun et puis il y a toutes ces années passées ensemble et je n'ai pas du tout envie d'une séparation. Mais je ne suis pas sûre que je serais restée s'il n'y avait pas eu les enfants. Au fond, j'ai l'impression qu'il n'y a pas assez d'amour entre nous. »

Sans vouloir nier le sérieux de ce qui préoccupait Jeannette ni sa tristesse, je souris à nouveau en lui décrivant un autre dessin humoristique dans lequel l'un des époux dit à l'autre : « D'accord, peut-être que la chimie du début a disparu, mais il nous reste l'archéologie. » Mon but était de lui montrer que les difficultés amoureuses qu'elle traversait étaient universelles plutôt que pathologiques et plus particulièrement qu'elles étaient sous-tendues par un problème d'idéalisation. L'histoire de cette patiente, passée d'une relation dans laquelle elle jouait le rôle d'Écho à une relation où elle était Narcisse, est assez banale. Et, d'un point de vue thérapeutique, on voit bien qu'au moment de venir me voir, Jeannette avait déjà été confrontée aux deux premières étapes de mon approche. Peut-être même les avait-elle surmontées : elle avait compris que l'idéalisation et le jeu de miroir formaient une bonne partie de sa première relation (première étape : « qui suis-je ? ») et qu'elle préférait en définitive vivre avec un partenaire fiable, stable et « les pieds sur terre » (Deuxième étape : « qu'est-ce que je veux ? »). Cependant, alors qu'elle avait par le passé affronté ses projections, ses dénis et ses fuites ce qui l'avait rendue capable de s'engager dans une histoire durable, elle se trouvait maintenant face à ce qui l'angoissait tant autrefois : son ambivalence. Son mariage la rendait malheureuse parce qu'elle éprouvait un profond sentiment d'ambivalence à l'égard de son mari dont elle appréciait la sécurité, la stabilité et le bon sens mais détestait la passivité et le manque d'esprit. Elle était donc prête à aborder la troisième étape (« Qui êtes-vous ? ») qui s'emploie justement à résoudre cette ambivalence.

Il s'agit ici de dépasser nos préoccupations narcissiques liées à notre estime de soi pour apprendre à aimer notre partenaire pour ce qu'il est, et notamment pour les différences qu'il présente avec nous. Pour y parvenir, nous devons tordre le coup à notre narcissisme, ce qui, d'une façon assez paradoxale, n'est possible qu'en lui laissant le champ libre. Laissez-moi vous expliquer : dans le cas de Jeannette, sa première relation et dans une large mesure la seconde, avaient été fortement influencées par son narcissisme – le besoin qu'elle avait d'avoir une bonne opinion d'elle-même. En général, celle-ci dépendait presque entièrement de ses interactions avec les autres – d'abord Jérémie, puis David et ses enfants. Mais elle n'avait jamais rien fait pour améliorer son estime de soi en tant que telle. Ce problème concerne encore de nombreuses femmes car, comme le prouvent les recherches, l'estime de soi des hommes dépend davantage de leur réussite (professionnelle ou sexuelle) et celle des femmes de la qualité de leurs relations (et de leur apparence physique).

Au cours de sa thérapie, Jeannette prit conscience qu'elle n'avait à aucun moment cherché à cultiver les nombreux talents qu'elle pouvait avoir. Elle aimait la langue et la littérature mais ceci s'était essentiellement manifesté dans sa vie au travers des hommes dont elle s'éprenait plus jeune. Assez passive dès qu'il s'agissait de ses intérêts personnels, elle attendait plus ou moins de ses partenaires – et aujourd'hui de son mari – qu'ils la stimulent. Elle décida donc de se réinscrire à la fac pour obtenir un diplôme de littérature comparée, sans savoir vraiment où cela la conduirait. Dès qu'elle eut repris ses études, son couple fut parcouru d'une nouvelle et puissante dynamique. Passant moins de temps avec David, elle avait également moins le loisir de le critiquer. Elle était tellement plus heureuse et active qu'avant qu'elle voulait lui *parler* de ce qu'*elle* faisait plutôt que l'écouter. Elle put ainsi à nouveau goûter la « passivité » de son mari qu'elle vivait maintenant comme une grande capacité d'écoute. Sauf qu'elle ne se contentait plus d'être sous les feux de la rampe ou d'être la destinataire de son admiration comme au début de leur relation. Elle prenait plaisir à suivre les cours de littérature dont elle parlait. Et parce qu'elle était passionnée par ce qu'elle faisait, elle écoutait avec attention ce que lui disait David et découvrait que son point de vue et son apport étaient très différents de son opinion à elle. Elle se mit alors à l'apprécier pour ce qu'il était – un homme attentif qui lui posait des questions et faisait valoir un point de vue original. Et plus cela allait, plus son mari s'exprimait et plus il avait de choses à dire.

Pour couronner le tout, David décida à son tour de se consacrer davantage à ses intérêts « égoïstes », à première vue parce qu'il ne voulait pas être en reste, mais peut-être aussi parce que l'exemple de sa femme l'avait inspiré. Sa carrière avait atteint un palier et il disposait de plus de temps qu'avant dans la mesure où Jeannette était moins souvent à la maison, aussi se mit-il à écrire une série d'articles pour différents magazines en puisant dans son expérience de directeur des ressources humaines. Maintenant c'était lui qui avait des choses à dire – à propos de ses articles – et il n'était pas question qu'il se contente d'écouter. Cela modifia la dynamique de l'ensemble de leur couple qui gagna en équilibre et en plénitude.

On constate ainsi qu'en décidant de se donner les moyens de nourrir son narcissisme, Jeannette n'avait plus été dans l'attente par rapport à son mari et avait de ce fait été disposée à accepter et même à apprécier les défauts de David (dans ce cas précis, sa « passivité » et son « manque d'esprit »). Quant à ce dernier, sentant que sa femme le comprenait et l'aimait mieux, il avait réussi à dynamiter son train-train confortable pour rechercher stimulation et croissance internes. Jeannette avait commencé à intégrer les deux aspects contradictoires de sa personnalité – non plus Écho ou Narcisse mais un peu des deux à la fois – et David avait suivi ses traces. En s'autorisant à vivre pour elle-même, la jeune femme avait retrouvé son mari.

Voici les principaux éléments constitutifs de la troisième étape (« Qui êtes-vous ? ») :

Apprenez à vivre pour vous-même et cessez de concentrer votre attention sur votre partenaire.

Appréciez ce que votre partenaire a à offrir et non ce qui lui manque.

Soyez attentif(ve) à ses progrès qui sont en général parallèles aux vôtres.

Dans les deux chapitres suivants je reviendrai en détail sur quelques techniques qui vous aideront à franchir la troisième étape au sein de votre couple. Mais voyons d'abord ce qu'il est possible de mettre en œuvre au début d'une relation.

Un homme et une femme qui se fréquentaient depuis plusieurs mois vinrent un jour consulter parce que la femme ne supportait plus que son ami lui reproche son silence lorsqu'ils étaient en groupe : « Cela m'ennuie qu'elle ne dise jamais rien lorsque nous sommes avec des amis, expliqua-t-il. Je me dis que cela met les gens mal à l'aise et qu'ils se demandent quel est son problème. » La jeune femme était de toute évidence offusquée par ses critiques. « Cette situation ne semble gêner aucun de mes amis », répliqua-t-elle, énervée. Leur échange m'avait clairement montré que c'était lui, et non les autres, que le silence gênait et qui pensait qu'elle avait un problème. En bref, je le soupçonnais de la dévaloriser.

M'appuyant sur la première étape (« Qui suis-je ? »), j'incitai cet homme à s'interroger sur son rapport au silence et au fait de ne pas parler. Aussi incroyable que cela puisse paraître, il apparut qu'enfant il avait souffert d'un bégaiement qui l'avait enfermé dans le mutisme et le repli sur soi. Bien que le problème ait aujourd'hui disparu, son estime de soi portait encore les marques de ses blessures et, pour ne pas les raviver, il avait besoin que son amie se montrât bavarde lorsqu'ils sortaient en groupe. Une fois le lien établi, le patient parvint à atteindre la deuxième étape (« Qu'est-ce que je veux ? ») : il se rendit compte qu'il n'avait aucune envie de sortir avec une pipelette extravertie qui ferait une bonne impression sur ses amis mais qu'il aspirait à être avec quelqu'un de gentil – une femme patiente, encourageante, honnête et responsable – ce qui correspondait aux qualités de son actuelle petite amie. Il renonça donc aux attentes qu'il avait à son égard et aborda la troisième étape (« Qui êtes vous ? ») : il chercha ce qu'il pouvait faire *lui-même* pour améliorer plus directement son estime de soi, ce qui lui permit de se rendre compte que son amie avait toujours des observations intéressantes à faire à l'issue de leurs soirées même si elle ne parlait pas beaucoup pendant. Désormais, il attacha donc plus d'importance à ses remarques qu'à son silence et se mit à la voir et à l'apprécier pour ce qu'elle était.

Les cas ci-dessus montrent que la troisième étape

(« Qui êtes-vous ? ») ne peut vraiment être mise en œuvre que dans le cadre d'une relation. Néanmoins, si vous êtes seul(e), vous préparerez le terrain en prenant certaines dispositions. Dans une situation d'amour narcissique, il est essentiel de vous consacrer à une activité qui vous plaît vraiment, que ce soit le travail ou tout autre but personnel – à l'exclusion d'une activité interpersonnelle : la gestion de votre patrimoine, le jardinage, la décoration d'intérieur, une association caritative, que sais-je encore. Trouvez ce qui vous convient et plongez-vous dedans. Si vos relations amoureuses précédentes montrent que vous êtes plus proches d'une Écho que d'un Narcisse, ou si le boulot est pour vous essentiellement le moyen de gagner votre vie et non un espace d'épanouissement personnel, assurez-vous de commencer une activité égoïste comme la peinture, l'écriture, le yoga, le sport – tout ce que vous voulez tant que vous le faites pour vous-même. Si vous ressemblez davantage à un Narcisse, faites aussi quelque chose d'égoïste mais faites-le pour vous faire plaisir et non pour faire bien ou pour impressionner la galerie.

CHAPITRE II

L'amour virtuel

Dans la mythologie grecque, Pygmalion était un célèbre sculpteur qui fuyait les femmes, qu'il considérait toutes comme des prostituées indignes de confiance. Pourtant, il avait aussi désespérément besoin des objets de son dédain, ne fût-ce que pour partager son lit. Mettant à profit ses talents, il sculpta donc une statue qu'il fit plus belle qu'aucune femme ne le serait jamais, et, comme on pouvait s'y attendre, tomba amoureux de sa propre création.

Il la nomma Galatée et la couvrit de fleurs et de perles, lui apporta petits oiseaux et vêtements. Il lui parlait, la tenait dans ses bras et l'embrassait. Puis il la coucha dans son lit. Nous ne savons pas en détail ce qu'il advint ensuite, sauf que le sculpteur, follement épris de sa compagne d'ivoire, pria Aphrodite de lui envoyer une femme en tous points semblable. Une nuit, alors qu'il caressait le sein de la statue, l'ivoire « à ce contact s'attendrit ». Pygmalion sentit les lèvres de Galatée se réchauffer sous les siennes. La jeune fille rougit, ses yeux s'ouvrirent et… une union bénie des dieux s'ensuivit.

Ah ! si la vie pouvait ressembler au mythe !

Rassurons-nous, c'est bien le cas, du moins jusqu'à un certain point. En effet, même dans les circonstances les plus ordinaires, l'amour relève de la création, du miracle, voire du solipsisme. Comme nous l'avons vu au chapitre précédent, lorsque nous sommes amoureux nous nous persuadons que notre partenaire est exceptionnel alors qu'en réalité, notre esprit s'en crée une image pour combler nos aspirations. En ce sens, tomber amoureux revient à ne pas s'arrêter à des imperfections que nous ne serions en d'autres temps que trop enclin à relever : un long nez, une calvitie naissante, des jambes épaisses, de larges narines, un gros ego, une petite poitrine, une tendance à la radinerie n'ont alors plus aucune importance. Mes patients qui rompent avec la personne avec laquelle ils sortent sous prétexte que ce n'est pas encore l'âme sœur qu'ils attendent, justifient souvent leur décision par des « elle n'est pas assez intelligente », « il est trop ennuyeux », « en fait, elle n'est pas aussi jolie que ça », ou « il manque d'ambition ». Ils refusent obstinément de passer outre aux défauts de l'autre. Mais quand ils tombent amoureux, c'est une autre histoire : non contents d'ignorer ces faiblesses, ils grossissent, décrivent par le menu et même inventent certains traits de caractère ou aspects de l'élu(e) de leur cœur qui se trouvent surtout dans leur imagination.

Poussé à son extrême, c'est le syndrome de Pygmalion, l'une des caractéristiques les plus importantes et les plus fréquentes de l'amour virtuel. Nous sommes amoureux d'une construction que nous avons nous-mêmes fabriquée, sans grand rapport avec l'autre. Malheureusement, nous ne nous en apercevons pas assez tôt parce que notre inconscient nous incite à choisir des personnes et des situations qui obscurcissent la réalité. Dans le cas de l'amour virtuel, il s'agit souvent d'une relation à distance :

j'habite Paris, elle New York ; nous nous sommes rencontrés quand j'ai rendu visite à un ami à Cambridge et le déclic a été immédiat : discussions sensationnelles et, au lit, c'était le nirvana ; je vais là-bas dès que je peux, elle vient me voir ici aussi ; nous ne sommes jamais rassasiés l'un de l'autre et nos week-ends sont une succession d'activités géniales et de moments exceptionnels. Puis nous commençons à évoquer l'étape suivante – l'engagement : qui va déménager, qui va quitter son boulot, pouvons-nous d'abord faire un essai ? Qui paiera le déménagement ? Et que se passera-t-il si l'autre ne retrouve pas de travail ? Devrions-nous d'abord nous marier ? Et son frère autiste ? Est-ce que j'ai envie d'un tel antécédent dans le patrimoine génétique de mes enfants ? Et elle : comment allons-nous empêcher ta mère de venir tous les samedis nettoyer ton appartement et changer tes draps ? Et surtout : et si, alors que j'aurai quitté mon boulot, ma famille, mes amis et déménagé à New York, tu changeais d'avis au bout de six mois ? Oui, dis-je (ou du moins *me* dis-je), que se passera-t-il si ta dépendance affective commence à m'agacer ? Et si tu m'en veux d'avoir tout laissé tomber pour venir habiter avec moi ?

Dans le cadre d'une relation à distance, ce genre de questions prend de toute évidence une formidable intensité : impossible de les confronter à la réalité sans faire le grand saut. Cela peut marcher bien sûr, mais seulement si chacune des parties est prête à se départir de sa prudence, à prendre des engagements et à s'y tenir quoi qu'il advienne. Cela fait beaucoup de conditions préalables : de nos jours, la plupart des jeunes exigent de recevoir la preuve empirique que « ça peut marcher » avant même de s'engager. De plus, la triste réalité se charge de nous montrer que ce type de relation est souvent biaisé dès le départ : les tracas du quotidien vont par la suite occuper d'autant plus de place qu'au fond de nous, nous savons dès le départ que les week-ends que nous avons passés ensemble – aussi formidables et doux-amers qu'ils aient été – relèvent de la fiction. Le problème ne vient pas tant du fait que nous avons ignoré la distance géographique qui nous séparait, que de celui que nous avons utilisé cette distance pour masquer l'ambivalence que nous ressentions à l'égard de notre partenaire : nous avons ainsi évité de nous sentir refroidi par ses attentes ou par notre réserve, par ses problèmes génétiques ou par notre dépendance à notre mère, etc.

L'importance de ces défauts s'accentue à mesure que le jour J se rapproche. Ai-je vraiment besoin d'une fille qui n'a rien dans sa vie ? Pour quelle autre raison serait-elle prête à tout quitter pour moi ? Et elle, de son côté : pourquoi devrais-je déménager pour un tel égoïste et enfant gâté ? Ainsi, nous avons eu beau essayer de créer une relation parfaite, sculptant les week-ends que nous passions ensemble avec la consciente spontanéité de la romance mais l'inconsciente précision d'un projet architectural, nous nous sommes acheminés lentement mais sûrement vers la vérité, qui nous saute au visage quand la colère, le reproche et le rejet pointent leur nez – et parfois sans crier gare – dans la relation. Le syndrome de Pygmalion débouche souvent sur son contraire : le syndrome de Frankenstein. Comme la créature de Mary Shelley, nous créons un monstre qui finira par se retourner contre nous. Dans le fond, cette fille n'est sans doute pas la ratée dépendante et à problèmes que l'on a fini par voir ! Car la vérité réside dans le sentiment que nous avons inconsciemment cherché à fuir dès le départ – l'amour en dépit de l'ambivalence.

Pour ne pas se retrouver affecté du syndrome de

Frankenstein, il est indispensable de s'attaquer le plus rapidement possible au syndrome de Pygmalion. C'est ce que j'ai toujours cherché à faire avec les nombreux patients en proie aux affres causées par une relation à distance. Cependant, il n'est pas toujours facile de mettre très tôt le doigt sur le problème.

Première étape : la phase du « Et-c'est-reparti-pour-un-tour »

Comme pour la bourse ou le jardinage, nous aurons de la chance si nous ne commettons la même erreur que deux fois. En effet, nous sommes victimes de deux facteurs dont la combinaison est fatale : d'une part, trouver l'amour est pour nous essentiel ; mais de l'autre, nous sommes capables de nous méprendre à l'infini sur nos émotions. Autrement dit, nos erreurs sont camouflées et nous sommes condamnés à les répéter tant que nous n'aurons pas compris comment elles – ou plutôt nous – opérons. En thérapie, comme dans la vie, on ne peut faire l'économie de la répétition si l'on veut tourner la page – c'est ce que j'appelle la phase du : « Et-c'est-reparti-pour-un-tour. »

Julie était une avocate énergique et futée. Elle avait de l'assurance et du bagout. Elle vint me voir quelque temps après son trente et unième anniversaire, quand il lui fut impossible de continuer de se raconter que c'était la malchance qui l'empêchait de rencontrer l'homme idéal. Tout en sachant qu'elle se trompait sûrement quelque part dans sa manière de procéder, elle était incapable de mettre le doigt dessus. Par chance, peu de temps après le début de sa thérapie, elle fit la connaissance de Joseph lors d'un voyage d'affaires. Comme elle me l'expliqua,

« le regard détendu et ouvert qu'il portait sur la vie » la séduisit aussitôt. Elle était également tout excitée, car il envisageait un changement de carrière qui impliquait de venir s'installer dans la même ville qu'elle d'ici à quelques mois.

Pendant deux mois, ils se téléphonèrent, s'envoyèrent des mails et passèrent des week-ends ensemble. D'ailleurs, je vis Julie juste après son deuxième week-end avec Joseph et elle était de toute évidence sur le point de tomber amoureuse : « Il est si généreux, si sensible, et il a une telle écoute ! Il est intelligent sans en faire étalage. Et puis, au moins ce n'est pas un malade du boulot, cela me fait du bien. » À compter de ce jour, la jeune femme partit tous les vendredis soir le rejoindre. Puis il déménagea et ils commencèrent à parler fiançailles et mariage. La seule chose qui tracassait Julie, c'était que l'appartement et le boulot que son ami avait trouvés n'étaient pas terribles. Mais elle se dit qu'il changerait une fois mieux établi. Pourtant, quand elle mentionna la chose à Joseph, elle se rendit compte qu'elle était la seule à être gênée par cette situation : il lui dit aimer vraiment ce qu'il faisait et n'avoir aucune envie de chercher autre chose à court terme. Et son appartement lui convenait bien tel qu'il était. De toute façon, il sortait à la moindre occasion et il était clair qu'il aimait cela beaucoup plus qu'elle.

Les vacances d'été arrivèrent : elle rêvait d'aller en Grèce ou à Rome pour visiter les musées et les monuments, bien manger et bien boire, mais lui ne voulait entendre parler que de plage et de mer. Il commençait également à se plaindre qu'elle travaillait trop et que rien ne l'intéressait en dehors de son travail. Quant à elle, elle se mit à le trouver passif, mou, futile et naïf. Comme souvent dans une histoire, les qualités qui l'avaient au départ attirée chez lui, cette approche « détendue et ouverte » de la vie, l'excédaient à présent. La machine était lancée et, environ trois mois après le déménagement de Joseph, Julie ne « se sentit plus amoureuse » et rompit.

La jeune femme fut la première à reconnaître qu'une partie du problème venait de ce que la relation avait commencé à distance. « Après examen, dit-elle en se moquant de son esprit de juriste, il apparaît que le suspect s'est révélé différent de ce que je m'étais imaginée. Et puis, quand j'allais le voir, je me sentais en vacances et plus détendue que je ne suis en général. » Après cette analyse pleine de bon sens, Julie, décidée à faire l'expérience pratique d'une leçon bien comprise, jura que c'en était fini des relations à distance. Elle se promit aussi de ne plus sortir avec des « types gentils, doux et passifs » et se mit en quête de nouvelles expériences.

Après plusieurs rencontres faites par l'intermédiaire de son travail, de la paroisse et de ses amis, elle tomba sur un homme qui vivait à trois pâtés de maisons de chez elle et qui, dès son premier mail, se présenta comme « un type responsable et les pieds sur terre ». C'était un jeune agent de change ambitieux et travailleur. De plus, il était prêt à passer des vacances à Rome ou en Grèce. « La mer, c'est la barbe : trop mou pour moi. » Il approuva Julie quand elle lui décrivit sa précédente liaison. À cette époque, la jeune femme se préparait pour un procès, ce qui, pour un avocat, est l'équivalent d'une période de bachotage avant un examen final. Travaillant tous les soirs et tous les week-ends, elle était épuisée. Mais ce flirt comptait suffisamment à ses yeux pour qu'elle réussisse à trouver quelques minutes par-ci, par-là, afin d'envoyer des mails et des SMS à son ami. Lui aussi était très occupé, mais il lui dit qu'il aimerait l'emmener prochainement dîner quelque part. Tout en acquiesçant, elle se dit qu'elle préférait attendre un peu, non seulement parce que le procès serait bientôt terminé, mais aussi parce que ces débuts lui paraissaient très prometteurs et qu'elle ne voulait pas se précipiter comme elle l'avait fait dans son histoire précédente. Aussi leur fallut-il environ deux mois pour passer d'une relation électronique à une relation réelle.

Le premier rendez-vous se déroula très bien et ils découvrirent l'un et l'autre qu'ils éprouvaient une attirance mutuelle. Puis ce fut à lui d'avoir à faire des heures supplémentaires pendant une quinzaine de jours. Aussi trois semaines s'écoulèrent-elles avant leur deuxième rendez-vous, mais trois semaines d'amour électronique pendant lesquelles ils s'échangèrent des messages de plus en plus passionnés. Enfin, l'emploi du temps de Joseph s'éclaircit et ils commencèrent à se voir régulièrement. Ils s'entendaient fort bien et partageaient beaucoup de centres d'intérêt et de valeurs. Par moments, cependant, Julie trouvait son ami trop dominateur : les choses finissaient toujours par se faire comme lui l'entendait. Elle s'en accommoda au début, car elle avait l'impression qu'un homme fort « s'occupait d'elle ». Mais au bout de quelques mois, elle commença à lui tenir tête et ils se disputèrent de plus en plus souvent : quel spectacle aller voir, dans quel restaurant dîner, quand et avec quelle fréquence voir leurs familles, qui devrait s'excuser en premier, quand et de quelle façon faire l'amour, etc. « Je l'aime et je voudrais vraiment que ça marche, me dit Julie. C'est juste que nous avons tous les deux une forte personnalité. Bref, c'est à qui aura le contrôle. »

Ce n'est pourtant pas ainsi que Joseph voyait les choses. À la séance suivante, Julie éclata en sanglots : « Il m'a plaquée, hoqueta-t-elle. Il m'a dit que j'étais trop autoritaire et agressive, qu'il n'avait pas l'intention de passer le reste de sa vie à lutter pour le pouvoir et qu'il ne croyait pas que l'on puisse "travailler" sur une relation. » Nous avons passé plusieurs séances à faire le deuil de cette perte mais, toujours pratique, Julie réussit assez rapidement à tourner la page. Elle chercha à comprendre où résidaient ses erreurs et ce qu'elle pourrait éviter de reproduire dans sa relation suivante. Deux points se dégagèrent : tout d'abord, Julie était comme un général toujours en retard d'un combat, ce qui est le meilleur moyen de perdre. Encore sous le coup de l'échec de sa relation précédente, elle s'était juré de ne plus sortir avec une « mauviette », ce qui n'avait pas manqué de la conduire dans les bras d'un petit chef. (C'est un exemple de la manière dont, dans la vie, les types d'échecs amoureux se recoupent ; pour une discussion plus approfondie sur les mauviettes et les chefaillons, voir chapitre VII).

Quant au deuxième point, je dis à Julie qu'elle s'était à nouveau fourvoyée dans une relation à distance. « Quoi ? me répliqua-t-elle. Vous délirez ! Joseph habite juste au coin de ma rue !

— Je sais. J'ai la mémoire qui flanche, mais tout de même pas à ce point. Sauf que, pendant les deux premiers mois, votre relation s'est déroulée par mails, vous souvenez-vous ? C'est à ce moment-là que vous êtes tombée amoureuse, exactement comme avec le précédent – et comme dans le cas de Pygmalion. » Je poursuivis en lui expliquant comment, en l'absence d'un contact physique régulier, il est facile de tomber amoureux de nos propres constructions mentales. « Je ne peux pas croire que je sois retombée dans le même piège ! » répondit Julie, qui était sur le point d'atteindre la phase du : « Et-c'est-reparti-pour-un-tour. » Je dis « sur le point de », parce que, comme tant d'entre nous, Julie devait se prendre elle-même *sur le fait* pour comprendre l'ensemble du processus. L'illumination intervint moins de deux mois plus tard, lorsqu'elle fut tentée de sortir avec un homme qui n'était là que pour une mission d'un an… et finit par refuser.

Avec le recul, on s'aperçoit sans peine que le syndrome de Pygmalion était le commun dénominateur à ces deux relations ; mais à l'époque c'était difficile, voire impossible à comprendre : elles semblaient si différentes. Dans l'une il s'agissait d'un homme « passif », dans l'autre d'un homme « agressif » ; dans la première c'est Julie qui avait pris l'initiative de la rupture, dans la seconde elle fut « plaquée ».

Deuxième étape : à quel niveau placer la barre ?

Cette étape implique tout d'abord de comprendre et d'accepter l'ambivalence qui sous-tend le syndrome de Pygmalion. Dès que l'influence déformante de ses flirts virtuels s'estompait, Julie était obligée de reconnaître l'ambivalence des sentiments qu'elle portait à ses petits amis : elle aimait l'ouverture d'esprit décontractée du premier, mais méprisait sa passivité ; quant au second, elle adorait son sens des responsabilités tout en détestant son agressivité, du moins dans la mesure où elle passait son temps à la combattre. Dès lors qu'elle eut compris cela, il lui fallut choisir entre les différents types d'hommes. Même s'il est difficile de classer les hommes entre mauviettes d'un côté et petits chefs de l'autre, ce n'est pas pour rien que l'on dit que « les gentils se font marcher dessus ». En d'autres termes, les hommes qui se consacrent avec agressivité à la conquête du « succès » extérieur feront preuve, selon toute vraisemblance, d'une moins grande sensibilité et de plus faibles capacités d'écoute ; ceux qui aiment parler de leurs relations et passer du temps avec leurs enfants se montreront moins agressifs dans le domaine professionnel. Bien entendu, Julie voulait le beurre et l'argent du beurre – comme tout le monde. Pourquoi pas, en effet ? Le problème était que le temps passait et qu'elle ne pouvait plus se permettre d'attendre que le prince charmant sonne à la porte. Et surtout, elle commençait à se dire que le prince charmant n'existait pas.

Comment choisir alors entre deux options aussi séduisantes (ou aussi peu attirantes) l'une que l'autre ? La seule solution consiste à *avoir une excellente connaissance de soi*. Pour nombre d'entre nous, cela signifie approfondir sa thérapie, mais pour d'autres cela consiste tout simplement à répondre à la question : à quel niveau mets-je la barre ? Dans le cas de Julie, la question devenait : est-il plus important pour moi d'être avec un homme ouvert et qui m'encourage, ou avec quelqu'un qui prend les choses en main et réussit ? Ou bien, comme je le formulai : « Seriez-vous plus malheureuse si vous aviez le sentiment que votre mari est passif et faible, ou si vous pensiez qu'il ne vit que pour son travail et ne prête pas attention à ce que vous éprouvez ? » Dans la mesure où son père était du second type, il était facile pour elle, du moins en théorie, de se rapprocher du premier. Pour beaucoup, cela pourra sembler un pis-aller, un compromis passé au détriment de l'amour. Mais la troisième étape vous montrera que ce n'est pas ce que je pense.

Troisième étape : nager dans le sens du courant

En affaires, il existe un proverbe qui dit qu'« il faut nager dans le sens du courant ». Pour prendre un exemple, cela signifie que si quelqu'un invente une carriole à moteur alors que vous êtes dans le domaine des chevaux et des carrioles, il vaut mieux vous lancer dans la fabrication de ce nouveau type de véhicule plutôt que d'essayer de convaincre les gens que les automobiles ne valent rien. Vous y gagnerez la possibilité de vous enrichir au lieu de tout perdre. Contrairement aux apparences, cela n'est pas si facile, car non seulement vous ignorez tout de la fabrication des voitures, mais en outre votre instinct naturel vous incite à pousser vos propres produits contre la compétition. L'essence même de l'organisation de votre société (sa façon d'être au monde) repose sur cet instinct. Pour faire appel à une autre métaphore, dans le domaine des relations amoureuses, nous ressemblons souvent au surfeur qui veut à tout prix maîtriser la vague en la traversant au lieu de la chevaucher.

Après avoir décidé que tout bien pesé elle préférait vivre avec un homme plus « doux » que « dur », Julie dut assumer les conséquences de son choix, à savoir les sentiments négatifs que provoquait chez elle cette « douceur ». Quand elle tomba amoureuse, puis se fiança, avec un homme qui se trouvait pencher plutôt de ce côté-là, elle chercha d'abord à se rebiffer contre le système. Comme avec son premier petit ami, elle tenta d'« encourager » son fiancé à prendre des initiatives et de l'assurance et à se montrer plus ambitieux. Et elle se battit pour le persuader d'aimer ce qu'elle aimait. La bataille fut de courte durée : étant donné son caractère, il chercha naturellement à lui faire plaisir... au point d'essayer de se montrer plus combatif et moins gentil. Cela ne pouvait mener bien loin, parce que plus il acceptait ses suggestions et plus il paraissait faible à ses yeux. Il est déjà bien difficile d'évoluer soi-même ; alors, quant à changer les autres...

Aussi, dans la troisième étape, Julie se fixa pour mission d'accepter son fiancé tel qu'il était. Elle dut notamment se résigner au fait qu'il n'avait pas de grandes ambitions professionnelles. Au début, malgré tout le mal qu'elle se donnait, elle n'y arrivait pas. Elle avait l'impression qu'en « acceptant ses limites », selon ses propres termes, elle se pliait à ses attentes *à lui* et, en un sens, allait *contre les siennes*. Ce ne fut qu'après s'être répété encore et encore (c'est fou ce qu'on oublie vite !) qu'elle l'avait choisi parce qu'elle avait besoin de douceur dans sa vie que Julie réussit à se faire une raison, prenant alors conscience qu'il représentait une part insatisfaite d'elle-même : la fille douce, affectueuse et sensible qu'elle ne s'était jamais autorisée à être parce qu'elle voulait à tout prix plaire à son père tout-puissant. Elle décida d'essayer de changer au lieu de vouloir changer son fiancé.

Pourtant, même armée de ces bonnes résolutions, elle eut du mal. Pour commencer, certaines des activités préférées de son fiancé – sortir, aller à la plage ou louer un DVD – ne lui disaient rien. Elle voulait « faire » des choses : assister à des conférences, aller au cinéma, au musée, etc. « Apprenez à nager dans le sens du courant », lui dis-je alors, conscient que la métaphore économique parlerait à la figure paternelle inflexible qui résistait encore à l'intérieur d'elle-même. Je lui expliquai aussi ce que j'appelle le principe de Démosthène.

Démosthène était le plus grand orateur de toute la Grèce ancienne. Mais il n'en avait pas toujours été ainsi, car il était né avec un problème d'élocution et étant petit ne parlait guère. Comment avait-il réussi à accéder à la gloire ? Les orthophonistes n'existant pas à l'époque, il avait mis au point son propre traitement et, enfant, s'était entraîné à parler avec des galets dans la bouche pour couvrir le son de la mer.

Autrement dit, au lieu d'essayer de fuir les difficultés en offrant le moins de résistance possible, il avait fait tout le contraire : il s'était rendu la tâche encore plus difficile. Et c'est ainsi qu'il avait gagné.

Certains traitements comportementalistes des phobies se sont à un moment donné inspirés d'un concept similaire, appelé « thérapie par implosion » : il s'agissait par exemple de forcer ceux qui avaient une peur panique de l'avion à voler dans un petit coucou par mauvais temps. Ils étaient, avec peu de préparation, exposés au maximum au stimulus générateur d'angoisse. Mais n'importe quelle personne atteinte de phobie aurait pu dire que ce traitement est en général voué à l'échec, car l'angoisse qu'il génère chez la plupart des patients est insupportable. Cela réussit cependant assez bien dans le cas de Julie, car aller à la plage ou sortir ne constituaient pas un stimulus bien effrayant. Elle n'aimait pas cela, tout simplement. En tout cas, jusqu'à ce qu'elle joue le jeu.

Comment fit-elle ? Le principe général fut qu'elle changea en accentuant ce qu'elle était déjà. Pour rentrer dans les détails, la première fois qu'elle partit en vacances à la mer avec son fiancé, elle emporta son bureau avec elle – son ordinateur portable, ses dossiers – et prit plaisir à travailler sur la plage. Autrement dit, elle trouva la solution qui lui convenait *à elle.* Avec le temps, bien sûr, le vent, le sable et le bruit des vagues prirent le pas sur tous ces dossiers juridiques passionnants. Et comme par hasard, plus Julie appréciait de rester là à ne rien faire et plus son fiancé avait envie de sortir pour *faire* des choses ; plus elle laissait de place à la douceur dont elle avait besoin dans sa vie et plus son fiancé s'autorisait à exprimer l'agressivité qu'il avait jusque-là refoulée. *En se donnant à soi-même, chacun donnait à l'autre.* Ainsi, au lieu de continuer de se polariser sur leurs différences, ils réussirent à trouver le juste milieu si recherché mais si délicat à atteindre.

Comme on le voit, Julie ne suivit pas le principe de Démosthène jusqu'au bout. Elle n'alla pas à la plage sans rien à faire pour offrir totalement son corps au soleil, au sable et à la mer. Je crois que nous ressemblons davantage à une Julie qu'à un Démosthène. Nous cherchons à fuir plutôt qu'à embrasser nos limites et c'est pourquoi la plupart des gens ne commenceront à appliquer le principe de Démosthène qu'assez tard dans leur quête d'amour. Avant, nous rêvons d'amours lointaines tout en rejetant l'amour de nos rêves qui, le plus souvent, habite la porte à côté. C'est sans doute ce qui explique que Pygmalion ait prit son temps avec les femmes, en commençant par une statue... Pourtant, mieux vaut ne pas attendre trop longtemps avant de faire face à ses ambivalences en amour, car il est peu probable que l'ivoire se transforme un jour en chair.

Vous l'aurez compris : mon approche en trois étapes n'est pas aussi simple ni linéaire que ma présentation le laisse à penser. Il arrive que les étapes se chevauchent, leur mise en œuvre nécessitant parfois de faire deux pas en avant et un en arrière. Mais plus nous avons conscience de ces étapes et plus nous cherchons à avancer. Pour certaines personnes, cela représente un défi presque insurmontable. À l'image du condamné à perpétuité qui se voit libéré mais retourne en prison parce qu'il est incapable de s'adapter à la liberté, elles continuent d'être attirées par leur mode relationnel antérieur pourtant générateur d'échec, et sont tentées d'y revenir. Comme je l'ai montré au chapitre premier, la principale raison à cette attirance réside dans notre peur de l'ambivalence. Mais il y a aussi d'autres raisons importantes, au premier rang desquelles on trouve ce que la théorie psychanalytique nomme compulsion de répétition. Selon ce principe, nous nous sentons inconsciemment obligés de répéter ce qui nous a fait souffrir afin de le maîtriser et de le surmonter. Ainsi, comme cela arrive souvent aujourd'hui, une femme dont le père a été absent, soit sur le plan affectif, soit sur le plan physique, risque de choisir inconsciemment d'aimer un homme qui demeure loin. Elle éprouve à nouveau un sentiment de manque, mais elle a cette fois l'espoir de faire évoluer les choses différemment grâce à son pouvoir d'adulte.

En plus de la compulsion de répétition (certains disent : au lieu de), on a maintenant la preuve que les premières expériences d'amour vécues pendant l'enfance laissent des traces physiologiques dans le cerveau. Ces traces se transforment ensuite en des chemins d'accès perpétuels ou des pistes empruntées « par défaut » par des modes comportementaux similaires. Et pour finir, l'habitude, la familiarité et la peur du changement qui va de pair représentent sans doute le moteur humain le plus puissant qui soit. Tout cela explique que certaines personnes offrent de très fortes résistances à l'approche en trois étapes, même dans le cadre d'une psychothérapie.

Cependant, nombreux sont ceux qui se trouvent entravés par la répétition de ces schémas sans pour autant en être prisonniers. Les trois étapes seront ainsi appliquées comme un processus introspectif relativement simple en dehors d'un contexte thérapeutique. La question qui se pose alors est de savoir reconnaître la « catégorie » à laquelle on appartient : comment déterminer son degré de répétition ? Quand on regarde en arrière, c'est facile à dire. L'une de mes patientes, âgée de trente-deux ans, tomba un jour sur un homme avec qui elle était sortie au lycée. Il habitait loin et, au bout d'un mois de liaison, elle décida de le rejoindre et de l'épouser. Six mois après leur rencontre, ils étaient mariés et l'étaient encore dix ans plus tard, ayant eu entre-temps des enfants. Comparez cette histoire avec celle d'une autre patiente d'un âge équivalent qui rencontra un homme qui envisageait de s'inscrire en troisième cycle universitaire. Elle l'incita à poser sa candidature dans un établissement d'une ville où elle pensait obtenir une mutation l'année suivante. Ce qu'il fit. Au bout d'un an d'une relation à distance, elle décida néanmoins qu'il n'était pas pour elle et ne déménagea pas. Cette femme continua pendant plusieurs années d'appliquer les mêmes schémas défectueux à ses relations amoureuses, puis entama une thérapie.

Vous me direz qu'il est facile de faire ces comparaisons *a posteriori*. Je crois cependant qu'il existait, au moment des faits et avant que ces femmes ne commencent à s'impliquer complètement dans une relation à distance, un moyen de prévoir laquelle des deux était destinée au schéma boiteux de l'amour virtuel et laquelle réussirait à transformer sa liaison en une relation de couple réelle et durable ? Même si l'on n'est jamais sûr à cent pour cent, ces choses peuvent se voir très tôt dans une relation.

Voici plusieurs scénarios inspirés de situations vécues. À chaque fois, j'identifierai les « signes » ou drapeaux rouges annonciateurs, à mon avis, d'un échec inéluctable. Un mot d'avertissement s'impose toutefois avant de généraliser et d'appliquer ces scénarios à toutes les formes d'amour virtuel. Les « règles du flirt » proposées par certains ouvrages de développement personnel s'appuient souvent sur le bon sens conventionnel, mais ne s'appliquent pas toujours de façon universelle. De plus, la vie est plus riche quand on suit sa propre intuition, son jugement et son expérience, ou quand on met au point ses propres règles interpersonnelles. Néanmoins, il est inutile de réinventer la roue et il est possible, jusqu'à un certain point, de tirer des enseignements de l'expérience des autres. Ces scénarios sont donc destinés à servir de guides, pas de règles.

Quelques scénarios d'amour virtuel

DÉBUTER UNE RELATION JUSTE AVANT DE DÉMÉNAGER

Trois mois avant d'aller poursuivre vos études dans une autre ville, vous rencontrez un homme merveilleux avec qui vous avez une liaison. Bien que vous sachiez l'un et l'autre que vous êtes sur le point de déménager, vous ne discutez pas de la futilité d'entamer une relation sérieuse jusqu'à la veille de votre départ. Puis vous décidez qu'il viendra vous rendre visite dans un mois. Comme en définitive il ne peut pas venir, vous faites le déplacement. Vous passez d'excellents moments et vous retournez le voir deux fois dans les six mois qui suivent. Vous vous téléphonez plusieurs fois par semaine et quand vous lui demandez : « Qu'est-ce qu'on décide ? », il répond : « Je ne sais pas. J'aimerais vraiment que ça marche entre nous, peut-être qu'un jour je pourrai déménager pour venir te rejoindre. » Mais à partir de ce moment-là, vous avez l'impression qu'il ne souhaite pas en parler et vous ne vous sentez pas suffisamment à l'aise pour aborder à nouveau le sujet. Le jour où vous le faites, il vous répond : « Je ne sais vraiment pas quoi te dire. Arrêtons d'en parler tout le temps. »

Drapeaux rouges :

- Vous ne reconnaissez pas la futilité de la

relation dès le départ : on peut en déduire que vous ne vous prenez pas l'un et l'autre au sérieux et/ou que vous ne souhaitez pas reconnaître la réalité de la situation.

- Il renonce finalement à venir vous rendre visite, montrant que votre histoire n'est pas au rang de ses priorités.
- C'est toujours vous qui allez le voir, signe d'un manque de réciprocité.
- Il reste vague dès que vous abordez la question essentielle de l'avenir de votre relation (« Peut-être qu'un jour je pourrai déménager pour venir te rejoindre »), ce qui indique que la situation présente lui convient.
- Il refuse de parler de votre « relation » et vous vous sentez mal à l'aise d'aborder le sujet.

L'histoire aurait été différente : si vous aviez tous les deux reconnu qu'il était « fou » de vous lancer dans une liaison alors que vous étiez sur le point de déménager ; s'il avait tenu parole et vous avait rendu visite ; si vous n'aviez pas été la seule à faire tous les allers-retours et s'il avait exprimé réciprocité et engagement ; s'il avait vraiment fait des plans concrets pour venir s'installer progressivement près de vous (au lieu de ne rien entreprendre en ce sens ou de quitter un jour son boulot sur un coup de tête pour vous rejoindre) ; s'il avait lui aussi exprimé l'envie de parler de l'aspect « longue distance » en vous disant clairement qu'il souhaitait autant que vous faire passer la relation du virtuel au réel.

UN MESSAGE DU PASSÉ

Lors de votre trente-quatrième anniversaire, vous recevez un message d'un homme avec qui vous avez eu une liaison de trois semaines à l'université.

À l'époque, il rendait visite à un ami commun avant de partir étudier un an à l'étranger. Vous éprouviez une forte attirance l'un pour l'autre. Il vous a demandé de l'accompagner, mais vous deviez finir vos études. Vous vous êtes écrit des lettres romantiques pendant six mois, puis vous avez rencontré quelqu'un d'autre. Vous le lui avez dit et vous avez perdu contact. Quinze ans après, il fait une recherche sur *Google*, trouve votre adresse e-mail et vous propose un rendez-vous la prochaine fois qu'il passera dans votre ville pour affaires. Il écrit qu'il est marié avec deux jeunes enfants, mais qu'il n'a jamais cessé de penser à vous depuis toutes ces années. Il dit que vous avez beaucoup influencé sa vie en l'aidant à comprendre l'amour et à se comprendre lui-même, et qu'il n'a jamais aimé personne d'autre à ce point depuis.

Drapeaux rouges :

- Votre relation d'autrefois était essentiellement à distance et il veut recommencer une relation sur le même mode.
- Certes, vous l'aimiez bien quand vous étiez à la fac, mais vous n'avez jamais eu le sentiment de bien vous connaître à l'époque ; et pourtant vous auriez eu une profonde influence sur sa vie.
- Il vit une réalité avec sa famille et une autre dans sa tête.

LA RELATION EN LIGNE

Comme des millions d'hommes et de femmes, vous surfez sur Internet pour rencontrer la personne idéale. Un jour, vous êtes attirée par le profil d'un homme qui semble réunir toutes les qualités : bon descriptif, l'âge que vous recherchez, un excellent sens de l'humour et une chouette photo. Le seul problème, comme vous vous en apercevez peu à peu, c'est qu'il veut continuer de vous envoyer des mails, puis des SMS, puis vous parler au téléphone. Au cours de ces trois mois de communications presque quotidiennes, vous vous ouvrez de plus en plus l'un à l'autre et votre intimité grandit. Ses « Bonne nuit » téléphoniques font maintenant partie de votre routine et c'est bien agréable. Mais il a toujours ce qui vous semble être une excellente raison pour ne pas accepter vos propositions de rendez-vous : il fait des heures supplémentaires cette semaine, il n'est pas-là ce week-end, il doit aller voir ses parents celui d'après. Mais il ne cesse de vous rassurer sur le potentiel de votre relation et vous répète qu'il est impatient de passer des moments forts avec vous.

Ce cas de figure peut paraître évident mais, comme je l'ai déjà dit, notre capacité au déni est illimitée dès qu'il s'agit d'amour. Alors c'est reparti pour un tour.

Drapeaux rouges :

• La quantité compte. Mais le fait que cela dure trop longtemps montre qu'il est « accro » au virtuel au lieu d'utiliser ce dernier comme une porte ou un chemin vers le réel. Ne me demandez pas à partir de quel moment considérer que cela fait trop longtemps – je l'ignore. Tout ce que je sais, c'est qu'à un moment donné la quantité se transforme en qualité.

• Vous établissez une relation intime fondée sur la dépendance avant même de vous rencontrer.

• Les détails semblent obéir à une logique (ainsi le fait qu'il ait toujours de bonnes raisons pour justifier de ne pas vous voir), mais pas l'ensemble (quand on veut, on peut). Il a donc une autre raison, secrète ou non dite, qui le pousse à préférer en rester au virtuel. De votre côté, si vous recherchez une relation sérieuse, pourquoi vous attacher à une relation virtuelle ? Il existe un échange affectif, c'est indubitable, mais plus proche de celui que vous tireriez de la lecture d'un bon roman que d'une relation avec une autre personne.

• Une dernière chose : dans le fond, vous ne savez rien de lui. Et si c'était un tueur en série ?

Il convient de bien faire la différence entre une rencontre en ligne et un flirt en ligne. Dans le premier cas, l'Internet est le moyen de rencontrer quelqu'un et débouche sur une relation ; dans le second, il sert à définir la dynamique d'une relation qui finira par fonctionner selon le schéma de l'amour virtuel.

TROP BEAU POUR ÊTRE VRAI

Vous êtes une femme de quarante-huit ans. Vous gagnez bien votre vie, vous êtes divorcée et vous songez à vous remarier. Vous rencontrez un homme au travers de l'association des anciens élèves de votre lycée. Vous habitez chacun à l'autre bout du pays, mais ce n'est pas vraiment un problème car vous êtes mobile et prête à déménager si les circonstances le demandent. Au bout de quelques rendez-vous, vous tombez follement amoureux l'un de l'autre. À la troisième rencontre, il commence à parler de déménagement – peut-être que ce serait à lui de le faire ou peut-être à vous. Votre seul enfant est à l'université ; quant à lui, il a deux enfants adolescents d'un précédent mariage, ce qui ne vous gêne pas : vous l'aimez tant que vous êtes prête à devenir leur belle-mère. Pendant les deux mois qui suivent, vous vous téléphonez tous les jours et vous prenez l'avion pour vous voir tous les week-ends. Vous partez ensuite passer une semaine de vacances romantiques avec lui et en rentrant vous lui proposez de rencontrer vos amis. Il dit qu'il n'est pas prêt.

Vous êtes perplexe. Comme vous vous sentez vraiment bien avec lui, vous insistez. « Non, vous répond-il, je ne suis pas prêt à faire partie de ta communauté. »

C'est un cas difficile parce que vous éprouviez l'un et l'autre exactement les mêmes sentiments, ce qui semble donner une réalité à la magie de l'amour. Il y a cependant quelques raisons de faire attention.

Drapeaux rouges :

- De grandes décisions – un déménagement ou le fait d'assumer le rôle de la belle-mère – sont prises, ou du moins déclarées, sur la base d'un amour romantique instantané.
- Les gros problèmes (la distance, les enfants) n'en sont pas, alors que les petits (rencontrer vos amis) sont insurmontables.
- La romance est merveilleuse, mais tout va trop vite, c'est trop beau et trop facile.

IL N'Y A PAS DE FUMÉE SANS FEU

Vous parcourez les réponses que vous avez reçues au descriptif que vous avez mis sur un site de rencontres en ligne. Toutes vous semblent fades et stupides. Si ce n'est pas le cas, la photo qui les accompagne est vilaine. Une seule attire votre attention : surprenante, drôle et mordante, vous avez l'impression qu'il y a là une vraie personne. Vous répondez et vous échangez plusieurs mails. Vous apprenez que cet homme est un architecte célibataire et qu'il vit chez ses parents en banlieue, à une demi-heure de chez vous. Vous lui demandez pourquoi il habite chez ses parents et l'interrogez sur ses relations précédentes. Ses réponses vous font rire, bien qu'elles ne soient pas vraiment explicites. Il vous dit qu'il souffre d'un « complexe d'infériorité par rapport à ses organes » et vous décrit longuement différentes expériences et aventures amusantes qu'il a vécues à l'étranger. Puis c'est le silence. Quand il reprend contact, c'est pour vous parler de la petite amie qu'il avait à l'université et qui s'est suicidée à l'époque où ils étaient ensemble. Il vous demande ensuite si vous voulez le rencontrer pour dîner, ou pour déjeuner, ou même pour le petit déjeuner.

Drapeaux rouges :

• Au risque de passer pour un vieux schnock timoré, réac et barbant, qui prêche pour une vie sans fun et sans risque, les réponses de cet homme indiquent qu'il est en quelque sorte à côté de la plaque : ses manières évasives, sa dimension intime fragmentée, et son incohérence ne sont pas exactement les fondations que l'on pourrait souhaiter pour construire une relation.

• Il est possible que ses réponses soient influencées par le média utilisé : les e-mails ne laissent guère passer la mélodie et, sans musique, les paroles peuvent être trompeuses. Autrement dit, son excentricité ne vous paraîtra peut-être pas aussi choquante quand vous l'aurez en face de vous. Néanmoins, la façon qu'il a de vous fournir des petits bouts d'informations décalées doit vous amener à vous demander si vous pourrez vraiment compter sur lui par la suite. En matière amoureuse, dans neuf cas sur dix, il n'y a pas de fumée sans feu.

SON HISTOIRE ET LA VÔTRE

Vous avez trente et un ans, vous êtes célibataire et n'avez jamais eu de relation sérieuse. Vous êtes mal à l'aise avec les hommes qui vous attirent, et vous vous montrez critique et distante envers ceux à qui vous plaisez. Vous rencontrez quelqu'un sur

Internet. Il habite à environ une heure et demie de chez vous et, après plusieurs échanges d'e-mails, il vient vous voir pour bruncher et passer l'après-midi du dimanche à se promener avec vous. Il est intelligent, sensible et sincère, et il possède un charme un peu gamin. En plus, c'est un vrai gentleman. À la fin de la journée, il vous dit que vous lui plaisez beaucoup et qu'il aimerait vous revoir. Vous lui répondez que c'est réciproque. En vérité, vous vous sentez tellement bien avec lui que vous avez du mal à y croire. Vous vous demandez si vous avez enfin trouvé l'âme sœur et vous pensez : « Je suis en train de tomber amoureuse. » Il s'ouvre un peu plus à vous et vous dit que bien qu'il recherche une relation sérieuse, il hésite parce qu'il finit toujours par se lasser, quels que soient l'affection qu'il porte à la personne et les efforts qu'il déploit pour que cela marche.

Drapeaux rouges :

• Votre histoire : ce n'est pas un hasard si vous n'avez jamais eu de relation sérieuse à trente et un ans. Quelque chose vous en empêche et il est peu probable qu'il soit si simple pour vous de rencontrer l'âme sœur.

• Son histoire : son problème saute aux yeux, d'ailleurs il ne s'en cache pas. Il est souvent utile d'écouter ce qu'on vous dit et de le prendre au sérieux.

• Je vous entends d'ici : « D'accord, je suis coincée et il a lui aussi ses difficultés. C'est sûr, ce ne sera ni facile ni simple. Mais les gens grandissent et changent, alors pourquoi décider par avance que ça ne marchera pas ? » Vous avez raison, et vous pouvez vous jeter à l'eau. Le problème, c'est que la distance est peut-être bien la raison pour laquelle vous tombez amoureuse si facilement : au fond, vous savez que vous n'aurez pas à le supporter au quotidien. Et de son côté, il est probable qu'il ne se lassera pas de vous avant longtemps pour les mêmes raisons. Aussi, même si votre relation semble être un défi à votre histoire, elle ne fait que la renforcer. Et vous ne vous en apercevrez que dans un an ou deux, quand vous essayerez de faire passer la relation dans le monde réel.

La compulsion de répétition nous empêche de « dépasser » ou de défier notre histoire. Mais nous pouvons éviter de la répéter si, et seulement si, nous sommes prêts à en tirer les leçons. En ce sens, le dicton selon lequel « ceux qui refusent de se souvenir du passé sont condamnés à le répéter » s'applique non seulement à la vie des nations, mais aussi à celle des individus. Pour ce qui nous concerne, dans la mesure où les sept types d'échec amoureux sont tous liés entre eux, il est indispensable de bien connaître non seulement ses antécédents d'amour virtuel, mais aussi tous les modes relationnels qui ont été les siens jusque-là.

Les scénarios ci-dessus portent tous sur la première étape (le moment du « Et-c'est-reparti-pour-un-tour »), lorsque nous prenons conscience que nous sommes à nouveau tentés de reproduire les mêmes schémas de fonctionnement. Nombre d'entre nous se contentent de relations insatisfaisantes en répétant qu'il vaut mieux tenir que courir et que cela n'empêche pas de rester ouvert à de nouvelles rencontres. Le problème est qu'en nous obstinant à reproduire les mêmes schémas, nous ne faisons pas que passer le temps, nous les renforçons sur le plan comportemental, affectif et même biochimique, puisque nous consolidons les connexions préexistantes entre les cellules du cerveau qui conduisent à de tels modes de fonctionnement. Mais bien que nous sachions intimement que « ce n'est pas bon pour nous », il est difficile d'y renoncer, notamment parce qu'en mettant en œuvre la première étape nous risquons de nous retrouver seuls pendant quelque temps ou d'avoir à nous interroger sur des relations qui nous paraissaient mal parties dès le départ.

C'est précisément pourquoi nous avons besoin de la deuxième étape (« À quel niveau placer la barre ? »). Avant de pouvoir explorer les territoires inconnus de nouveaux comportements amoureux, nous devons acquérir une meilleure connaissance de nos besoins émotionnels. Nous avons vu plus haut comment Julie, après avoir mis en œuvre la première étape et éliminé les relations virtuelles de sa vie, fut capable de décider de ce qui lui paraissait le plus important chez un homme. Vous vous souviendrez qu'elle put accomplir cette démarche dès lors qu'elle eut pris conscience de l'ambivalence qu'elle éprouvait à l'égard du type d'homme qui l'attirait et qu'elle se fut penchée sur sa famille et plus particulièrement sur sa relation avec son père. C'est en tout cas l'idée générale, et il n'est pas toujours besoin d'une démarche thérapeutique. Si par exemple vous avez mis fin à plusieurs relations virtuelles et avez résolu de les éviter à l'avenir, ne vous arrêtez pas en chemin. Réfléchissez à toutes vos anciennes relations, avec votre famille, vos petits amis, vos amis proches et votre cercle de connaissances. Quelles sont les caractéristiques principales qui vous ont attiré chez ces personnes : l'intelligence ou la gentillesse ? La créativité ou la sincérité ? L'ambition ou le charme ? L'esprit d'aventure ou celui d'introspection ? L'assurance ou la patience ? L'empathie ou le sens de l'humour ? Vous pouvez également faire une liste négative en énumérant tous les aspects de ces personnes qui vous ont blessé ou irrité le plus : l'irritabilité ou la tendance à se faire marcher dessus, le caractère imprévisible ou rasoir, l'excessif besoin d'attention ou la froideur distante, etc.

En réalité, il n'est pas nécessaire de placer ces attributs dans une proposition alternative (ou/ou). Si je les présente ainsi, c'est pour vous forcer à choisir entre deux caractéristiques aussi attirantes (ou repoussantes) l'une que l'autre : vous verrez alors où vous placez la barre et quelles sont vos vraies préférences. Cette technique est utilisée dans certains tests psychologiques pour neutraliser ce que des sociopsychologues appellent « l'effet de désirabilité sociale », c'est-à-dire notre tendance à mentir aux tests de personnalité pour produire une bonne image de soi. Comme les deux réponses sont aussi désirables l'une que l'autre dans l'absolu, le fait de vous forcer à y réfléchir et à opérer un choix révélera la personne que vous êtes vraiment. Bien entendu, le choix que vous faites dans l'absolu ne correspond pas toujours à la réalité. Ainsi, vous pensez peut-être avoir besoin d'un partenaire motivant sur le plan intellectuel, mais vous finissez par comprendre que vous accordez la priorité au soutien émotionnel. C'est pourquoi vous dresserez cette liste en pensant aux personnes qui ont compté dans votre vie.

Vous constaterez aussi, grâce à cet exercice, qu'un grand nombre d'attributs personnels importants sont présents chez les humains sous une forme dichotomique, voire polarisée. Vous avez moins de probabilité de rencontrer quelqu'un qui ait à la fois une intelligence hors du commun et un physique splendide, d'abord parce que les qualités exceptionnelles, surtout combinées, constituent des extrêmes statistiques, et ensuite parce que les esprits supérieurs le sont souvent devenus pour se libérer de leur médiocrité physique, les physiques remarquables cherchant quant à eux à échapper à un intellect plus limité. On comprend dès lors pourquoi les hommes sûrs d'eux-mêmes et ambitieux se montrent en général peu compréhensifs et sensibles, et que les blondes sexy – pour abonder en partie dans le sens du stéréotype populaire – sont rarement agrégées de mathématiques.

Comme personne n'est parfait, il vous faut savoir à quoi vous aspirez vraiment. Mais si votre vie amoureuse a souvent obéi au schéma de l'amour virtuel, vous devrez, au cours de la deuxième étape (« À quel niveau placer la barre ? »), réfléchir au sentiment d'ambivalence que provoque chez vous les imperfections de ceux sur qui vous jetez votre dévolu, mais aussi à votre propre ambivalence par rapport à l'amour. Autrement dit, il est fort probable que vous choisissez l'amour virtuel pour éviter d'être confronté aux défauts de ceux que vous aimez, mais aussi pour vous protéger d'une trop grande intimité. Demandez-vous quels sont l'espace et la distance qui vous sont nécessaires – ou acceptables – à l'intérieur d'une relation. Si vous êtes du genre à aimer la solitude (pour lire ou voyager par vous-même, jouer l'extraverti dans un groupe d'inconnus), vous serez peut-être très heureux dans une relation « parallèle » où votre partenaire ou vous-même partez chacun de votre côté en voyage d'affaires ou avez des résidences séparées. Si en revanche vous avez besoin d'une proximité permanente et que les décisions soient toujours prises en commun, vous vous sentirez plus à l'aise dans une relation « communautaire » qui ne vous laissera guère de temps pour vous-même.

Ceux qui succombent régulièrement à l'amour virtuel seront sans doute incapables de trouver leur idéal, car il se situe souvent à mi-chemin. Une relation à distance renforce soit le plaisir de la séparation, soit l'aspiration à la réunification, et empêche donc de savoir où l'on se situe entre ces deux extrêmes. Aussi, dans la deuxième étape (« À quel niveau placer la barre ? »), réfléchissez au degré de proximité auquel vous aspirez. Vous êtes bien placé pour le savoir maintenant que vous n'êtes plus prisonnier d'une relation amoureuse virtuelle. Mais le sentiment de solitude que vous éprouvez peut-être risque d'influencer votre jugement. En ce cas, pourquoi ne pas faire appel à d'autres types de relation pour évaluer vos besoins réels en matière d'intimité ? Quelles formes prennent vos amitiés, les relations que vous entretenez avec vos frères et sœurs, avec vos parents ? Intervenez-vous dans leur vie quotidienne, êtes-vous en contact régulier, ou seulement occasionnel ?

La deuxième étape, qui vous amène à vous interroger sur vous-même, est un processus qui peut prendre, selon les circonstances individuelles, de quelques jours à quelques années. Elle débouchera sur le niveau de connaissance de soi nécessaire à la mise en œuvre de la troisième phase (« Nager dans le sens du courant »). Dans la mesure où cette dernière étape implique d'accepter sa propre ambivalence et les « limites » de son partenaire, il est nécessaire d'être alors impliqué dans une relation amoureuse pour y accéder. Comme nous l'avons vu, ma patiente Julie s'inspira de la logique du principe de Démosthène pour franchir cette étape. Elle commença par essayer d'« améliorer » son partenaire pour ne plus être gênée par ses limites… qui lui parurent encore plus insupportables. Après cet échec, elle chercha au contraire à embrasser ses limites, non pas par bonté d'âme, ni à la manière d'une assistante sociale charitable ou d'un psychologue, mais plutôt à sa façon égoïste, en faisant en sorte d'y trouver son compte.

Le revers positif de la médaille

Nous avons vu que le meilleur moyen de dompter son ambivalence consiste à « vivre sa vie » et à ne pas se focaliser outre mesure sur son partenaire. Cependant, si vous n'avez pas le choix, ne faites pas les choses à moitié. Ne soyez pas comme tel patron d'entreprise qui, évaluant les qualités et les défauts de l'un de ses employés, inscrit dans la première colonne : « Excellent sens des détails », et dans la seconde : « Tend à se concentrer sur l'arbre qui cache la forêt », oubliant que toute médaille a son revers et que, pour pouvoir avoir le sens des détails, il faut être capable de se concentrer sur l'arbre.

Par conséquent, lorsque vous examinez votre partenaire, veillez à dresser une liste des aspects de sa personnalité qui vous gênent, mais sans oublier leur côté positif. Par exemple, si le fait qu'il n'exprime pas ses sentiments vous contrarie – c'est le cas de beaucoup de femmes –, dites-vous qu'il est aussi logique et posé. À la différence de votre père ou de vous-même, il ne se met pas en colère, ce qui est d'ailleurs probablement ce qui vous a attiré chez lui au départ parce que vous avez toute latitude de laisser libre cours à vos émotions (vulnérabilité, colère) sans qu'il ne saute au plafond. Et sans doute vous rassure-t-il quand un problème de santé ou professionnel vous inquiète. Tout cela forme le revers positif de son apparente impassibilité.

L'inconvénient de cette méthode, c'est qu'elle risque de nuire à votre relation : par exemple, en apposant à votre partenaire l'étiquette « insensible » alors que vous vous définissez à l'opposé comme « émotive », vous déboucherez sur une polarisation de vos différences. De façon prophétique, chacun s'enfermera peu à peu dans son rôle et vous finirez par n'avoir que peu de choses à partager, hormis de nombreux conflits : à vous les discussions intimes, à lui les pages financières des journaux ; à vous la fête, les sorties et l'argent facile, à lui les pantoufles, la télé et la planification des dépenses ; à vous le shopping, à lui la religion. Bref, vous voyez le tableau…

Afin d'éviter ce genre de polarisation, il est indispensable de ne pas vous contenter de faire des compromis, contrairement à ce que voudrait la sagesse populaire (en vous disant par exemple : « D'accord, j'accepte cette fois de t'accompagner voir ce film d'action débile, mais seulement si on va voir une comédie romantique la prochaine fois »). Vous devez plutôt travailler à intégrer vos polarités. Cela signifie qu'il ne s'agit pas seulement de reconnaître et de se rappeler les aspects positifs de la personnalité de vos partenaires, mais en quelque sorte de vous les approprier. Lorsque par exemple votre compagnon « si peu émotif » et « si peu démonstratif » fait état d'une difficulté au boulot, au lieu de lui demander : « Et qu'est-ce que tu ressens ? » pour n'obtenir qu'une réponse télégraphique, dédaigneuse, fuyante et, en tout cas, dépourvue de sentiment, essayez de faire les choses à *sa* manière. Abordez la situation comme un problème à résoudre : interrogez-le sur sa stratégie, ses objectifs à long terme, sa tactique à court terme, ses possibilités d'action et les moyens dont il dispose.

Si vous vous adressez à votre ami de façon logique et rationnelle, il y a de fortes chances pour qu'il laisse une plus grande place à ses sentiments. Parce que vous ne l'effrayez pas avec les vôtres. S'il est habituellement si calme et posé, c'est que, pour une raison ou pour une autre, les émotions lui font peur : peut-être a-t-il eu une mère qui l'étouffait sous le poids de ses émotions, à moins qu'il n'associe émotions et faiblesse ? Aussi, plus vous ferez étalage de vos sentiments et plus vous le pousserez à adopter l'attitude de celui qui « pense mais ne ressent rien ». Si, à l'inverse, vous vous efforcez d'intellectualiser au lieu de ressentir, ses émotions finiront par faire surface – parce que, n'en doutez pas, elles sont bel et bien là.

Cette démarche – accepter les aspects positifs de la personnalité de l'autre – n'a pas pour but de manipuler ni de provoquer un changement chez votre partenaire, ce qui est un résultat probable mais secondaire. C'est vous-même qu'elle entend changer, parce que vous adopterez ses aspects positifs et chercherez à vous en inspirer. Vous gagnerez ainsi en équilibre et finirez par rendre possible la même évolution chez l'élu(e) de votre cœur. Si vous cessez de jeter l'argent par les fenêtres, il arrêtera de tout budgéter ; si vous prenez plus de plaisir à sortir, il aura envie de rester davantage à la maison ; si vous vous intéressez à la politique, il s'intéressera aux relations que vous avez avec votre sœur…

Pour résumer, dans la troisième étape (« Nager dans le sens du courant »), vous commencez par identifier le revers positif de certains des défauts de votre partenaire : cela vous aide à accepter celui-ci tel qu'il est et cela vous enrichit en même temps parce que vous finissez vous-même par adopter certaines de ses caractéristiques positives. Et cela débouche par la suite sur une atténuation de ses travers. Ainsi, vous aidez votre partenaire à dépasser ses faiblesses, ce qui contribue à réduire votre sentiment d'ambivalence. Je reviendrai sur cette méthode paradoxale – avec davantage de suggestions sur sa mise en œuvre – lors de la troisième étape (la table de conversion des défauts), analysée au chapitre III.

Amour virtuel et relations à long terme

Une relation de longue durée, dans le cadre ou non du mariage, permet sans doute une meilleure prise de conscience de sa propre ambivalence. Pour réussir à vivre longtemps avec quelqu'un, il faut en effet savoir tolérer l'ambivalence. C'est pourquoi il n'est pas rare d'entendre les couples se taquiner à propos de leurs différents traits de caractère ridicules, rigides ou irritants. Il peut s'agir de moqueries sans arrière-pensées, mais elles reflètent aussi parfois l'amertume et la difficulté d'avoir à vivre avec des ambivalences non résolues. Il n'est pas rare que les gens se sentent malheureux parce qu'ils n'arrivent pas à se sortir de cet état et que le mariage en souffre. Dans ces cas-là, les choses évolueront si l'on a recours de façon régulière à la méthode des aspects positifs.

Prenons par exemple le cas assez banal d'un couple citadin d'une quarantaine d'années dont le mariage comporte une part conséquente d'amour virtuel. Lui, un banquier d'affaires, est appelé à voyager entre vingt-cinq et cinquante pour cent de son temps. Elle est femme au foyer et s'occupe des enfants : à lui la carrière et à elle la maison, le tennis et les activités bénévoles. Il adore le golf et le ski, qu'il pratique dès qu'il le peut lors de ses déplacements professionnels ou avec ses amis, chez lui, le week-end. Ce mode de vie s'est peu à peu mis en place au fil des années, mais le couple a toujours pensé qu'il était temporaire. « Je ne vais pas pouvoir continuer à travailler comme cela bien longtemps », dit le mari en ajoutant : « Dès que j'aurai gagné suffisamment d'argent pour être à l'aise, je prendrai ma retraite ou je trouverai un boulot plus tranquille. » Sa femme prend son mal en patience en se disant : « Je n'en mourrai pas si ça dure encore un an ou deux. » Mais à mesure que l'année se transforme en cinq et les cinq en dix, l'acceptation débouche sur de la frustration, de la colère et parfois une amère résignation. Les plaintes de la femme auprès de ses proches se font de plus en plus régulières : « Il n'est jamais à la maison » ; « Si au moins il était là le week-end » ; « Il a de nouveau raté le récital de notre fils » ; « Il ne s'occupe jamais des enfants » ; etc. De son côté, le mari maugrée auprès de ses amis et de ses collègues que sa femme est toujours sur son dos, qu'il a à peine le droit de sortir le week-end, qu'il doit l'appeler douze fois par jour quand il est en déplacement, et ainsi de suite.

Pourtant, si à un moment donné la femme accepte de reconnaître que ce mode de vie, loin d'être une coïncidence, est quelque chose qu'elle a choisi et continue d'avaliser tous les jours, elle devient capable de comprendre que la fuite de son mari comporte aussi des aspects positifs : il est indépendant, il ne se mêle pas de sa manière de tenir la maison, et elle n'est pas obligée de lui préparer un repas tous les soirs ni de l'attendre pour dîner. Après avoir été la laissée-pour-compte et la femme seule critiquant l'absence de son mari, elle peut s'inspirer de son exemple et se montrer plus indépendante, par exemple suivre une formation, entretenir des amitiés plus profondes avec certaines personnes en dehors de son mariage, ou même partir voyager seule en Asie ou ailleurs. Si elle suit ce chemin, elle finira par moins dépendre du temps et de l'énergie de son mari et par avoir un plus faible besoin d'intimité dans leur relation. Comme elle manquera davantage à son partenaire, il cherchera à se rapprocher d'elle, ce qui tôt ou tard l'amènera à aménager son emploi du temps professionnel et à modifier son mode de vie.

Cette réorganisation de leur dynamique de couple débouchera sur un mariage « parallèle » : les deux époux acceptent – voire embrassent – le degré d'amour virtuel que comporte leur relation. L'idéal pour ces deux individus semble donc être de limiter le niveau d'intimité de leur relation. La limite, que l'on considérera si l'on envisage de fonder une famille, est que ce mode de vie n'est sans doute pas idéal pour les enfants. On peut aussi se demander si ce type de relation résistera en cas de perte d'emploi, de problèmes de santé ou au moment de la retraite : ce couple s'en sortira-t-il s'il est forcé par les circonstances de vivre ensemble au quotidien ? Il est bien entendu impossible de le prévoir, mais l'expérience que j'en ai tend à prouver que tout dépend en fait jusqu'à quel point le style de vie du couple reflète la structure psychologique profonde de l'un ou des deux partenaires. Si par exemple vous êtes un célèbre pianiste de concert obligé à de constants déplacements professionnels, il est probable que vous avez été dès le départ capable de vous consacrer à votre carrière *parce que*, sur le plan psychologique, vous n'aviez pas besoin, ou plutôt étiez incapable, de faire face aux contraintes quotidiennes de l'intimité. En ce cas, un changement externe dans votre mode de vie qui impliquerait de passer davantage de temps à la maison avec votre partenaire risquerait sans doute de compromettre votre relation.

Prenons un autre exemple, à titre de comparaison : vous êtes un cadre moyen dans une grande entreprise et, après cinq ans au même poste, on vous offre la promotion de votre vie. Le *hic*, c'est qu'elle implique de très fréquents déplacements et donc de faire un choix déchirant parce que vous n'avez pas envie d'être loin de votre famille. Vous relevez alors sans doute d'une autre catégorie, car même si cette nouvelle orientation vous oblige à voyager pendant les dix prochaines années et transforme votre mariage en une relation de plus en plus virtuelle, il est probable que le retour à un poste sédentaire ne vous paraîtrait pas aussi menaçant. Cela est dû au fait que votre choix n'a pas tant été motivé par un besoin profond et viscéral d'espace personnel que par des circonstances extérieures.

Dans la réalité, bien entendu, les choses ne sont pas aussi clairement définies. J'ai eu par exemple comme patient un acteur qui finit par avoir deux résidences, l'une à New York où il se produisait à Broadway, et l'autre à Los Angeles où il jouait dans des séries télévisées. Avait-il été dès le départ attiré par une carrière impliquant des voyages incessants, ou bien par une profession fondée sur la représentation dans laquelle les déplacements étaient un mal nécessaire ? Après avoir travaillé sur ces questions, nous en sommes venus à voir que les deux réponses étaient vraies. Très tôt, un élément m'avait indiqué son profond besoin d'espace personnel. Au cours de notre première séance, je lui avais demandé s'il voyait souvent l'ami avec qui il était depuis un an et demi : « En fait, me dit-il nonchalamment et sans révéler de dissonance cognitive ni de tristesse palpable par rapport à la situation, je ne l'ai vu que deux fois cette année. »

Bien que le conflit entre nos besoins de partage et ceux de solitude soient aussi vieux que l'amour, il semble plus que jamais possible aujourd'hui d'avoir une relation longue et à distance. L'un de mes exemples préférés est celui d'Élisabeth, dont la vie démontre, entre autres choses, qu'il n'est jamais trop tard pour faire évoluer les modèles d'échec amoureux auxquels on obéit. Cette patiente vint me voir à l'âge de cinquante-deux ans, en proie à une sérieuse dépression qui, dans son cas, n'était pas provoquée par un état biologique, ni même par une trahison ou par une perte qu'elle aurait subie, mais plutôt par la mort d'une illusion.

Ellc avait grandi dans une petite ville rurale. Ses parents étaient propriétaires d'une petite épicerie et la famille – à savoir Élisabeth, ses deux sœurs aînées et sa grand-mère maternelle – vivait dans un petit appartement de deux chambres situé au-dessus du magasin. À tout cela s'ajoutait, au niveau familial, un faible sens des limites – les parents parlaient de leur vie sexuelle et faisaient l'amour sous les yeux des enfants, la mère discutait bruyamment de ses filles avec ses clients, pour ne citer que quelques exemples –, ce qui développa chez l'enfant une envie précoce de partir. À l'adolescence, rêvant de voyages, elle décida de devenir hôtesse de l'air. Comme elle était jolie, intelligente et intrépide, elle n'eut aucun mal à atteindre son but. Deux ans plus tard, elle trouvait un poste à plein temps sur la ligne Paris-New York au sein d'une des principales compagnies transatlantiques.

Ce fut donc sur son lieu de travail – à bord d'un avion – qu'elle rencontra Jean-Paul, l'homme qui allait devenir son mari. Il était français, travaillait pour une banque internationale et rentrait chez lui après un voyage d'affaires. Il flirta avec elle et, de fil en aiguille, ils se mirent à se voir le week-end lorsqu'elle était de repos. Au bout de quelques mois, Élisabeth découvrit que Jean-Paul était marié. Mais il était malheureux en ménage et amoureux de la jeune femme : il prit très vite la décision de divorcer et d'épouser Élisabeth.

Pendant quelque temps, ils « vécurent » à Paris – toujours le week-end, quand elle ne travaillait pas. Puis ils décidèrent d'avoir des enfants et, comme Élisabeth voulait qu'ils aient une éducation à l'américaine, ils déménagèrent pour s'installer à New York. Ce fut donc au tour de Jean-Paul de faire la navette, ce qu'il fit pendant les vingt années qui suivirent. Ils élevèrent leurs enfants et continuèrent d'avoir une vie active mais stable. Ils adoraient tous deux le ski, les voyages et les sorties, et quand Élisabeth eut le sentiment que ses enfants avaient besoin d'elle à plein temps, elle démissionna pour profiter des joies de la maternité. Dans la mesure où le travail très rémunérateur de Jean-Paul nécessitait qu'il restât à Paris et où la jeune femme ne voulait pas que ses enfants grandissent en Europe, ils décidèrent de continuer leurs vies parallèles.

Il est évident que le désir d'échapper à sa famille avait influencé le choix professionnel d'Élisabeth. Mais il colora également ses choix matrimoniaux. Elle jeta son dévolu sur un homme qui vivait avec une autre femme et dans un autre pays. Autrement dit, en réaction à une enfance où elle étouffait sur le plan interpersonnel, elle décida de se protéger d'une trop grande intimité. Bien qu'elle ne le verbalisât jamais vraiment en ces termes, elle savait que ce mode de vie lui convenait et elle était dans l'ensemble heureuse. Elle se posa bien des questions à deux ou trois reprises au cours de toutes ces années, par exemple lorsqu'elle fut dans l'incapacité de joindre son mari au téléphone à l'endroit où il aurait dû être, ou quand une amie lui dit qu'elle l'avait vu avec une autre femme. Mais comme elle ne voulait pas de dispute, elle accepta les explications que lui fournit Jean-Paul et passa à autre chose.

L'univers d'Élisabeth s'effondra brusquement un beau jour – après quelque vingt-cinq ans de mariage – lorsque, de passage dans leur maison à Paris, elle découvrit la lettre qu'une autre femme avait écrit à Jean-Paul à propos de leur… vie commune ! Il apparut que depuis dix-neuf ans son mari menait une double vie. Il avait une autre maison en banlieue parisienne où il « vivait » avec une autre femme du lundi au vendredi. Au fur et à mesure des années, il était aussi parti en courts voyages « d'affaires », autrement dit en vacances, avec cette femme.

Confronté à cette découverte, Jean-Paul ne nia pas. Il expliqua son point de vue et dit à sa femme qu'il serait heureux de continuer ainsi, mais que, si elle voulait divorcer, il se montrerait généreux avec elle sur le plan financier.

C'est alors qu'Élisabeth vint me trouver. Elle se sentait trahie, rejetée et humiliée, mais surtout, elle avait été anéantie de découvrir que son mari n'était pas l'homme qu'elle croyait connaître. Elle savait bien sûr qu'il était indépendant et était même capable de comprendre qu'il avait eu quelques « histoires sans conséquence » lors de déplacements professionnels. Mais le fait qu'il organise une imposture de cette amplitude – une double vie – ne pouvait que signifier qu'elle ne savait pas vraiment à qui elle avait affaire et que leur relation avait été une illusion. Bien sûr, en y réfléchissant, tous les signes étaient là, comme ils le sont toujours, mais elle avait choisi de les ignorer *pour éviter d'avoir à regarder la réalité en face à propos de son mari*, à savoir qu'en plus d'être un homme généreux, bon vivant et gentil, il était aussi malhonnête, manipulateur et dur.

Aussi, alors que pendant des années leur mode de vie avait conforté Élisabeth dans les illusions qu'elle se faisait sur la personnalité réelle de son mari, elle se trouvait maintenant plongée en pleine crise d'ambivalence. « Dois-je m'accrocher à ce mariage ou bien partir ? » me demanda-t-elle lors de la première séance. Pour la première fois depuis vingt-cinq ans, cette femme prenait conscience du sentiment d'ambivalence qu'elle éprouvait à l'égard de son mari et de leur relation. Pour en revenir aux trois étapes évoquées plus haut, on peut dire qu'il avait fallu à Élisabeth toutes ces années pour atteindre le premier palier (la phase du « Et-c'est-reparti-pour-un-tour »).

Bien entendu, je ne répondis pas à sa question et elle mit presque un an pour arriver à une décision. Certes, Élisabeth savait que la vie parallèle qu'elle avait choisie lui convenait bien et qu'elle n'aurait pu faire face à un homme aux attentes et aux exigences perpétuelles. Mais en nous plongeant dans son histoire, nous avons découvert qu'une bonne partie de son désir d'échapper à sa famille était une réaction de défense et ne faisait pas partie de sa nature première. Comme tous les enfants, elle *avait cherché* à être intimement reconnue et acceptée de ses parents. Mais dans la mesure où dans sa famille l'intimité était lourde et étouffante, elle était tombée dans l'autre extrême. Pourtant, au-dessous, justement parce que ses besoins affectifs n'avaient pas été comblés quand elle était enfant, elle était plus en demande que d'autres. Lorsqu'elle en prit conscience au cours de sa thérapie, Élisabeth réussit à franchir la deuxième étape (« À quel niveau placer la barre ? ») : elle décida de mettre fin à son mariage virtuel et de se mettre en quête d'une relation dans laquelle elle partagerait une vraie intimité avec son partenaire.

Je continuai de la suivre pendant cinq ans, mais en dépit de tout le travail accompli elle n'arriva pas à rencontrer un homme qui satisfît à ses critères. Elle eut de nombreux flirts auxquels il manquait toujours la petite étincelle. De fait, comparé à son style de vie précédent, rencontrer des « types du cru », comme elle les appelait, n'offrait rien de très excitant. Néanmoins, elle n'en démordait pas : c'en était fini des Jean-Paul. Sa thérapie progressa et elle apprit à dévoiler ses sentiments intimes et réels – du moins à son thérapeute. Elle décida donc d'interrompre nos séances pour essayer de mettre toute seule en pratique ce qu'elle avait appris.

Il n'est pas rare qu'un patient abandonne son traitement avant que le thérapeute ne le juge prêt à le faire ou avant qu'il ne connaisse la « fin » de son histoire. Et je suis donc toujours heureux d'avoir des nouvelles par la suite. Je le fus particulièrement dans le cas d'Élisabeth à cause de ce qu'elle me dit. Sa lettre arriva dix ans après sa séparation d'avec Jean-Paul. Après avoir mis fin à sa thérapie, elle avait déménagé pour se rapprocher de sa fille et de ses enfants dans une petite ville de province. Là, elle avait rencontré un homme divorcé d'une petite soixantaine d'années comme elle. Elle était tombée amoureuse et elle l'avait épousé, persuadée d'avoir rencontré l'âme sœur. Cet homme – un étranger d'origine suédoise – était tout le contraire de Jean-Paul. C'était un fermier à la retraite, un « homme d'intérieur », très proche des ses enfants adultes, désireux de passer le plus de temps possible avec sa femme et de s'occuper avec elle de leur maison.

Élisabeth avait donc bouclé la boucle. Après avoir échappé à sa famille et fui l'intimité en se jetant dans le monde cosmopolite de la *jet-set* et en faisant un mariage virtuel, elle menait une vie tranquille dans une petite ville de province qui ressemblait beaucoup à celle de son enfance. Ce faisant, elle avait franchi toute seule la troisième étape (« Nager dans le sens du courant »). Elle acceptait maintenant de reconnaître l'existence d'un aspect de sa personnalité – sa dépendance aux autres –, qu'elle avait jusque-là renié, ce qui la rendit capable d'aimer quelqu'un qui avait les mêmes besoins. Cependant, elle ne regrettait rien de sa précédente relation, sachant pertinemment que cela représentait aussi une part d'elle-même. Et elle avait compris aussi que lorsque l'idéalisation de départ s'estomperait, elle éprouverait un sentiment d'ambivalence par rapport à son nouveau mari, dont elle regretterait parfois qu'il ne ressemblât pas davantage à Jean-Paul.

CHAPITRE III

L'amour à sens unique

Cupidon, le jeune dieu de l'amour à la réputation déplorable, joua un jour un bien vilain tour à Apollon : tirant deux flèches vengeresses de son carquois, il en décoche une au dieu pour l'amener à tomber amoureux et une autre à Daphné pour la pousser à se détourner de l'amour. Aussi, quand Apollon, dieu de la musique et de la poésie, entreprend de faire la conquête de Daphné, la ravissante nymphe prend la fuite. Lancé à sa poursuite, Apollon la supplie, la cajole et lui promet le monde – en vain : la jeune fille allonge le pas. Lorsque, après une longue course, elle comprend qu'elle est sur le point d'être rattrapée, la nymphe prie que son corps qui fascinait tant son prétendant soit transformé et détruit pour toujours. Ses appels sont entendus : ses membres se figent et s'alourdissent, ses bras deviennent des branches, ses cheveux des feuilles et une fine écorce vient enserrer sa poitrine. C'est au moment où elle achève de se transformer en laurier qu'Apollon la rattrape. L'aimant encore, il l'entoure de ses bras passionnés et sent alors le cœur battre encore faiblement sous l'écorce.

La douleur de l'amour à sens unique – c'est-à-dire la tendance à tomber amoureux ou à se sentir attiré par des personnes indisponibles sur le plan affectif – touche tous ceux que l'amour a un jour déçu. Et parce que même l'amour le plus sain comporte une dose de souffrance, nous avons de façon instinctive tendance à nous identifier au perdant et à éprouver davantage de sympathie pour le rejeté que pour celui qui rejette. *Les Souffrances du jeune Werther*, célèbre roman du XVIIIe siècle dans lequel Goethe raconte l'histoire d'un jeune homme qui met fin à ses jours parce que son amour n'est pas payé de retour, provoqua même une vague de suicides dans toute l'Europe au moment de sa publication.

Donc, nous éprouvons identification et empathie à l'égard de ce type d'amour. Nous nous demandons aussi pourquoi celui qui tombe amoureux de personnes inaccessibles est lui-même toujours indisponible pour ceux qui s'intéressent à lui. J'ai renoncé à recenser les patients qui, au fil des années, ont maudit un destin qui semblait les condamner à être attirés par des individus qu'ils laissaient indifférents tout en étant impuissants à répondre à l'amour de ceux qu'eux-mêmes attiraient. C'est ce qu'on nomme la fracture de Cupidon, une expérience universelle qui pousse l'être humain à essayer de surmonter l'ambivalence qu'il éprouve à l'égard de l'amour en divisant le monde des objets amoureux en deux extrêmes : ceux qui lui plaisent et ceux qui le rebutent. Car nous n'abandonnons jamais nos fantasmes de perfection, qu'il s'agisse de beauté, d'intelligence ou de spiritualité, et nous nous cramponnons à l'illusion de l'amour parfait.

Mais aussi répandue que soit cette fracture, le degré de rupture qu'elle crée dans nos relations amoureuses dépend de l'histoire et du caractère de chacun. Prenons l'exemple d'une femme dont le père avait abandonné le foyer familial quand elle était petite. Sa mère s'était remariée deux ans plus tard et le beau-père avait insisté pour que l'enfant le considèrât aussitôt comme son père. Adulte, cette femme ne cessait de tomber amoureuse d'hommes inaccessibles (un homme déjà fiancé, un homosexuel, et d'autres ne s'intéressant en rien à elle) et en éconduisait d'autres qui, selon ses propres mots, « s'imposaient » à elle.

Cette histoire illustre comment des événements particuliers – dans le cas de cette femme, le désir inconscient de retrouver un père qui a manqué et de repousser celui dont elle ne voulait pas – peuvent contribuer à la mise en place d'un scénario amoureux répétitif. Pourtant, ma patiente n'était ni la première ni la dernière à séparer les hommes entre « ceux-qui - sont - parfaits - mais - ne - sont - pas - disponibles » et « ceux-qui-sont-libres-mais-pas-assez-bien ». Or la plupart des gens ne sont ni parfaits ni complètements inacceptables (pour une personne donnée). Ceux qui sont enclins à l'amour à sens unique créent cette fracture dans leur esprit pour sauvegarder l'illusion de l'existence de l'amour parfait. Certains, comme cette patiente, devront avoir recours à une thérapie pour commencer par surmonter le traumatisme familial originel, alors que d'autres seront capables, dans un cadre thérapeutique ou non, d'agir plus directement sur leur scénario amoureux.

Première étape : c'est la faute à Cupidon !

Dans la mesure où, dans le mode de fonctionnement qui nous intéresse ici, l'objet de notre flamme est physiquement disponible (il arrive parfois que vous sortiez même déjà ensemble), le problème ne saute peut-être pas aux yeux tout de suite. Si l'homme avec qui vous sortez depuis longtemps s'obstine à ne pas vouloir aller plus loin, il vous sera facile de vous dire que c'est de *sa* faute, qu'*il* n'est pas prêt ou que c'est *lui* qui est « incapable de s'engager ». Et si vous êtes attirée de manière répétitive par des hommes qui ne sont pas libres, vous serez tentée de vous considérer comme la pauvre victime de coïncidences malheureuses ; à moins que, si vous habitez une grande ville et ne croyez pas au hasard, vous n'accusiez les statistiques qui montrent qu'il y a davantage de femmes célibataires que d'hommes ; voire que vous ne finissiez par vous dire, pour peu que vous ayez la fibre psychologue, que c'est chez vous que ça cloche.

Vous êtes sur la bonne voie et je vous invite à vous demander si ce n'est pas plutôt *vous*, et non l'objet de votre amour, qui n'êtes pas disponible, et cela parce que vous investissez la même quantité d'énergie psychique à vous intéresser à des personnes indisponibles qu'à éviter les personnes libres. Autrement dit, cette première étape doit vous amener à comprendre et à accepter votre propre fracture de Cupidon.

En psychothérapie, les patients résistent d'abord à cette idée. Pour commencer, ils ne remarquent même pas les avances ou les marques d'attention que leur manifestent les individus qui ne les attirent pas. Puis, une fois qu'ils ont admis que l'on peut parfois s'intéresser à eux, ils insistent sur le fait qu'il ne peut s'agir que de losers de toute façon inférieurs aux personnes qui ne sont pas disponibles. Au début, je marche sur des œufs, mais je n'ai plus de doutes quand je découvre que les deux facettes de la fracture s'appliquent à la même personne. Ce fut le cas avec une avocate dont les talents rhétoriques avaient réussi à semer le trouble dans mon esprit pourtant bien entraîné. J'en étais venu à me demander si sa tendance à tomber amoureuse d'hommes inaccessibles n'était pas plutôt le résultat de concours de circonstances différents dont elle était à chaque fois la victime. Au moment où je m'apprêtais à prendre en considération son argumentation détaillée et logique, elle « trébucha » et me déclara que sa relation la plus significative, qui avait duré environ un an et demi, venait solidement étayer ma théorie du modèle récurrent.

« C'est lui qui a commencé alors qu'il me laissait assez froide. Nous sommes sortis ensemble, nous avons même couché ensemble, mais j'ai rapidement mis le holà et commencé à fréquenter quelqu'un d'autre. Quand il a cessé de me téléphoner, je l'ai appelé plusieurs fois. Il a finalement repris contact et nous sommes à nouveau sortis ensemble, sauf que cette fois la situation était inversée. J'étais vraiment accro et ça n'avait pas l'air de l'intéresser plus que ça. À un moment donné, nous avons décidé de nous voir sur un pied d'exclusivité, mais j'ai fini par me rendre compte que ce n'était pas l'homme qu'il me fallait et j'ai rompu. Il a alors recommencé à me poursuivre… »

Ainsi, cette patiente n'était d'abord pas intéressée parce que l'autre l'était, puis elle le fut parce que l'autre ne l'était plus. Autrement dit, sa relation la plus longue présentait les deux facettes de la fracture de Cupidon, ce qui explique d'ailleurs pourquoi elle avait pu durer aussi longtemps. Pour citer un cas encore plus extrême, je vis un jour en consultation une femme qui, invoquant un sentiment d'étouffement, avait rompu ses fiançailles alors qu'elle sortait avec le même homme depuis deux ans. Quittant par la suite l'endroit où elle était née, elle était venue s'installer en ville. C'est alors que je la rencontrai et elle passa un an à me répéter que les hommes inaccessibles ne l'attiraient pas le moins du monde. Un jour, elle entendit dire que son ancien fiancé, qui entretemps s'était marié, était sur le point de divorcer. Elle lui fit donc savoir par une amie commune qu'elle avait repensé à leur relation et qu'elle aurait aimé qu'il reprenne contact avec elle. Bien qu'il ne se soit pas manifesté, elle s'était convaincue qu'il voudrait la récupérer et ce fut l'une des raisons qui la poussa à se réinstaller dans sa ville natale. En séance, elle trouva les arguments pour m'expliquer qu'à l'époque où elle avait mis fin à ses fiançailles, elle n'était pas prête à se lier à un homme qui attendait d'elle qu'elle s'engage de façon vraiment intime. « Alors qu'aujourd'hui je suis prête, dit-elle. Et je sais qu'il pense encore à moi. » Mais ce qu'elle n'était pas prête à reconnaître, c'est que le passage du temps, leur séparation géographique et le fait qu'il n'avait pas répondu à ses messages lui permettaient d'oublier l'impact émotionnel qu'avaient eu par le passé ses besoins affectifs étouffants. En partant, elle me promit de me tenir au courant des résultats. Je n'entendis plus parler d'elle jusqu'au moment où, deux ans plus tard, j'appris qu'elle épousait… un autre homme.

Autre variation sur le même thème : un homme d'une trentaine d'années vient me voir après s'être aperçu qu'il a commis une « erreur épouvantable » quelques années auparavant : devant l'insistance de son amie qui voulait qu'ils se marient, il avait mis fin à leur histoire qui durait depuis dix ans. « Cette relation était parfaite, me dit-il. On était fait pour aller ensemble, on s'aimait passionnément et on était sur la même longueur d'onde. Sauf que je n'étais pas prêt à l'époque. » Depuis, il fréquente des femmes qui ne lui plaisent pas vraiment ou en drague d'autres qui n'éprouvent rien pour lui. En le questionnant de plus près, cependant, il apparaît que son ancienne relation prétendument idéale avait connu quelques périodes difficiles et plusieurs séparations, toujours déclenchées par une perte d'intérêt de la part de l'un ou de l'autre des deux partenaires.

Face à un tel cas de figure, comment continuer de proclamer que c'est l'autre qui provoque l'attraction ou la répulsion que l'on éprouve ? C'est l'éclat de l'inaccessibilité qui fait avant tout le ciment de la relation, même si on semble se déterminer par rapport à une caractéristique chez l'autre. Si donc vous constatez que vous êtes à la fois attiré par des personnes inaccessibles et que vous avez vécu une relation amoureuse à sens unique, pas de doute : vous êtes « victime » de la fracture de Cupidon.

Si vous n'avez jamais été dans ce genre de relation, vous pouvez néanmoins voir si vous êtes touché par la fracture de Cupidon en procédant à une estimation quantitative et qualitative de vos expériences amoureuses.

Pour le quantitatif, posez-vous des questions si, alors que vous avez près de trente ans, vous avez eu plusieurs relations ou des relations avortées avec des personnes inaccessibles. Établissez la liste de tous ceux ou celles qui vous ont marqué de l'intérêt au cours des années et acceptez l'idée que votre vie amoureuse obéit au modèle de l'amour à sens unique. Si vous avez plus de trente ans, vous ne devriez d'ailleurs pas vous contenter de vous poser des questions et je vous encourage à sauter directement à la deuxième étape ci-dessous. En revanche, et sauf à avoir un pressentiment contraire, inutile de vous faire trop de souci si vous avez une vingtaine d'années, même s'il n'est sans doute pas inutile de commencer à s'interroger tôt – et plus particulièrement pour les femmes, qui ont à subir la pression de leur horloge biologique –, tant il peut être long de modifier son mode de fonctionnement.

Du point de vue qualitatif, notez si vous avez tendance à rappeler une personne qui vous a plu et n'a plus donné signe de vie, ou si vous la poursuivez quand elle promet de vous téléphoner mais ne le fait pas ; si vous discutez jusqu'à l'obsession avec des amis les raisons de son silence ; si vous proposez une nouvelle fois de la revoir quand vous la rencontrez par hasard ; ou si vous refusez de la prendre au sérieux quand elle déclare que les relations ne sont pas une priorité dans sa vie. Si vous avez eu ce type de comportement plusieurs fois, il y a de fortes chances pour que vous ne soyez pas sorti de l'auberge. Il est même probable, bien que cela soit plus difficile à établir, que vous êtes en partie à l'origine de l'autre facette de la fracture de Cupidon. En voici un exemple.

Un célibataire d'une trentaine d'années avait une liaison depuis quelques mois. « Je l'aime vraiment et je ne veux pas tout bousiller », dit-il. Il m'explique ensuite qu'il redoute de perdre bientôt tout intérêt pour son amie et de commencer à se sentir prisonnier du poids de leur relation, comme d'habitude. « J'espère que ça va marcher parce que pour une fois cette fille n'est pas du genre collant : elle est indépendante et se réjouit que j'aie des activités extérieures. » Mais au cours de la séance suivante, il évoque leur première dispute à propos d'une promesse qu'il n'avait pas tenue. Il était sorti dîner avec un copain de passage et avait dit à son amie qu'il lui téléphonerait vers la fin du repas afin qu'elle les rejoigne pour prendre un dernier verre. Au lieu de quoi, poussé par une raison qu'il était bien en peine d'expliquer, il ne l'avait appelée qu'à vingt-trois heures. Incapable de prévoir autre chose, elle avait attendu toute la soirée et s'était donc mise à hurler quand elle avait décroché. Aussi, bien qu'il prétendît aimer son indépendance, en ne l'appelant pas à l'heure dite, il avait créé un besoin affectif chez elle. Comme on pouvait s'y attendre, sa réaction lui avait pesé et il avait donc cherché à prendre davantage ses distances. Il n'avait bien entendu fait qu'accroître les besoins de son amie et voulait maintenant fuir une histoire dont il se sentait prisonnier. En résumé, à l'inverse des intentions qu'il avait consciemment affichées et sans même s'en rendre compte, il s'était lui-même rendu indisponible.

Une autre de mes patientes, une femme très séduisante et agréable, me raconta un jour que ses rendez-vous amoureux tournaient toujours court. En examinant en détail son comportement dans ces circonstances, il fut évident qu'elle se donnait le plus grand mal pour que rien ne se passe jamais. Lorsqu'un homme avec qui elle avait rendez-vous pour la deuxième fois évoqua l'une de ses précédente histoires, elle conclut qu'il avait « un passif » et qu'il était « en demande » d'écoute. Comme elle ne voulait pas d'un homme en demande, elle fit la sourde oreille, ce qui, bien entendu accrut les besoins d'attention de l'autre.

De même, lorsqu'à l'occasion de leur troisième rencontre un autre homme lui déclara que l'affection lui faisait peur, elle pensa qu'il avait « des problèmes » et ignora ce qu'il venait de dire, ce qui ne fit que renforcer les « problèmes » de son partenaire et les rendre encore plus présents à l'esprit de cette femme. Enfin, elle accepta d'un troisième homme, qu'elle appréciait beaucoup, qu'il lui prenne la main au cours de leur premier rendez-vous alors même que cela la mettait mal à l'aise. Elle se persuada qu'elle laissait ainsi « une chance à la relation » alors qu'elle faisait tout le contraire en se montrant complice de ce qu'elle réprouvait.

Finissant par éprouver la nécessité et le désir de s'échapper, elle fut responsable de sa propre indisponibilité. Si elle avait retiré sa main ou si elle lui avait dit « non », elle aurait vu si cet homme était effectivement en demande ou juste un peu trop entreprenant.

Ce sont de petits exemples du quotidien dont l'accumulation place une relation ou une rencontre amoureuse sur la trajectoire de l'amour à sens unique. Analyser et faire cesser de tels comportements est le propre de la psychothérapie. Mais on peut aussi y arriver autrement. C'est même indispensable si l'on veut modifier son mode de fonctionnement. Pour ce faire, vous devrez réfléchir à vos relations en ne perdant jamais de vue les points suivants : ce que j'ai l'impression de vouloir / ce que je crois vouloir / ce que je dis vouloir ne forment qu'une moitié de l'histoire ; l'autre moitié est à rechercher dans les conséquences interpersonnelles de mes actions. Ainsi, posez-vous des questions si vous pensez aspirer à une relation mais poursuivez quelqu'un qui ne semble pas répondre à votre flamme : dans la mesure où votre « harcèlement » aboutit à le repousser encore plus loin, cela donne à penser que vous ne tenez finalement pas tant que cela à vous engager dans une relation. Sans doute avez vous envie d'avoir envie d'une relation, mais en réalité ce n'est pas le cas. De la même façon, si vous pensez « donner une chance à quelqu'un » en l'embrassant à contrecœur, demandez-vous quels seront vos sentiments après le baiser.

Deuxième étape : apprendre à dire oui

Nous l'avons déjà vu et le reverrons dans les chapitres suivants : cette étape consiste à comprendre ce que l'on attend vraiment d'une histoire et d'un partenaire, et de se fixer un seuil au-dessous duquel on ne descendra pas. De plus, vous devrez vous rendre à une évidence que vous vous êtes jusqu'ici donné le plus grand mal à nier : vous ne pourrez avoir de relation qu'avec une personne disponible, une de celles que vous aviez jusqu'à présent rejetées ou manqué de remarquer. En vérité, de ce vivier de candidats, nous devons soustraire ceux qui, par un effet de miroir, ne s'intéressaient à vous que parce que vous leur étiez inaccessible. Aussi le nombre des « indésirables » parmi lesquels vous aurez à choisir est-il en fait plus faible que vous ne le pensez. Et pour assombrir ce tableau déjà déprimant, plus vous avancez dans la trentaine, puis dans la quarantaine, et plus limitée est la réserve de candidats susceptibles de répondre à vos critères. Il est peut-être choquant de parler d'amour comme relevant de l'économie de marché, mais je crains que cela ne corresponde à la réalité : les meilleurs candidats sont sélectionnés en premier. Cela signifie qu'à un certain moment (aux alentours de trente-deux, trente-cinq ans), plus vous attendez et plus nombreux seront les défauts de vos partenaires potentiels ; par conséquent, l'ambivalence que vous ressentirez à chaque nouvelle rencontre ne fera que croître. Cette triste réalité du marché est encore pire pour les femmes, dans la mesure où, dans nos cultures, il est plus acceptable et plus réalisable pour un homme d'épouser une femme jeune que le contraire. Cela limite donc encore les ressources en candidats potentiels. Si cette analyse vous angoisse, passez à l'action. Si elle vous met en colère, ne seriez-vous pas encore dans le déni ?

Réjouissez-vous cependant, car ces conditions déprimantes peuvent vous aider à accepter la donnée centrale de l'amour : *quoi que l'on dise, tout se passe dans la tête*. Même si notre capacité à aimer réside dans la partie la plus primitive de notre cerveau, ce qui explique qu'elle soit illogique, elle peut néanmoins, de façon subtile, être influencée par ses interactions avec certaines parties cognitives plus avancées du cerveau. Comme d'autres émotions, l'amour ne saurait être décidé ; mais on peut l'inviter à venir nous rendre visite. En disant oui à l'amour, nous nous engageons de façon cognitive à créer les conditions propices à l'émergence d'un nouveau type de relation. Il ne s'agit pas de sauter au cou de la première personne disponible que l'on croise, mais plutôt, en prenant conscience que l'on va nécessairement ressentir de l'ambivalence, de cesser de rechercher les raisons de fuir pour se mettre en quête des raisons de rester.

Je reconnais que dire oui à l'amour est plus compliqué qu'il y paraît, mais certaines des décisions que cela implique sont simples à prendre. Je vous livre quelques exemples. Un homme se sentait toujours obligé de passer davantage de temps avec sa petite amie qu'il n'aurait aimé. Un jour, il accepta de l'accompagner pour une croisière d'une semaine. Le moment venu, il appréhendait d'avoir à passer autant de temps avec elle et craignait d'étouffer. « Je ne serais pas étonné si nous rompions à notre retour », me dit-il avant de partir. Mais lors de la séance suivante son discours avait une tonalité bien différente : « C'était merveilleux d'être ensemble. Dès que j'eus accepté qu'il n'y avait pas d'issue, je me suis détendu et, au bout de quelques jours, je me suis dit que je pourrais passer ma vie avec elle. »

Bien sûr, si c'était si simple, je recommanderais à toute personne en proie aux affres de l'ambivalence de partir faire une petite virée sur les flots… et je mettrais la clef sous la porte. D'ailleurs, ce patient finit par rompre avec son amie. Il n'en demeure pas moins que son changement d'attitude – et notamment son aspect contre-intuitif –, même s'il n'a pas duré, a été révélateur.

Un autre de mes patients confessa à sa femme enceinte qu'il s'interrogeait sur leur mariage. Montrant du doigt son ventre, celle-ci lui répondit : « Eh bien, c'est dommage, parce que maintenant tu ne peux plus reculer. » Comme dans le cas précédent, cet homme réagit en prenant le contre-pied de son intuition – et se sentit soulagé. Parce que sa femme lui avait confirmé ce qu'il savait au fond de lui (il ne l'abandonnerait pas maintenant qu'elle était enceinte), il fut capable d'accepter son ambivalence, du moins à ce moment-là. Quel est en effet l'intérêt de se raccrocher à ses ambivalences si l'on ne peut agir ? C'est ce qui se produit parfois chez les couples dont la femme tombe enceinte « par accident » au début de la relation. Si les deux partenaires ont du mal à s'engager, la grossesse leur servira de prétexte pour se marier avant même d'être « vraiment prêts ». Cela n'empêchera pas que le problème resurgisse par la suite, sauf si le couple accepte de reconnaître le principe psychologique qui a motivé son action.

Nombreux sont ceux qui pensent qu'il est impossible de s'engager tant qu'on n'a pas rencontré la « bonne personne », à savoir quelqu'un pour lequel on n'éprouve aucune ambivalence. En réalité, il faut commencer par s'engager : en effet, aussi longtemps que l'on est persuadé qu'il existe une issue, rien n'incite à avancer. Si mon ami est trop petit, je rechercherai un homme plus grand la prochaine fois ; s'il est trop passif, je me mettrai en quête d'une personnalité plus affirmée ; s'il est un peu ennuyeux, je trouverai quelqu'un de plus excitant ; s'il a mauvais caractère, je le remplacerai par un gentil ; s'il n'est pas assez intelligent, je… Je suppose que vous avez compris où je veux en venir.

Si, au contraire, je me dis que je ne peux pas me débarrasser de cette personne et de ses défauts, je trouverai les moyens d'accepter ses limites. Ce principe s'applique d'ailleurs à bien d'autres décisions importantes de la vie, et ceux qui sont incapables de se décider entre différentes carrières ou propositions d'emploi tant ils sont persuadés qu'il existe une bonne et une mauvaise décisions se posent à mon avis souvent la mauvaise question. La difficulté à faire un choix est en général le signe qu'il n'y a pas de bonne ou de mauvaise décision, mais qu'il appartient à chacun de faire en sorte que la décision soit la bonne – une fois qu'elle a été prise.

Ce principe est aussi en un sens une justification au mariage arrangé. Même si ce type d'union ne constitue pas pour moi une solution, il semblerait que les sociétés où il est la norme ne se débrouillent pas plus mal que les nôtres, voire mieux, dans le domaine amoureux. C'est en tout cas ce que montre de façon splendide le film *Le Mariage de la mousson*, qui raconte l'histoire d'une jeune Indienne déchirée entre sa liaison avec un homme (marié) inaccessible et les projets matrimoniaux que sa famille nourrit à son égard. Persuadée d'être amoureuse de son amant marié, la jeune fille ne peut accepter de se marier. Mais quand elle renonce enfin à sa liaison et accepte de se plier à la pression familiale et culturelle, elle s'autorise à « nager dans le sens du courant » et finit par tomber amoureuse de l'homme auquel elle est promise.

Notons que, dans les mariages arrangés, les

parents ou l'entremetteuse prennent soin de choisir des candidats appropriés. Même s'il ne s'agit pas, comme je l'ai dit, de cautionner cette pratique, il y a des leçons à en tirer. Avant de dire oui à l'amour, demandez-vous quel est votre degré de compatibilité avec l'autre. À mon avis, les différences de personnalité entre les deux partenaires devraient être subsumées dans une communauté de philosophie, de valeurs et de sensibilités. En ce sens, l'amour n'est pas si éloigné de l'amitié intime. Ces similarités ne garantissent pas le sentiment amoureux, mais elles créent les conditions du succès s'il en vient à se manifester. À tout le moins, elles empêchent de s'enticher ou de se lier à la mauvaise personne. Il n'existe pas un prince charmant, mais plusieurs ; quant aux hommes qui ne conviennent pas, ils sont légion.

D'autres solutions permettent aussi de franchir le Rubicon, dont certaines, en complète contradiction avec ce que je viens d'énoncer, prouvent néanmoins une nouvelle fois que tout se passe dans la tête. L'une de ces techniques consiste par exemple à « prétendre » ne pas être engagé : au lieu de s'enfermer dans une situation pour ensuite se dire qu'il faut résoudre ses ambivalences, on s'engage vraiment auprès de son partenaire tout en se répétant que l'on pourra toujours se libérer et qu'il n'est donc pas nécessaire de faire ses valises *aujourd'hui*. Cela peut sembler tordu, mais cette stratégie met en œuvre des concepts philosophiques et psychologiques sérieux, et certains de mes patients y ont eu recours avec succès.

Un homme vint me voir après une rupture très difficile avec une femme qui n'avait jamais été pleinement disponible. Ils s'étaient rencontrés dans un avion, il l'avait poursuivie à distance et avait fini par traverser la moitié du pays pour se rapprocher d'elle.

Mais elle refusait de s'engager même après qu'ils avaient emménagé ensemble. Elle avait fini par rompre et lui avait brisé le cœur. Il avait ensuite eu une autre histoire de deux ans. Il y jouait cette fois-ci le rôle du parti inaccessible, ce qui lui ressemblait davantage car il avait tendance à se lier à des femmes auprès desquelles il finissait par étouffer et qu'il quittait.

Cet homme obéissait au schéma de l'amour à sens unique et souffrait de la fracture de Cupidon. Après avoir compris que son mode de fonctionnement était une répétition du passé et de la relation qu'il avait vécue avec sa mère – à laquelle il était intensément attaché quand il était petit mais qu'il avait ensuite pour ainsi dire rayée de sa vie –, il décida qu'il en avait assez. Il réussit à tomber amoureux d'une femme disponible tout en sachant par avance qu'il se sentirait menacé à court ou moyen terme et voudrait prendre ses distances. Aussi se dit-il, ainsi qu'à son amie : « Je voudrais que nous continuions de nous voir et de faire tout ce que nous faisons ensemble, mais n'appelons pas cela une histoire. » Et c'est ce qu'ils firent, au point même de prendre un appartement ensemble, sans jamais évoquer leur « histoire ». Ils ne parlèrent jamais d'emménager ensemble ni de l'engagement que cela pouvait impliquer. Mais ils passèrent à l'acte. Puis ils cessèrent d'utiliser des moyens contraceptifs et la jeune femme tomba enceinte. Ils savaient exactement ce que cela impliquait, mais ils n'évoquèrent pas vraiment le sujet. Ils se marièrent dans l'intimité, davantage pour faire plaisir à la famille qu'à eux-mêmes.

Cela peut vous paraître un jeu idiot et vous vous demandez sans doute jusqu'à quel point il est sain pour un couple de ne jamais aborder ces questions. Mais grâce à cette stratégie, cet homme réussit à surmonter son ambivalence. Dans la mesure où il

« votait avec ses pieds », son amie n'avait aucune raison de s'interroger sur le sérieux de son engagement. Et en se gardant d'analyser la profondeur croissante de son engagement, il préserva l'idée qu'il ne s'engageait qu'un jour à la fois et qu'il pourrait recouvrer sa liberté dès qu'il le voudrait. Ce qui est d'ailleurs la vérité, comme le montre la prévalence des divorces. Par conséquent, il peut être efficace de « prétendre » que son engagement est provisoire même si cela peut paraître à première vue stupide, ou au contraire sensé, ou même les deux à la fois.

Ce genre de situation ne doit pas être confondue avec celles, fréquentes, où le silence qui règne au sein du couple est le signe que l'un des partenaires, en général l'homme, est disponible mais ne veut pas s'engager, alors que l'autre, en général la femme, se fait sa complice en refusant d'entendre la vérité. Il est possible que l'homme cherche ainsi à surmonter son ambivalence. Mais, à la différence de mon patient, il le fait sans en avoir conscience. En refusant de choisir, il veut le beurre et l'argent du beurre.

Ces hommes n'exprimant pas ce qu'ils pensent, leurs partenaires potentielles savent difficilement à qui elles ont affaire. Je leur recommande en général de se concentrer sur ce que fait leur compagnon plutôt que sur ce qu'il dit ou ne dit pas : la plupart des hommes sont persuadés, ne serait-ce qu'inconsciemment, que les actions valent plus que toutes les paroles du monde.

Prenons un autre exemple qui illustre de façon plus universelle la technique du « faire semblant » : une femme se fiança puis se maria plusieurs mois après avoir compris qu'elle était victime de l'amour à sens unique. Au bout de quelques années de bonheur, son mari et elle commencèrent à se chamailler parce qu'ils se sentaient frustrés par leur relation. Leurs disputes s'intensifièrent et se multiplièrent pendant plus de deux ans. Ils finirent par en avoir assez et décidèrent de rompre. Leurs ressentiments s'atténuèrent aussitôt et ils passèrent à nouveau d'excellents moments ensemble, se détendant et s'amusant comme aux premiers jours de leur relation. Toutes les prises de bec qu'ils avaient eues au sujet de leurs besoins respectifs parurent dès lors hors de propos, comme si elles n'avaient jamais eu lieu. Ils décidèrent donc de rester ensemble.

Cet exemple est certes un peu poussé, car les deux partenaires, même s'ils n'en parlaient pas à l'époque, s'efforçaient, chacun à sa manière, de satisfaire les besoins de l'autre. Mais il montre qu'à partir du moment où ils « prétendirent » se séparer – prenant en quelque sorte conscience qu'ils étaient libres de partir –, ils furent capables de rester. C'est là une des utilités des disputes « stupides » qui adviennent dans toutes les relations, mêmes les meilleures : réaffirmer la séparation et l'indépendance des deux partenaires pour leur permettre de rester ensemble.

Aussi, lorsqu'on dit oui à l'amour, il est possible de s'engager en prétendant soit que l'on est pris au piège, soit que l'on est libre. Curieusement, dans les deux cas, ce que l'on « prétend » correspond à la réalité : nous sommes engagés *et* nous sommes libres. Mais lorsque notre ambivalence nous fait souffrir, nous tendons à privilégier une situation au détriment de l'autre. C'est alors que nous trichons vraiment. Si donc vous êtes obsédée par un prince encore plus charmant que celui que vous avez déjà, rappelez-vous que vous êtes engagée et oubliez que vous êtes libre ; si vous craignez d'être prisonnière de votre état, n'oubliez pas que vous êtes libre et ne pensez pas à votre engagement.

Comme dans l'amour virtuel, la fracture de Cupidon est le signe d'un malaise par rapport à l'intimité. Il est important de le comprendre, même si vous êtes déjà engagé dans une relation. D'abord parce que vous devriez faire valoir votre droit à la solitude, à un espace vital et à l'indépendance *dès le départ*, de façon à ne pas avoir à le revendiquer de façon outrancière ensuite. Et veillez à accorder la réciproque à votre partenaire. Nombre d'hommes mariés mettent en place des vies parallèles en partie parce qu'ils ont le sentiment que leur épouse exerce sur eux un contrôle trop strict ou qu'ils sont insuffisamment séparés d'elle. Notons qu'un trop grand éloignement peut produire le même genre de résultat.

Souvent, l'un des partenaires est en demande perpétuelle, souffrant de ce que l'autre semble davantage intéressé par son travail, le golf, ses amis ou la solitude, alors que celui-ci est en général déchiré entre un besoin de s'évader et un sentiment de culpabilité et d'obligation. Cette dynamique se perpétue tant que vous attendez de l'autre qu'il change. En lui serinant : « Tu devrais passer moins de temps avec tes amis et être plus souvent avec moi », vous ne faites qu'accentuer son sentiment d'obligation et de culpabilité et son envie de fuir. De même, si vous répétez à votre compagne : « Tu devrais être plus indépendante et avoir tes propres activités », vous renforcerez l'envie qu'elle a d'être avec vous et décuplerez ses attentes. Si, en revanche, vous avez conscience du conflit qui vous déchire dès qu'il est question d'intimité – votre besoin d'être avec quelqu'un associé à celui d'être seul – vous réussirez à évoluer, ce qui modifiera également la relation.

Si, des deux, vous êtes le/la plus « en demande », bougez-vous et lancez-vous dans vos propres activités : cela aidera votre partenaire à comprendre qu'il/elle a besoin de vous. Et si vous êtes le plus « indépendant » des deux, cessez de vous imposer des obligations et passez du temps ensemble quand vous en avez *vraiment* envie. Se sentant plus aimée, votre amie se montrera moins en demande. Cette intégration renforcera la relation, ce qui nous amène directement à la troisième étape.

Troisième étape : la table de conversion des défauts

La troisième étape se déroule selon le même processus qu'au chapitre précédent. Elle implique (1) d'identifier les aspects positifs des traits de caractère qui vous déplaisent chez votre partenaire, (2) d'accepter votre partenaire tel qu'il est, et (3) d'embrasser vous-même ses aspects positifs, ce qui devrait déboucher sur une atténuation de ses attributs négatifs. Pour vous aider, j'ai mis au point une table de conversion des défauts. Elle se lit de gauche à droite et dresse la liste des caractéristiques négatives les plus communes, leur revers positifs et les avantages que vous pouvez en retirer. Je vous conseille de commencer par parcourir l'intégralité du tableau afin d'avoir une vue d'ensemble de ce qui vous dérange chez votre partenaire, actuel ou futur. Ensuite, identifiez ses aspects positifs à partir de ses attributs négatifs et voyez ce que vous pouvez en retirer. Pensez-y à chaque fois que l'un des traits de personnalité de votre partenaire vous dérange.

À la suite du tableau, vous trouverez des instructions pour la dernière partie de la troisième étape. Vous pourrez alors faire correspondre les chiffres assignés aux attributs négatifs de votre partenaire à des exemples de la vie réelle et suivre mes conseils pour y faire face. Même s'il s'agit de vous concentrer sur ce qui touche à votre relation, je vous encourage à lire l'ensemble des exemples et des suggestions afin

TABLEAU DE CONVERSION DES DÉFAUTS

ATTRIBUT NÉGATIFS	ATTRIBUTS POSITIFS	BÉNÉFICES
1. N'exprime pas ses émotions	Logique et calme	Ne se met pas en colère Fait face calmement aux problèmes Vous pouvez exprimer vos émotions
2. Mauvais organisateur Incapable de respecter des horaires Aucun sens du détail Perd et oublie tout	Spontané, malléable, aime s'amuser	Vous gérez l'emploi du temps La vie n'est pas monotone Il vous étonne par ses cadeaux et ses idées
3. Maniaque du rangement et de l'ordre Rigide Obsessionnel	Organisé et discipliné Sens du détail Prévoyant	S'occupe du ménage Vous n'avez pas à vous soucier des tâches et détails ennuyeux
4. Aspect vestimentaire négligé Aucun goût pour s'habiller	Ne frime pas	Vous n'avez pas à vous soucier de votre apparence, vous pouvez être vous-même
5. Un peu barbant	Fiable	Vous pourrez toujours compter sur lui Il vous trouvera toujours intéressante
6. Introverti, calme, renfermé	Bonne écoute, attentionné, patient	Il entend ce que vous cherchez à lui dire Vous êtes au centre des dîners que vous organisez Vous choisissez les activités et les amis que vous voulez fréquenter

7. Critique, exigeant, coléreux	Autocritique, impliqué, exprime ses émotions Réactif, exalté	Vous pouvez le critiquer, exprimer vos frustrations, vous mettre en colère de façon directe et ouverte
8. Suractif, besoin permanent de stimulation Veut sans cesse discuter de politique, de boulot, de philosophie, etc.	Cultivé, intéressant, divertissant	Vous pousse à entreprendre des activités variées Vous vous cultivez à son contact
9. Passe son temps à regarder les infos, le foot, le golf, etc.	N'est pas sur votre dos	Vous pouvez papoter au téléphone, lire, voir des amis ou votre famille
10. Ne gagne pas assez bien sa vie	Passe davantage de temps à la maison	Vous partagez une plus grande intimité La répartition des tâches est plus égale
11. Un dingue de boulot	Efficace, gagne bien sa vie	Vous avez davantage de temps, d'indépendance et d'argent
12. Peu intéressé par le sport Mauvaise condition physique	Aime les choses de l'esprit	Il n'attend pas de vous que vous soyez dans une forme physique éblouissante, vous avez le sentiment d'être séduisante et forte, vous pouvez exposer vos idées
13. Trop peu intellectuel	Réaliste, pratique Probablement en bonne forme physique, sportif	Vous n'êtes pas obligée de lire Nietzsche/ La revue *Esprit* / *Le Monde diplomatique*/ L'*Encyclopaedia Universalis*

de comprendre comment dépasser votre sentiment d'ambivalence et modifier la dynamique de votre histoire.

Quels enseignements tirer des aspects positifs du caractère de votre partenaire ?

1. *N'exprime pas ses émotions*. C'est l'un des reproches les plus fréquemment faits à la gent masculine, laquelle répond en accusant les femmes d'un excès d'émotivité. Chacun a tort et raison à la fois : tort parce que, comme nous l'avons vu, se plaindre de son/sa partenaire et vouloir le/la changer ne fait que renforcer la polarisation ; et raison parce que ces stéréotypes masculins/féminins sont encore le reflet de la réalité. Si donc votre partenaire n'exprime pas ses sentiments, inspirez-vous de son calme et de sa logique au lieu de le pousser à communiquer davantage. Si par exemple vous discutez d'une difficulté au sein de votre relation, essayez de mettre vos émotions de côté et de construire un raisonnement judicieux qui, à l'aide d'arguments intellectuels et non affectifs, le convaincra de prendre en considération votre position. Prenez modèle sur lui quand il parle de « résoudre » un problème et recourez à des mots tels que « stratégie », « tactique » et « outils ».

Lorsque vous faites appel à vos émotions, vous réveillez en lui la peur de sa propre vulnérabilité affective. Il aura donc tendance à vous cataloguer parmi les « hystériques » ou les « névrosées » et à s'abriter encore davantage derrière son masque d'insensibilité. Mais face à une rhétorique plus cognitive ou intellectuelle, il devrait se sentir moins menacé et laisser paraître davantage ses émotions. De son côté, il devrait se soucier moins de votre « excès d'émotivité » et davantage de l'expression de ses sentiments, ce qui vous laissera plus de latitude pour exprimer ce que vous inspire la situation. Vous intégrerez ainsi davantage de réflexion dans vos sentiments et *vice versa*. En cessant de lui reprocher sa froideur émotionnelle, vous verrez que votre ambivalence ne se mettra plus en travers du chemin.

2. *Mauvais organisateur ; incapable de respecter les horaires, aucun sens du détail ; perd et oublie tout.* Il s'agit encore une fois d'un reproche généralement fait aux hommes par leurs compagnes, qui refusent de reconnaître le rôle qu'elles jouent dans ce type de comportement. Mais c'est comme dans une voiture : si vous passez votre temps à corriger, guider, harceler le conducteur, il dépendra de vous de manière croissante et ne prendra plus aucune initiative ni responsabilité. Vous devez au contraire le laisser assumer les conséquences de ses erreurs. Certes, vous commencerez par collectionner les PV, vous vous engagerez sur le mauvais embranchement, dans une voie sans issue ou, pour prendre une autre image, vous vous retrouverez sans une goutte de lait à la maison, sans un sou vaillant, avec des poubelles qui débordent et arriverez en retard à vos rendez-vous. Mais il finira par tirer les leçons de son irresponsabilité. Quant à vous, vous feriez bien de vous inspirer de sa capacité à se croiser les bras et à se détendre au lieu d'essayer de tout contrôler. Laissez pour le dernier moment ce qui n'est pas essentiel et lancez-vous dans des activités spontanées et imprévues. Avec le temps, vous atteindrez un meilleur équilibre intérieur et votre partenaire sera forcé de se prendre en main, à tout le moins d'assumer la responsabilité de ses projets et de ses horaires. Je sais que ce n'est pas facile mais, croyez-moi, si vous faites cela, votre agacement et donc votre ambivalence s'apaiseront.

3. *Un maniaque du rangement ; rigide et obsessionnel.* Ce trait de caractère est en complète opposition avec le précédent et, pour battre celui qui en est affublé à son propre jeu, vous devrez vous montrer aussi obsessionnelle, soigneuse et méticuleuse que possible. Si vous êtes d'un naturel spontané et du genre à tout faire à la dernière minute, ce serait d'ailleurs une bonne idée de vous inspirer de cette attention pointilleuse portée aux détails. Plus organisée, vous gagnerez en efficacité, ce qui évitera que votre partenaire n'occupe tout le terrain du contrôle obsessionnel et compulsif. Plus vous maîtriserez les détails de votre vie commune, plus il se montrera spontané et détendu. Bien entendu, tout cela sera pour vous un surcroît de travail et les disputes seront inévitables, mais vous en serez récompensée par une vie de couple plus harmonieuse.

4. *Aspect vestimentaire négligé.* Aussi étrange que cela puisse paraître, il arrive que ce point fasse achopper une relation : l'un des deux partenaires cherche inconsciemment à se montrer sous un jour peu séduisant, tandis que l'autre prête une attention démesurée et superficielle aux apparences. Afin d'atteindre une relation plus harmonieuse, le premier devra soigner son physique pendant que le second mettra la barre un peu moins haut et réorientera son énergie vers des domaines plus intellectuels ou spirituels. S'il s'agit d'un problème mineur, chacun des deux partenaires aidera l'autre à corriger ses points faibles sans qu'il soit besoin de remédier d'abord au manque respectif d'équilibre intérieur.

5. *Un peu barbant.* Beaucoup de mes patients appréhendent cette source d'ambivalence. Incapables d'accepter le fait que chacun finit par devenir un peu ennuyeux au bout d'un certain temps, ils sont terrifiés dès qu'ils fréquentent quelqu'un qui ne les « stimule pas sur le plan intellectuel ». Mais cela peut

devenir un vrai problème quand la relation dure, surtout si l'un des partenaires est plutôt du genre tranquille et sans prétentions intellectuelles, alors que l'autre est un cérébral à l'esprit sans cesse en éveil. Si vous appartenez à la famille des raseurs, il vous faut cultiver votre propre jardin, non pas dans le dessein de plaire à votre partenaire, mais pour vous-même. Lisez, inscrivez-vous dans un cercle littéraire ou suivez un cours d'histoire, faites ce qui vous fait plaisir. Si, au contraire, vous vivez avec quelqu'un d'un peu terne, je vous invite à vous inspirer de sa stabilité, de sa fiabilité et de sa bonhomie pour, de temps en temps, mettre votre esprit (et votre bouche) au repos et cesser de fantasmer sur d'autres mondes. Concentrez-vous sur l'immédiat et sur certaines préoccupations bien matérielles de la vie quotidienne. Là encore, l'équilibre intérieur que vous atteindrez aidera votre partenaire à se sentir moins intimidé par votre intellect, et l'encouragera à cultiver le sien.

6. *Introverti, calme, renfermé.* Ces caractéristiques accompagnent souvent les précédentes. Si, même après avoir pris conscience que cela vous permet d'être sous le feu des projecteurs, vous êtes toujours agacé(e) par le calme et le caractère taciturne de votre partenaire, faites l'expérience de la valeur du silence – de votre silence. Bien que simple, cette résolution peut être difficile à mettre en œuvre pour les bavards. Mais vous verrez bientôt que si vous parlez moins, il parlera plus, surtout au sein d'un groupe. Évitez en revanche de lui dire de prendre davantage la parole, car vous provoqueriez chez lui une angoisse de performance qui pourrait fort bien être l'explication première à son silence. En vous montrant moins extravertie et en faisant preuve d'une meilleure écoute, ou du moins en vous taisant par moments, vous créerez les conditions d'un meilleur équilibre au sein de votre couple.

7. *Critique, exigeant, coléreux.* Le modèle de l'homme qui explose à tout propos face à sa femme qui, elle, est en permanence au bord des larmes et battue d'avance, est malheureusement un classique en thérapie de couple. Si votre ami ou votre mari est du genre critique et soupe au lait, prenez exemple sur lui : apprenez à vous affirmer et à être plus agressive. Vous montrer blessée, larmoyer ou vous murer dans le silence ne fera que renforcer son exaspération – même s'il finit par s'excuser. De plus, il se sent inconsciemment puissant face à votre vulnérabilité : vos larmes et même votre colère silencieuse lui montrent qu'il a fait mouche et l'encourageront à continuer. Si, d'un autre côté, vous lui opposez votre propre agressivité, il se retrouvera dans la même position désagréable que vous et aura donc moins de raison de répéter son comportement. Je vous propose donc de parler fermement, voire de crier et de le critiquer. Vous verrez qu'il arrêtera de vous maltraiter dès que vous cesserez de vous comporter en victime. Mais attention : mon conseil ne vaut pas en cas d'agression physique car, même si les dynamiques se ressemblent, la violence qu'implique un conflit physique rend cette stratégie dangereuse.

8. *Suractif ; besoin permanent de stimulation ; veut sans cesse discuter de politique, de boulot, de philosophie, etc.* Cette caractéristique se situe presque à l'opposé des points 5 et 6 et concerne parfois des individus atteints de déficiences chroniques d'attention. De toute évidence, les méthodes que je recommande ne vous permettront pas de transformer un partenaire atteint de ce type de trouble. Néanmoins, vous pouvez vous inspirer de son énergie, participer à certaines de ses activités et à une part de son excitation ; vous verrez alors que vous l'apprécierez davantage. Si toutefois sa nervosité est congénitale,

il lui sera difficile de changer, même si vous-même faites preuve d'un meilleur équilibre.

9. *Passe son temps à regarder les infos, le foot, etc.* N'est-il pas embarrassant de constater que nous sommes victimes d'un autre cliché ? Et pourtant, ces stéréotypes (dont je reparlerai plus en détail au chapitre VII) sont, même de nos jours, encore souvent une source d'ambivalence non résolue. Pour la surmonter, pourquoi ne pas vous efforcer d'adopter certaines caractéristiques masculines au lieu de demander à votre partenaire d'avoir un comportement plus féminin ? Vous verrez qu'à partir du moment où vous commencerez à regarder certaines émissions sportives avec lui, il finira par vous proposer d'aller voir vos parents ou de sortir dîner avec des amis – non pas par gentillesse, mais parce qu'il a également besoin de ce type d'activité. Le fait de vous voir afficher une personnalité plus intégrée l'encouragera à vous imiter. Si regarder le foot à la télévision est au-dessus de vos forces, prenez exemple sur lui et développez une activité personnelle. Cela le poussera aussi à proposer des occupations communes dans lesquelles vous trouverez tous les deux votre compte.

10. *Ne gagne pas assez bien sa vie.* Dans nos sociétés, dire à son partenaire – surtout s'il s'agit d'un homme – qu'il ne gagne pas assez d'argent peut avoir des répercussions catastrophiques sur le couple. Si l'argent compte pour vous, gagnez ce dont vous avez besoin ou ne vous liez pas à quelqu'un pour qui cela n'a pas d'importance. Mais si vous vivez déjà avec quelqu'un qui a de faibles revenus et que vous voulez être heureux ensemble, vous devrez adopter ses valeurs : un mode de vie simple, beaucoup de temps libre pour les enfants, apprendre à apprécier les petits plaisirs de la vie et à rejeter tout ce qui a trait au statut. Si vous vous détournez

vraiment du matériel, il s'en souciera davantage dans la mesure où votre intérêt ne sera plus suffisant pour deux. Si vous ne pouvez – ou plutôt ne voulez – épouser ses valeurs, gagnez vous-même l'argent qu'il vous faut. Dans un cas comme dans l'autre, vous cesserez de lui reprocher de ne pas répondre à vos attentes à partir du moment où vous ne compterez plus sur lui pour vous entretenir.

11. *Un dingue de boulot.* Si votre compagnon passe son temps au bureau, vous vous demandez sans doute si c'est pour éviter d'en passer avec vous – à moins que vous ne soyez aussi un bourreau de travail, auquel cas je vous invite à vous interroger également sur vous-même. Pour moi, ce type de personnalité correspond à quelqu'un que l'intimité effraye et qui décide de ne pas lui laisser de place. Alors que deux bourreaux de travail peuvent mener des vies parallèles sans pour autant éprouver d'ambivalence par rapport à cet aspect de leur relation, il est plus fréquent que l'un des deux conjoints se sente frustré par le degré d'investissement professionnel de l'autre. Si tel est votre cas, en vous plaignant et en lui mettant la pression vous ne feriez qu'encourager votre partenaire à passer davantage de soirées au bureau. En revanche, si vous l'imitez et appliquez à vos propres activités le même genre d'énergie et d'enthousiasme que lui, il est probable qu'il finira par remarquer votre absence et par se lancer à votre poursuite. Mais comme je l'ai déjà signalé plus haut, vous ne pouvez pas faire semblant, car aussi distrait que soit votre partenaire, il sentira la manœuvre de très loin. Votre démarche devra correspondre à une réelle envie de vous lancer à fond dans une activité professionnelle ou à un besoin de vous échapper en entreprenant un loisir qui vous passionne.

12. *Peu intéressé par le sport ; mauvaise condition physique.* L'attirance physique fait une grande

différence, ce que nous avons parfois du mal à reconnaître par peur de paraître futile ou par volonté de ne pas nous sentir prisonniers de notre propre corps. Assurez-vous d'abord que vous êtes vous-même à la hauteur des critères que vous établissez, car il est inutile d'attendre que votre partenaire se conforme à vos exigences si par ailleurs vous vous laissez aller. Cela peut surprendre, mais c'est loin d'être une évidence comme le montrent ces hommes qui imposent à leur épouse la perfection physique en dépit de leurs propres déficiences en ce domaine. Mais en admettant que vous soyez en bonne forme physique et que votre partenaire ne le soit pas, je vous conseille de prendre modèle sur lui en vous montrant moins sévère par rapport à votre image corporelle plutôt que de le harceler pour qu'il fasse plus de sport ou qu'il perde du poids. Adoptez une attitude plus souple par rapport à vos imperfections physiques et accordez moins de valeur à l'apparence et à la séduction. Inutile de se montrer volontariste et de proposer un régime de type militaire : la motivation doit venir *de l'intérieur*. Vous obtiendrez de bien meilleurs résultats si vous êtes détendue et faites plaisir à voir.

13. *Trop peu intellectuel.* Dans un couple, l'homme et la femme ont parfois des quotients intellectuels éloignés et des modes d'apprentissage différents : l'un aura un esprit plus conceptuel, l'autre plus mathématique, ou peut-être ne porteront-ils pas le même intérêt aux choses de l'esprit. Si le fait que votre partenaire soit moins brillant que vous, ou cultivé, ou à l'aise en public vous dérange, profitez-en pour apprendre à être plus pratique, à apprécier les plaisir simples de l'existence (toute vérité universelle finit par se révéler simple) ou à développer d'autres aspects de votre personnalité ou de votre corps. Abandonnez un moment votre posture

d'intello et lancez-vous dans une activité physique ou apprenez la gentillesse. Votre pouvoir de séduction s'en trouvera renforcé et vous inciterez votre partenaire à vous imiter. En vous rapprochant de lui, vous l'inviterez à cesser de considérer votre intelligence comme une arme qui vous sépare pour y voir une invitation à explorer le monde des idées. Nous retrouvons ici toujours le même principe : plus vous saurez apprécier la véritable personnalité de votre partenaire et plus vous réussirez à l'influencer.

Quelques petites précisions

La méthode des « aspects positifs » part de l'idée qu'une relation de couple est comme une équation algébrique : toute modification de la valeur d'un terme entraîne une modification équivalente de l'autre côté de l'équation. Nonobstant le fait que cette analogie est imparfaite puisque les relations humaines ne sont pas une science exacte, elle comporte, si l'on y souscrit, de nombreux risques. En algèbre, lorsqu'on modifie une partie d'une équation sans toucher à l'autre, l'opération ne fonctionne plus. En psychologie, si vous évoluez vers une personnalité plus intégrée sans que votre partenaire fasse le même travail, il est probable que votre relation qui, bien qu'ambivalente, fonctionnait jusqu'alors, aille dans le mur. Je prendrais pour exemple le cas d'une mère de deux jeunes enfants qui poursuivait par ailleurs avec succès une carrière de cadre dans le domaine du marketing. Son mari avait perdu son emploi quelques années auparavant et, comme il n'avait pas réussi à retrouver de boulot équivalent, il avait décidé de rester à la maison pour s'occuper des enfants. En dépit d'un excellent niveau de vie, d'une bonne relation de couple et de deux enfants merveilleux, ma patiente se sentait déchirée entre ses différentes activités. Elle adorait son métier, mais détestait les heures supplémentaires et les nombreux déplacements professionnels qu'il impliquait et qui la séparaient de ses enfants. Et bien que son mari s'occupât très bien des petits, cette femme en était venue à mépriser sa passivité, son manque de motivation pour retrouver un travail et par lui en vouloir de dépendre d'elle financièrement.

Au cinquième anniversaire de sa fille aînée, elle décida que cela ne pouvait plus durer. Elle commença par évoquer avec son mari la possibilité d'intervertir leurs rôles : il refusa catégoriquement d'envisager de prendre un poste inférieur à celui qu'il occupait autrefois, ce qui, après des années de chômage, vouait par avance sa recherche à l'échec. Déprimée et comprenant qu'elle se trouvait dans une impasse, sa femme entama une thérapie. Au bout de quelque temps, elle prit conscience que c'était à elle de changer, car son mari campait sur ses positions. Elle se lança donc dans une carrière de consultante à mi-temps, ce qui lui permettait de gagner suffisamment bien sa vie tout en étant davantage chez elle. Comme son mari continuait de refuser de s'adapter à ses nouvelles priorités et de rechercher un emploi réaliste, ces changements signifiaient de vendre leur maison de campagne, de faire une croix sur leurs vacances somptuaires et d'avoir un train de vie plus modeste dans l'ensemble. À ma grande surprise, il apparut que le mari, sans pour autant l'exprimer clairement, refusait de renoncer à leur mode de vie alors qu'il n'y contribuait pas financièrement. Il lutta pied à pied pour qu'elle revienne sur sa décision, mais leurs disputes acharnées débouchèrent sur un divorce.

Ainsi, en s'efforçant d'atteindre un plus grand équilibre dans sa vie (en un sens en essayant de ressembler davantage à son « monsieur Maman » de mari), cette femme avait déclenché une vague de changements qui avait fini par détruire son mariage. Gardons-nous d'en conclure que le résultat de l'opération fut catastrophique, tant pour les enfants que pour ma patiente, et qu'il aurait mieux valu qu'elle n'entreprenne pas de modifier son côté de l'équation. Si c'est probablement vrai du point de vue des enfants, je serais tenté de rétorquer, au vu du résultat, que la relation était déjà bancale dès le départ et que cette femme avait tout à gagner à se débarrasser de son mari ou à rencontrer un autre homme. Quoi qu'il en soit, cet exemple démontre bien quel risque court une relation quand l'une des deux parties entame un processus de changement intérieur.

Aussi, avant de mettre en œuvre la troisième étape (la table de conversion des aspects positifs), assurez-vous que vous avez évalué ce risque. Même si, en dernier recours, vous devrez vous fier à votre instinct quant aux capacités d'adaptation de votre partenaire, certains indicateurs peuvent vous être utiles. Tout d'abord, plus les rôles au sein du couple sont établis et polarisés et plus le risque est élevé (dans le cas précédent, ma patiente était extrêmement motivée par son boulot, alors que son mari était d'une passivité totale par rapport à sa carrière). *Idem* si les deux partenaires ne sont pas d'accord sur leurs modes de vie (le mari accordait une plus grande importance à un train de vie luxueux). Troisièmement, si le changement individuel implique de grands bouleversements financiers ou géographiques, le risque s'accroît encore. Enfin, l'abus de substances toxiques (le mari buvait tous les soirs) tend à faire encore grimper le risque. Mais en tout état de cause, celui-ci décroît de façon notable si les deux partenaires ont pris l'habitude de communiquer sur un mode fluide et ouvert et s'ils sont tous deux persuadés de la valeur de l'engagement.

Quoi que l'on fasse, il reste pourtant toujours une part de risque et c'est pourquoi de nombreux couples ne franchissent jamais la deuxième étape (dire oui à l'amour) : conscients de leur ambivalence et raisonnablement malheureux, ils préfèrent ne pas risquer de faire chavirer le navire ; soucieux de ne pas réveiller l'eau qui dort, ils ne se remettent pas plus en question que leur partenaire, et ne parviennent jamais à résoudre leur ambivalence. C'est le genre de couples dont les fréquentes chamailleries publiques ont un arrière-goût particulièrement amer et manifestent un manque chronique d'autodérision.

CHAPITRE IV

La triangulation amoureuse

Jupiter profitait du sommeil de sa femme, Junon, pour retrouver sur la terre son amante Io. En guise de protection supplémentaire, il répandait une nuée au-dessus de l'endroit où ils se retrouvaient afin de ne pas être vus depuis le mont Olympe. Un jour, au sortir de sa sieste, alors qu'elle admirait la beauté du ciel dégagé, Junon remarqua un épais nuage en contrebas qui n'avait de toute évidence rien à voir avec le temps qu'il faisait. Soupçonnant que son mari se livrait à quelque activité répréhensible, elle se précipita pour examiner les lieux. Pressentant son arrivée, Jupiter réussit au dernier moment à dissimuler ses activités en transformant la jolie Io en une génisse d'une blancheur éclatante. Junon, au fait des magouilles de son mari, l'interrogea sur la présence de ce bel animal. « Elle est apparue brusquement », lui répondit le dieu. Pour le mettre à l'épreuve, sa femme exigea de recevoir la bête en cadeau. Déchiré entre son envie de prouver sa fidélité et son amour pour Io, Jupiter finit par accepter de se séparer de la génisse. Il va sans dire que cela n'apaisa pas les soupçons de la déesse, qui demanda à Argus, le géant aux cent yeux, de surveiller l'animal. Pendant ce temps, Io souffrait d'être prisonnière de cette enveloppe physique qui l'isolait de tout et son amant avait du mal à supporter de voir son tourment. Pour finir, Io fut envoyée vers une terre étrangère et il lui fallut attendre le pardon de Junon pour retrouver sa forme initiale. Elle donna naissance au fils de Jupiter qui, par la suite, relayera les tentatives infructueuses de sa mère pour se voir accorder un statut légitime.

On perçoit la portée universelle et intemporelle de ce mythe. Il est d'ailleurs souvent évoqué dans les cabinets des psychothérapeutes. Mais ce n'est pas tant l'intrigue qui en fait la valeur que la subtile dynamique psychologique qui nous est donnée à voir. Ainsi, c'est souvent la manière dont nous cherchons à dissimuler une aventure – le nuage dans un ciel uniformément bleu – qui mène notre partenaire sur la voie. Notre attitude est souvent provoquée par une culpabilité inconsciente et par le désir d'être pris, manière de dire que le but d'une liaison est, ne serait-ce qu'inconsciemment, de créer une relation triangulaire. Comme nous le verrons, le conjoint trahi s'associe en général à cette stratégie, car il ne vise pas seulement, par ses interrogations suspicieuses, à établir les faits, mais aussi – et là encore, de façon inconsciente – à amener la tierce personne, la génisse, au milieu du couple.

Ce qui est en jeu dans les relations triangulaires, c'est, une nouvelle fois, la difficulté à assumer sa propre ambivalence. Pour prendre un exemple, le mari trouve en son amante ce qu'il ne trouve pas chez sa femme, et chez cette dernière ce qu'il sait ne pouvoir trouver chez sa maîtresse. Quant à l'épouse, elle peut en toute bonne conscience se convaincre que tout serait parfait s'il n'y avait pas cette liaison, se gardant bien de regarder en face la personnalité réelle de son mari : un homme capable de mensonge, de tricherie et de trahison. De plus, la rivalité avec cette autre femme et la peur de perdre son partenaire accroissent et la valeur et le désir qu'elle éprouve pour ce dernier, autre moyen de faire taire son ambivalence.

On peut très bien « faire entrer une génisse au sein d'une relation » – c'est-à-dire trianguler – sans qu'il soit question de relations sexuelles avec une autre personne. Le tiers peut tout aussi bien être un ami proche, une belle-mère, ou même une activité « supplémentaire » qui, à un moment donné, s'installe au milieu du couple. Cible extérieure idéale, il détourne l'attention de chacun des partenaires du sentiment d'ambivalence qu'ils éprouvent l'un envers l'autre.

Première étape : mon triangle préféré

L'histoire de notre développement émotionnel explique pourquoi nous sommes toujours à la merci d'une relation triangulaire. Comme nous l'avons vu au chapitre premier, tout commence avant même que le triangle « maman, papa et moi » ne soit réellement présent dans notre vie (s'il l'est jamais). Le nourrisson crée un triangle dans son esprit alors même qu'il n'a encore qu'une relation duale avec la personne qui s'occupe de lui, en général sa mère. Quand le bébé voit ses besoins satisfaits, elle est la « bonne mère » ; quand elle les contrarie, elle est la « mauvaise mère ». Incapable de comprendre et de concevoir la complexité, et de peur que le mal ne prenne le pas sur le bien, dans son esprit il sépare sa mère en deux personnes qu'il vit littéralement comme deux êtres différents. Selon la théorie psychanalytique contemporaine, cela vient s'inscrire dans notre constitution psychologique et nous prédispose pour toute la vie à la triangulation, quel que soit notre degré de croissance et de développement futur. Si notre partenaire ne satisfait pas à nos désirs, il devient alors le « mauvais amant » et quelqu'un d'autre, réel ou imaginaire, revêt pour un temps le costume du « bon amant ».

Pour couronner le tout, même s'il existe aujourd'hui des formes très différentes et nouvelles de familles, pour la plupart nous commençons par faire notre entrée dans le monde de l'amour avec au moins les notions de mère et de père. Dans ce triangle, l'enfant est en compétition avec l'un de ses parents pour capter l'attention de l'autre. En psychologie freudienne, cette étape comporte un élément amoureux et l'enfant en vient à associer la colère, la culpabilité et la peur avec celui qu'il considère comme son rival, qui est en général le père dans le cas du petit garçon et la mère dans celui de la petite fille. Ce triangle offre en outre une nouvelle « occasion » de séparer les autres entre bons et méchants, ou, de façon plus triviale, d'apprendre à obtenir certaines choses de sa mère et d'autres de son père. Une fille trouvera de l'empathie auprès de sa mère et recevra des conseils sportifs de la part de son père – ou *vice versa* ; elle se familiarisera aux jeux de société avec l'un et apprendra à aimer les livres avec l'autre.

Comprendre les origines de la triangulation dans le processus de développement permet d'apprécier la dimension universelle de l'amour triangulaire. Cela éclaire également d'un jour nouveau les deux caractéristiques fondamentales de tous les triangles humains : la division et la rivalité. Dans le premier cas, nous séparons l'amour que nous ressentons en deux ; dans le second, nous sommes en compétition avec un tiers pour l'amour de notre partenaire. Alors qu'à l'intérieur de paramètres donnés ces deux aspects peuvent avoir un impact positif sur une relation, il sont souvent, quoique de façon différente, destructeurs au sein du triangle amoureux. Et bien qu'ils puissent se recouper et coexistent en général à l'intérieur d'un même triangle, la plupart d'entre nous tendons à privilégier l'un au détriment de l'autre. Cela ne signifie pas que la division et la rivalité s'excluent mutuellement : comme nous le verrons, l'une peut très bien déclencher l'autre. Néanmoins, chacun est davantage attiré vers l'une ou vers l'autre en fonction de ses dispositions. Pour éviter de répéter ou pour prévenir l'apparition de ce mode de fonctionnement douloureux, la première étape consiste à identifier à quel type de triangulation vous êtes le plus sujet.

Aux yeux d'un observateur extérieur, ou lorsqu'on repense à la relation de façon rétrospective, le rôle de « séparateur » ou de « rival » que nous assumons au sein d'un triangle saute aux yeux. Mais, dans le feu de l'action, nous sommes souvent dans le déni. Nous nous répétons : « Cela ne me ressemble pas, j'ai du mal à croire que je suis en train de me comporter ainsi », ou : « Pas possible que cela m'arrive à moi », refusant de voir que c'est le triangle, et non les sentiments que nous éprouvons pour l'autre, qui alimente l'essentiel de notre passion.

« Je n'aurais jamais pensé que je ferais un jour partie de ces gens qui trompent leur femme, me dit d'entrée de jeu l'un de mes patients, Jean, un dentiste de trente-huit ans. Voyez-vous, je suis marié depuis quinze ans et j'étais très heureux, du moins c'est ce que je pensais. J'ai deux enfants merveilleux et ma femme est aussi ma meilleure amie depuis que nous sommes tombés amoureux l'un de l'autre, juste après la fac. La première fois que j'ai vu Hélène – ma petite amie ou ma maîtresse, quoique ce mot me fasse horreur –, elle m'a dragué et cela ne m'a fait ni chaud ni froid. Elle était assistante médicale dans le cabinet dentaire dans lequel je suis associé, mais elle est partie il y a un an environ et a trouvé un boulot ailleurs. Lorsque nous avons couché ensemble pour la première fois, je me suis dit que c'était juste une histoire de cul passagère et, surtout, qu'il n'y avait aucun sentiment à la clef. Mais au bout de six mois, je suis tombé amoureux d'elle. Elle m'obsédait et je voulais être avec elle tout le temps. Du coup, je cherchais à m'échapper davantage de la maison, je mentais à Jeanne, ma femme, sur ce que je faisais et les endroits où j'étais censé me trouver. Jeanne ne m'intéressait plus sur le plan sexuel et j'ai commencé à fantasmer que je la quittais, ce qui m'a paniqué. Je me sentais de plus en plus coupable, j'avais peur de ce qu'elle penserait si elle découvrait la vérité et je passais mon temps à me demander si elle savait. Elle me connaît par cœur et elle s'est mise à me poser tout un tas de questions, me demandant même à deux reprises, comme pour plaisanter, si j'avais une liaison. Bien évidemment, j'ai menti. Pourtant, au même moment, je promettais à Hélène que notre relation était destinée à durer, même si je n'arrivais pas à voir comment : je ne pouvais m'imaginer quitter ma femme et mes enfants.

Puis, la semaine dernière, environ un an et demi après le début de cette affaire, j'ai tout avoué à Jeanne. Elle est effondrée, déprimée, furieuse, bref pas besoin de vous faire un dessin. Et je la comprends : elle a parfaitement raison, je me suis conduit de manière irresponsable et malhonnête, et je n'aurais jamais dû commencer. Mais on en est là et je ne peux changer les sentiments que je porte à Hélène. Je ne sais pas si cela va être possible, mais Jeanne et moi voulons rester mariés et essayer de trouver une solution. Nous sommes allés voir un conseiller matrimonial et j'ai pensé que je devrais aussi consulter de manière indépendante. Voilà pourquoi je suis ici. »

Lors de la séance suivante, Jean me dit qu'il avait accepté, devant l'insistance de sa femme, de rompre tout contact avec Hélène. Il me dit ouvertement qu'il ne savait pas s'il en était capable. « Je vais essayer, mais pour vous dire la vérité, je ne cesse de penser à elle. Deux fois déjà j'ai décroché le téléphone pour l'appeler. Une fois, j'ai même composé le numéro et j'ai immédiatement raccroché. » Puis Jean commença à manifester des signes de dépression : les traits tirés, des poches noires autour des yeux, il ne cessait de ruminer les mêmes idées. Il me dit qu'un matin, il avait attendu Hélène au pied de son immeuble et l'avait suivie jusqu'à son bureau. « Je ne lui ai pas parlé, mais il fallait au moins que je la voie, expliqua-t-il. Elle ne m'a pas vu. »

Une semaine plus tard, trois semaines après sa rupture avec Hélène, Jean était en proie à un épisode dépressif sérieux : il ne mangeait plus, ne dormait plus et était incapable de se réjouir de quoi que ce fût, même ses enfants lui pesaient. Cet état lui montra que son amour pour Hélène était plus fort et plus vrai que la décision de rester avec sa femme. Quinze jours après – avec dix kilos en moins et un air de zombie –, il s'ouvrit à Jeanne et aux enfants, prit ses affaires et revit Hélène. Sa dépression se volatilisa aussitôt.

Pendant quelque temps, la relation entre les deux amants fut aussi vivante et excitante qu'auparavant. Bientôt, pourtant, la réalité reprit le dessus et vint assombrir la romance. La situation financière de Jean s'était aggravée, il lui fallait diviser son temps entre ses enfants – auxquels il était très attaché – et sa maîtresse. Et surtout, alors que Hélène avait très envie d'avoir des enfants, il rechignait à fonder une seconde famille. Bien entendu, tout cela était dans l'air quand Jean avait quitté le foyer familial, mais les sentiments des deux amants étaient si forts qu'ils étaient persuadés que l'amour triompherait. Hélas, ce ne fut pas le cas. Ils eurent des mots, se disputèrent, nourrirent de profonds ressentiments l'un envers l'autre, et finirent pas se dire qu'ils n'avaient aucun avenir ensemble. C'est alors que Jean se sentit attiré par une autre femme.

Nous en étions à ce stade-là de sa thérapie quand le concept de triangulation se mit à résonner à ses oreilles. Il avait pensé jusque-là que son mariage avait capoté parce qu'il était tout simplement tombé amoureux d'une autre femme. Mais il y avait maintenant de nouveaux faits à prendre en considération. En outre, repensant alors à toute l'histoire des ses relations amoureuses, il se « souvint » brusquement d'un événement qu'il ne m'avait pas encore raconté. Peu après son mariage, il avait eu le « béguin » pour une autre femme de leur connaissance. Bien que l'histoire ne fût pas allée plus loin, sa toquade avait duré un moment et ne s'était dissipée qu'au déménagement de cette femme. Puis Jeanne était tombée enceinte et les enfants avaient pompé toute l'énergie qu'il avait en réserve – ou extraconjugale. À la suite de cette découverte, nous nous sommes rendus à l'évidence : Jean obéissait au modèle de l'amour triangulaire et son « triangle préféré », ou le rôle qu'il assumait par défaut, était celui du séparateur, autrement dit la personne qui divise son amour en deux.

À la différence de Jean, certaines personnes refusent de voir qu'elles tendent à entretenir des relations triangulaires. Elles sont persuadées qu'elles tombent à chaque fois amoureuses de quelqu'un d'autre et se cherchent des raisons : lors de mon premier mariage, j'étais trop jeune et je ne savais pas ce que je voulais ; dans mon deuxième mariage, je n'avais plus de vie sexuelle car cela n'intéressait plus ma femme ; j'étais encore sous le coup de la déception quand je me suis marié pour la troisième fois et c'est alors que j'ai rencontré la femme de mes rêves – mais elle vient de me quitter… Parfois, ces personnes-là ne voient même pas qu'il y a triangulation parce que le phénomène ne s'est produit qu'une seule fois, de sorte qu'elles le mettent sur le compte de circonstances extérieures ou d'un mauvais timing : j'ai rencontré l'âme sœur alors que j'étais déjà marié(e).

Si vous vous reconnaissez dans ces exemples, je vous invite à vous tourner davantage vers votre monde intérieur et moins vers votre monde extérieur. Demandez-vous si certains éléments de votre histoire vous prédisposaient à la triangulation. Un homme d'une petite cinquantaine d'années me confia qu'il avait eu trois liaisons extraconjugales. La première avait commencé quand il avait quarante-six ans, après vingt ans de totale fidélité à sa femme. Certes, à cette époque, son mariage commençait à battre de l'aile, mais il avait aussi conscience du fait que c'est au même âge que son père avait, lui aussi, eu une aventure dont la découverte, exactement trente-deux ans plus tôt, au mois près, avait conduit ses parents au divorce. Cet homme se souvenait du mois, car c'était au tout début de l'année scolaire que, selon ses propres termes, son monde s'était effondré. Il avait alors quatorze ans. Nous nous sommes d'ailleurs demandés pourquoi, vu le choc qu'avait représenté pour lui l'événement, il avait répété le comportement de son père au risque d'aboutir au même traumatisme pour ses enfants.

La réponse est apparue quand il m'expliqua qu'il avait toujours jugé son père responsable du divorce de ses parents – à cause de cette histoire de liaison. Mais repensant à la situation une fois adulte, il se rendit compte pour la première fois que sa mère était déprimée, vidée, indifférente à tout et perdue dans son monde. Autrement dit, enfant, il n'avait jamais pris conscience de la colère qu'il éprouvait à l'égard de sa mère et de l'amour qu'il portait à son père. Il avait cru à l'histoire que lui avait racontée sa mère après le divorce, une histoire où elle jouait le rôle de la gentille et son père celui du méchant. Aussi, lorsqu'il se mit à ressentir dans son propre mariage un engourdissement similaire à celui qu'avait dû vivre son père, il exprima indirectement les sentiments qu'il avait pour ce dernier (compréhension, amour et identification) en se lançant à son tour dans une aventure. Il se déchargeait par la même occasion de la colère qu'il éprouvait pour sa mère dont bien entendu l'apathie et l'indifférence l'avaient aussi affecté étant petit. En d'autres termes, c'était son attachement aux traumatismes du passé – rendu palpable par le fait d'avoir commencé une liaison au même âge et le même mois que son père – qui l'avait rendu aveugle à ceux du futur.

Pour de nombreux « diviseurs », surtout lorsqu'ils sont mariés et qu'ils ont des enfants, les conséquences d'un triangle amoureux sont si douloureuses et si destructrices que, tôt ou tard, ils sont amenés à en reconnaître l'existence et à jurer qu'« on ne les y prendra plus ». Les nombreux mariages ou relations de longue durée qui survivent à une liaison relèvent de cette catégorie. Mais si certains réussissent à « écraser l'affaire dans l'œuf » après la première manifestation d'amour triangulaire, il est en revanche moins évident pour les « rivaux » de reconnaître dès le début le mal dont ils sont atteints. Dans la mesure où, eux aussi, sont meurtris par les conséquences d'une liaison, il leur est beaucoup plus facile de nier leur rôle dans le triangle : après tout, si votre partenaire a une aventure, ce n'est quand même pas vous qui l'y avez poussé(e), non ? Et vous n'avez tout de même pas non plus choisi d'entrer dans le triangle. Au pire, vous vous êtes montré trop confiant(e) et avez cru à ses mensonges, même si, au fond de vous, vous avez toujours eu des soupçons. Tout cela est vrai et il n'est pas question de vous faire porter la responsabilité de la liaison. Mais ce n'est qu'une facette de la vérité.

La « rivale » type – car c'est en général une femme – raconte à son thérapeute, à son amie proche, à sa mère ou au responsable de la rubrique « Courrier du cœur » de son magazine favori que son ami drague les autres filles ; qu'il reçoit des appels d'une autre femme avec qui il échange des propos codés, quand il ne quitte pas carrément la pièce pour continuer sa conversation ; que son mari ne s'intéresse plus à leur vie sexuelle et qu'il travaille tard depuis quelque temps ; qu'il lui a dit éprouver des sentiments pour une nouvelle « amie » et qu'il insiste pour continuer de la fréquenter tout en restant très évasif sur ce qu'ils font ensemble ; qu'elle a ouvert le courrier électronique de son mari et qu'elle y a trouvé un échange personnel avec une autre femme ; qu'elle a remarqué qu'il recevait beaucoup d'appels d'un même numéro et qu'une voix de femme lui a répondu quand elle a téléphoné ; qu'elle a trouvé dans son portefeuille le nom d'une femme suivi d'un numéro de téléphone et que son mari lui a simplement répondu par la négative quand elle lui a demandé s'il avait une liaison : il a ensuite changé de sujet, sans se montrer autrement ennuyé ou en colère qu'elle doute de lui ; qu'elle envisage de louer les services d'un détective pour vérifier si son mari la trompe…

Il existe des centaines de variations sur cette histoire, mais elles ont toutes un commun dénominateur, à savoir que, dans la plupart des cas, la personne ne veut pas croire ce qu'elle sait déjà et qui, en tant que thérapeute, me paraît presque être une évidence : son partenaire a quelqu'un d'autre dans sa vie. En le niant, on repousse le moment où l'on aura à faire face à la douleur et aux conséquences de la trahison. Mais cela nous « aide » aussi à ne pas assumer l'ambivalence que nous éprouvons à l'égard de notre partenaire : d'abord, en évitant de conclure qu'il a une aventure, nous évitons de voir ses côtés « négatifs », c'est-à-dire sa capacité à mentir, fuir, manipuler et trahir ; ensuite, en soupçonnant notre partenaire de mensonge, nous faisons resurgir des sentiments de jalousie, de rejet et d'abandon qui décuplent et nourrissent la passion que nous lui portons. L'une des caractéristiques de la triangulation est que les « rivaux » – les deux femmes ou hommes qui aiment la même personne – se raccrochent à l'objet de leur flamme comme s'il/elle était la personne la plus précieuse au monde : si seulement il/elle vous appartenait, et à vous seul(e), à nouveau, vous pourriez recommencer à être heureux(se). Peu importe dans le fond que vous n'ayez pas été si heureux que cela ensemble autrefois, ce qui au passage explique en partie que votre partenaire soit allé voir ailleurs. Cependant, bien que le déni dans lequel se trouve le/la rival(e) lui permette de ne pas regarder la trahison en face, il n'est pas suffisamment profond pour le/la convaincre qu'il n'y a pas trahison. Cet équilibre paradoxal, caractéristique du déni, constitue le mécanisme psychologique par lequel le/la « rival(e) » continue d'alimenter le triangle. Si le/la « rival(e) » en venait à admettre se trouver dans un triangle, l'équilibre s'effondrerait. Malheureusement, du fait de son investissement dans la situation, cette prise de conscience peut demander des lustres. Une femme soupçonnait son mari d'avoir une liaison avec une collègue de travail depuis des années. Il rentrait tard, évitait toute relation sexuelle, passait de longs coups de fil « professionnels » pendant les week-ends et ne fournissait que des explications évasives sur toutes ces activités. Quand elle lui demanda de but en blanc s'il la trompait – ce qu'elle fit à trois reprises –, il nia d'un ton neutre, sans plus d'explication. Elle ne chercha pas plus loin, sans même se dire qu'il était tout de même bizarre qu'un mari amoureux ne se soucie pas des sentiments qui se cachaient derrière ces questions et se contente d'un simple « non ». Et elle ne fit pas non plus le lien entre ce fait-là et l'explication évasive qu'il fournissait sur ses activités. Pour qu'elle vît la réalité en face, il fallut qu'elle ouvre un e-mail louche un jour que son mari était sorti en laissant son ordinateur allumé et tombe sur une lettre érotique faisant référence à une relation sexuelle en cours. Cela déboucha sur une séparation et un divorce, puis sur un effondrement encore plus total du système qu'elle s'était construit lorsqu'elle comprit que son mari avait eu deux autres aventures à long terme pendant les dix ans qu'avait duré leur mariage.

Comme nous l'avons vu, ce n'est pas parce que l'on est un « diviseur » que l'on ne peut pas être un « rival ». D'ailleurs, un « rival » pourra tout à fait se transformer en « diviseur » en réaction à une trahison. Ainsi, un homme proche de la trentaine fut tellement effondré de découvrir que sa petite amie l'avait trompé qu'il sortit en boîte, se soûla et coucha avec une autre femme. Dans ce cas précis, il n'avait pu contenir sa colère bien que son amie se soit « confessée » à lui et excusée. Il a donc agi par « vengeance », afin de montrer à la jeune femme ce qu'il avait éprouvé à cause d'elle. Une de mes patientes, une femme d'une petite cinquantaine d'années, tomba dans une profonde dépression quand son mari lui avoua qu'il venait de mettre fin à une liaison qu'il avait depuis deux ans. En dépit des profonds remords et de l'amour qu'il lui avait exprimés à cette occasion, elle ne réussit pas à s'en remettre et, pendant longtemps, envisagea de mettre un terme à leur mariage. Puis, au bout d'un an, elle rencontra un homme dans un bar et lui donna son adresse e-mail. Ils se revirent pour prendre un verre et « les choses s'enchaînèrent ». En quelques mois, cette femme qui, en vingt et un ans de mariage, n'avait jamais trompé son mari, tomba follement amoureuse de cet homme. À la différence du patient précédent, elle était convaincue de ne pas agir par vengeance, même si elle reconnaissait que la liaison de son mari l'avait aidée à coucher avec un autre homme. Avec le temps, cependant, elle finit par comprendre que son aventure avait constitué pour elle le moyen de sortir de sa dépression et qu'elle avait inconsciemment cherché à renverser les rôles dans le triangle afin de dominer à nouveau la situation.

Voici une autre version de la vengeance triangulaire : une femme découvre un jour que le garçon avec qui elle sort depuis six mois passe de longues heures en conversations téléphoniques intimes avec son ancienne petite amie. Il finit par admettre à contrecœur qu'il éprouve toujours des sentiments envers son ex. Ma patiente en est très contrariée, mais son ami la rassure en lui disant que sa précédente relation est bel et bien finie et qu'il se sent lié à elle. Elle l'accepte et la crise se résorbe. Mais quinze jours plus tard, elle me dit qu'elle a décidé de ne pas révéler à son ami que l'un de ses amis proches avait été son amant autrefois, et se justifie par le fait que son ami est très possessif et qu'elle ne veut pas réveiller sa jalousie. Inconsciemment, elle fait tout pour aboutir à la situation qu'elle dit vouloir éviter : quand il rencontrait cet ancien amant ou quand on évoquait le nom de ce dernier, le petit ami sentait le malaise de la jeune femme et avait l'impression qu'elle lui cachait quelque chose. En réalité, elle n'avait rien à cacher puisque la romance, qui avait été brève, remontait à plusieurs années et avait débouché sur une amitié tout à fait platonique. Mais en introduisant dans son couple une troisième personne qui n'avait jamais constitué de réelle menace, elle avait créé une relation triangulaire pour se venger de façon inconsciente. Devant la jalousie manifestée par son petit ami, elle comprit qu'elle-même n'avait jamais surmonté sa propre jalousie et que, pour y arriver, elle avait voulu lui rendre la monnaie de sa pièce.

Entre autres choses, ce cas montre que la triangulation n'implique pas nécessairement une relation sexuelle ou sentimentale. Bien souvent, l'amour triangulaire prend la forme d'un conflit à propos d'une amitié proche. Il se peut par exemple que votre petit ami trouve que vous passez trop de temps avec votre meilleure amie et que celle-ci se met en travers de votre couple. S'il a raison, il est probable que vous utilisez cette troisième partie pour combler certains des besoins affectifs que ne comble pas votre ami. Il n'y a rien de mal à cela, sauf à tomber dans un extrême : vous ne communiquez plus avec votre petit ami que sur le plan sexuel ou informatif et limitez tous vos échanges affectifs à votre amie ; vous faites à votre amie des confidences sur votre relation amoureuse alors que vous n'en parlez jamais avec votre ami. Même si, de votre point de vue, votre comportement est dû à son incapacité à communiquer, j'estime qu'en agissant ainsi vous vous montrez complice et vous exacerbez encore le problème. Au lieu de faire face à ses défauts, vous recherchez le partenaire parfait et, avant même d'en avoir conscience, vous vous retrouvez dans une relation triangulaire.

Cependant le triangle le plus répandu est celui que vous formez quand vous discutez des imperfections de votre partenaire avec votre propre mère. En vous efforçant de surmonter le sentiment d'ambivalence que vous ressentez à l'égard de votre ami, vous finissez par créer un schisme entre votre mère et lui. Ce type de triangulation résulte souvent d'une séparation psychologique insuffisante avec l'un de ses parents : dans ce cas précis, vous refusez d'accepter que votre relation primaire est celle qui vous unit à votre partenaire et non à votre mère. Il est bien sûr possible que votre partenaire refuse de passer du temps avec vos parents, contribuant ainsi à la mise en place du triangle. C'est le même processus qui est à l'œuvre quand vous vous mettez à critiquer et à mépriser certains traits de la personnalité des parents de votre partenaire sans vous rendre compte que ce dernier en a hérité. Peu compris mais très répandu, ce cas de figure est l'exemple même du déplacement inconscient effectué dans le but de ne pas avoir à comprendre que la personne dont on partage la vie présente des caractéristiques que l'on n'aime pas.

Comme je l'ai dit précédemment, l'amour triangulaire peut aussi impliquer un tiers « non humain ». Si votre ami ou votre mari est alcoolique, il est probable qu'il partage son amour entre vous et la boisson, et, bien que vous niez son alcoolisme, vous n'acceptez pas d'avoir à vous battre contre ses compagnons de beuverie ou les soirées qu'il passe dehors pour obtenir son attention. Si votre mari va jouer au golf tous les week-ends en été et part skier avec ses copains tous les week-ends en hiver, il cherche sans doute à fuir une femme qu'il perçoit comme ennuyeuse. Plus vous insisterez et l'embêterez à la maison, plus vous aurez l'« avantage » de sentir que vous avez envie et besoin de lui, ce qui ne serait peut-être pas le cas s'il était tout le temps là.

Le fait que l'un des partenaires – en général l'homme – se plonge dans la pornographie signale un autre type de triangulation. Un jeune couple aborda un jour le sujet en séance. La femme dit ne pas être contre la pornographie, mais être préoccupée par le fait que son mari passait trop de temps sur les sites Internet spécialisés et n'en consacrait pas assez à sa carrière. « J'évoque juste le sujet pour l'aider à se contrôler davantage, car il admet lui-même qu'il se laisse parfois déborder. » Elle était charmante et ouverte, et son mari était tout aussi adorable et honnête. Pourtant, malgré la franchise de son propos, elle finit par m'avouer dès que je me mis à creuser un peu plus que cela l'ennuyait de voir que son mari se montrait aussi sensible à d'autres femmes ; elle se sentait menacée et craignait même de ne pas être assez bien pour lui. Quant au mari, il admit se sentir coupable d'être autant attiré par la pornographie et avoir des difficultés à en parler. Autrement dit, en dessous des apparences, ils vivaient cela comme si le mari avait eu une liaison. Mais je reviendrai sur la question de la sexualisation de l'ambivalence au chapitre VI.

Apprendre à reconnaître la triangulation

Parfois, un triangle n'est rien d'autre qu'un triangle : trois personnes ou deux personnes et une activité rassemblées par les circonstances et non par quelque dessein inconscient. Dans ce type de situation, on ne parlera pas d'amour triangulaire et, tôt ou tard, le triangle se transformera en une relation à deux réussie. La plupart du temps, cependant, la triangulation de départ est révélatrice du chemin que prendra la relation. Aussi, dans l'étape initiale (mon triangle préféré), je vous invite à essayer d'identifier dès les premières rencontres les signes avant-coureurs de la triangulation. Vous pourrez ainsi faire le choix conscient de rester en dehors de ce schéma relationnel – avant même qu'il ne commence. Voici quelques-uns des signes annonciateurs les plus courants :

- L'homme avec qui vous sortez depuis peu vous dit qu'il fréquente quelqu'un depuis plusieurs mois mais qu'il ne pense pas que cette relation « mène quelque part » et qu'il voudrait continuer de vous voir. Vous vous sentez proche de lui, les échanges que vous avez vous comblent et son honnêteté ne fait que renforcer ces sentiments. Vous êtes tentée.
- Vous rencontrez un homme merveilleux. Un peu plus âgé que vous, il vous annonce d'emblée qu'il est marié mais que son mariage est mort. Sa femme et lui n'ont plus aucune relation sexuelle et ils ont décidé de rester ensemble jusqu'à ce que les enfants aillent à l'université.
- Votre petit ami est sans cesse en déplacement professionnel, ce qui vous frustre et vous rend malheureuse. Un jour qu'il est à nouveau parti pour la semaine, vous rencontrez quelqu'un dans un bar. Il vous plaît beaucoup et vous vous dites : « Pourquoi serais-je condamnée à rester seule et à vivre en ermite quand mon copain s'en va ? » Vous commencez à flirter, consciente que vous pourriez bien finir la nuit avec lui et, pourquoi pas, le reste de la semaine.
- Le garçon que vous fréquentez depuis deux mois fume de l'herbe le soir. Il a prévu quelques virées à Amsterdam, Las Vegas et La Nouvelle-Orléans pour

le festival de jazz avec ses potes de promo. Il vient de vous « avouer » qu'il est allé dans un club de strip-tease la veille. Il avait un peu trop bu et il a laissé l'une des filles s'asseoir sur ses genoux. Vous n'avez rien contre ces activités en tant que telles, mais vous sentez bien au fond que l'ensemble est plus significatif que la somme des parties.

• Vous sortez avec un type qui vous plaît assez mais sans plus. Puis vous faites la connaissance de son frère que vous trouvez beaucoup plus mignon. Vous vous mettez alors à fantasmer et à imaginer que vous allez rompre avec votre ami pour vous mettre avec son frère.

• Vous tombez sur un homme qui vous avait draguée à une époque mais que vous aviez éconduit. Il vous raconte qu'il a une relation sérieuse avec une autre femme et, tout d'un coup, vous le trouvez cool, vous avez envie de flirter pour qu'il vous demande à nouveau de sortir avec lui.

• Votre thérapeute est persuadé que vous en voulez à votre mère. Vous vous en ouvrez à cette dernière qui vous répond que la thérapie ne résout rien. Votre thérapeute vous dit que votre mère vous empêche d'avancer.

Le dernier exemple ne signifie pas que vous deviez vous débarrasser de votre thérapeute – ni de votre mère d'ailleurs. C'est l'indication que vous êtes en train de mettre en place un triangle et que vous devriez chercher à comprendre pourquoi. Voici, à mon avis, ce qui se passe : vous extériorisez l'ambivalence que vous éprouvez à l'égard de votre mère et de votre thérapeute, et vous laissez ceux-ci monter au créneau pour vous. Pour mettre fin à ce triangle, cessez de vous servir de votre thérapeute pour exprimer la colère que vous nourrissez envers votre mère et *vice versa*. Ce qui nous conduit à la deuxième étape.

Deuxième étape : le chemin le plus court

Le chemin le plus court entre deux points est une droite, et non pas un triangle. Par conséquent, le dialogue affectif que vous entretenez avec votre partenaire (tous vos sentiments réciproques, bons ou mauvais) fait partie de votre relation. Si vous vous répandez auprès de votre amie sur les « défauts » de votre petit copain sans jamais aborder le sujet avec lui, au point que votre amie finit par penser que vous êtes avec un naze alors que vous continuez d'être persuadée que vous ne pourriez envisager de vivre sans lui, réveillez-vous : votre relation ne va pas bien du tout. Car un triangle indique presque toujours une crise relationnelle. Aussi, dès que vous aurez identifié votre « triangle préféré », que vous soyez dans le rôle du « diviseur » ou dans celui du « rival », et décidé de sortir du schéma de l'amour triangulaire, il vous faudra transformer le triangle en ligne droite en réorientant votre ambivalence puis en la contenant et en la maintenant à l'intérieur de votre relation amoureuse.

Pour y parvenir de façon constructive, il est indispensable d'apprendre à mieux connaître et à comprendre votre ambivalence. D'après mon expérience, certains types d'ambivalence conduisent plus que d'autres à la création d'un phénomène de triangulation sans pour autant en être la cause : en effet souvenez-vous que ce qui produit la triangulation, c'est la difficulté à tolérer l'ambivalence, pas le contenu ou la forme que prend l'ambivalence. Cependant, en vous familiarisant avec ces différents types, vous saurez quels sentiments et quelles idées il vous faut maintenir à l'intérieur de votre relation.

Âgé de trente-six ans, David était marié depuis dix ans quand il vint me voir. Cet avocat voulait commencer une thérapie parce qu'il avait l'impression d'être en train de tomber amoureux d'une jeune auxiliaire juridique qui travaillait dans le même cabinet que lui. Déterminé à ne pas briser son mariage, il refusa d'entamer une liaison avec sa collègue bien que celle-ci eût aussi le béguin pour lui. Néanmoins, il ne pouvait s'empêcher de fantasmer à son propos, de passer du temps avec elle et de lui dire à quel point elle comptait pour lui. Bref, il était sous l'emprise de l'amour triangulaire. Quand nous nous penchâmes sur ses relations conjugales, il apparut qu'il avait perdu une bonne partie du désir qu'il portait à sa femme au bout de deux ans de mariage. Celle-ci ne semblait guère avoir remarqué le déclin de leur vie sexuelle et, en tout cas, ne s'en plaignait pas. Comme il arrive souvent, la situation ne s'était pas arrangée de ce côté-là avec la naissance de leurs deux enfants, âgés aujourd'hui de six et quatre ans. Aussi leur sexualité était-elle pour ainsi dire au point mort depuis plusieurs années et, d'une manière générale, David avait l'impression de s'engourdir et de s'éteindre à petit feu. De toute évidence, sa collègue avait éveillé en lui une sexualité réprimée et endormie, le faisant se sentir à nouveau désirable, désireux et vivant.

Au bout de quelques séances, David parla à sa femme de sa thérapie et des sentiments qu'il éprouvait pour sa collègue. Elle en fut très contrariée et exigea qu'il cesse immédiatement tout contact avec cette personne. Persuadé qu'il pourrait se contenter d'une relation amicale, son mari obtint de pouvoir lui parler de temps à autre. Plusieurs semaines s'écoulèrent avant qu'il ne prenne conscience qu'il aspirait à autre chose et que le désir qu'il éprouvait à l'égard de sa collègue rendait leur amitié intenable. Il coupa toute relation avec elle et concentra son énergie à l'amélioration de son mariage. Il était prêt à aborder la deuxième étape (« Le chemin le plus court »), non sans difficultés, car il devait maintenant affronter la baisse de désir sexuel qu'il ressentait à l'égard de sa femme.

Les parents de David avaient divorcé quand il avait dix ans. Chose assez rare, l'initiative de la séparation revenait à sa mère, qui était partie s'installer dans une autre région. Son père n'avait cessé de répéter : « C'est bien dommage, mais les enfants doivent s'y faire. » Aussi David avait-il été à l'époque incapable de digérer la perte et d'en faire son deuil. Il avait pris exemple sur la stratégie pragmatique et concrète de son père, pour qui « la vie continuait ». En séance, David comprit qu'il avait, d'une manière générale, réprimé les sentiments de chagrin et de colère associés à sa mère et que ceux-ci avaient resurgi par la suite sous une forme déplacée dans ses relations aux femmes. Au cours de deux relations brèves qu'il avait eues avant son mariage, il avait déjà traversé le même cycle : il tombait amoureux d'une femme puis rapidement s'en désintéressait sur le plan sexuel. Comme cela avait été le cas plus tard dans son mariage, la dynamique du cycle consistait à se rapprocher d'une femme dont il redoutait ensuite qu'elle ne le blesse, à lui en vouloir de cette éventualité et à s'en éloigner en ne lui manifestant plus d'intérêt sexuel.

Au-delà de son histoire personnelle, nous avons aussi cherché à voir dans quelle mesure les fluctuations du désir que David ressentait à l'égard de sa femme constituaient une réaction devant l'attitude et l'apparence de celle-ci : le fait qu'elle soit davantage une mère qu'un objet sexuel, qu'elle s'occupe plus de ses enfants, de sa maison et de sa mère que de lui. Après avoir identifié ces éléments, mon patient commença à se comporter différemment et passa à la deuxième étape. Il dit à sa femme qu'il trouvait que la maternité avait étouffé sa sexualité et lui exprima plus directement son agacement quand elle le négligeait. Comme on pouvait s'y attendre, elle en fut blessée et lui en voulut à son tour : leur mariage entra alors dans une période de conflits à répétition. Ce fut douloureux à vivre. Mais au lieu d'être mis en œuvre *en dehors* du mariage au travers d'une relation triangulaire avec une jeune femme sexy à l'opposé de la mère de famille qu'était devenue la femme de David, le conflit avait été ramené *au sein* du couple. Et voici ce qui arriva : tout d'abord, dès qu'il exprimait sa mauvaise humeur envers sa femme – en argumentant, en se montrant maussade ou même en s'énervant –, le jeune homme était envahi par une vague de désir sexuel pour elle. C'était logique, car il n'avait plus besoin de prendre ses distances pour exprimer sa contrariété. Ensuite, avec le temps, et en dépit de sa colère et de la blessure que lui avaient infligée ses remarques, sa femme finit par entendre ce qu'il cherchait à lui dire et décida de changer. Elle se mit au sport, perdit du poids, acheta des vêtements plus sexy et fit régulièrement appel à une baby-sitter le samedi soir. David se sentit encore davantage attiré par elle et leur vie sexuelle retrouva une nouvelle vigueur, fermant définitivement la porte qui menait à la triangulation.

LE SYNDROME DE LA SIESTE

L'un de mes patients se plaignit un jour d'être condamné à ne jamais avoir le dessus dans nos discussions. Il fit le rapprochement avec les arguments que lui opposait jadis sa mère au moment de la sieste. « Il est temps d'aller faire la sieste », lui disait-elle quand il était petit. « Je ne suis pas fatigué », lui répondait-il. « Moi je crois que si, mon cœur, c'est juste que tu ne le sais pas. – Je ne suis pas fatigué, maman ! » répétait-il en colère, à quoi sa mère rétorquait : « Tu vois, tu commences à t'énerver, ça prouve bien que tu es fatigué. » De mon point de vue, c'est ce patient, et non moi, qui mettait notre relation sur ce terrain, puis me « transformait » en sa mère en me fournissant les raisons de lui faire une remarque qu'il rejetait tout en me tendant sans le vouloir – ou sans en avoir conscience – le bâton pour se faire battre.

Je n'étais pas le seul à être associé au syndrome de la sieste. Ce patient y raccrochait aussi ses petites amies, ce qui faisait de lui un candidat potentiel à la triangulation. Dans ce mode de fonctionnement, la petite amie ou la femme joue le rôle de la mère autoritaire, intrusive et sans cesse sur le dos de son enfant, pendant que le petit ami ou le mari se transforme en un petit garçon irresponsable, passif et innocent. Un homme déboula un jour dans mon cabinet. Au bout de neuf ans de mariage, il était sur le point de commencer une liaison : « Cela fait neuf ans qu'elle se plaint que je ne fais pas ci ou ça, que je n'appelle jamais, que je ne lui parle pas, que j'oublie tout, que je regarde trop le foot, que je sors trop avec mes copains, etc. Elle a probablement raison sur certains points, mais j'en ai plus qu'assez et cela a tué tous les sentiments que j'ai pu éprouver à son égard. Et puis j'ai rencontré une femme adorable qui me donne à nouveau l'impression d'être un homme *sic* ?

— Vous allez quitter votre femme alors ?

— Non, je n'ai pas la moindre intention de briser mon mariage et d'abandonner ma famille. C'est juste que je ne pense pas pouvoir lutter contre mes sentiments. Je sais bien que je devrais en parler à ma femme, mais je n'en suis pas capable parce qu'elle se mettra dans une colère noire et qu'elle refusera de comprendre. »

En n'affrontant pas directement sa femme, cet homme s'exposait à exprimer sa colère au travers de la triangulation. Il va sans dire qu'il se garderait bien aussi de lui parler du triangle, ce qui ne ferait que confirmer qu'elle avait raison à son sujet depuis le début. Bien entendu, il finirait par rompre avec l'autre femme parce qu'il ne se sentirait pas davantage prêt à « agir en homme ». Ce patient laissa donc tomber la deuxième phase et interrompit sa thérapie au bout de quelques séances. Mais ses réticences nous montrent quels sont les risques de cette dynamique et nous donnent les moyens de les réduire.

Par conséquent, si vous êtes un homme et que votre ambivalence appartient au type que je viens de décrire, je vous encourage à décider de faire une sieste quand vous êtes fatigué : prenez vous-même vos responsabilités, de sorte que vous pourrez vous emporter contre votre partenaire si elle continue de vous chercher des poux dans la tête. Si vous êtes une femme, cessez de lui dire d'aller faire la sieste et laissez-lui la possibilité d'y aller de son propre chef. Ce qui signifie que vous devez arrêter de traiter votre partenaire en petit garçon si vous voulez qu'il se comporte en homme. Vous avez le droit de vous mettre en colère. Si vous ne voulez pas de triangle, il vous faut accepter qu'il y ait des conflits au sein de votre relation.

LA FRACTURE SEXUELLE

Dans le monde préféministe d'autrefois, les rencontres et les relations étaient polarisées autour de rôles conventionnels et rigides endossés par chacun en fonction de son sexe. Dans le plus caricatural des scénarios, l'homme était froid, calme et logique ; il s'intéressait au sport, aux voitures, à la politique, aux films d'action et sortait boire avec d'autres hommes. La femme était chaleureuse, émotive et irrationnelle ; elle aimait s'acheter des vêtements, les comédies romantiques, les livres et papoter avec ses amies. De nos jours, même si les couples de ce genre n'ont pas disparu, les hommes et les femmes sont en proie aux dynamiques inverses : la femme n'hésite pas à s'affirmer, elle prend les choses en main et aime l'action ; l'homme se montre sensible, soutient sa femme et exprime ses émotions. Si chacun est polarisé sur son rôle, cette nouvelle version de la « fracture sexuelle » est aussi intenable que la précédente : la femme a le sentiment que son partenaire est un paillasson, passif et soumis, alors que l'homme trouve que sa compagne ressemble à un guerrier agressif et à un poisson froid.

Ce qui est drôle, quoique logique, c'est que les deux versions de la fracture sexuelle génèrent le même type de double trouble dans une relation. Le profond schisme qui s'opère entre les intérêts des deux partenaires rend tout d'abord impossible l'élaboration d'un terrain commun permettant un dialogue continu. De plus, les discussions et disputes permanentes à propos de la répartition des tâches et de la manière de les accomplir peuvent pousser l'un des partenaires à aller voir ailleurs pour trouver quelqu'un avec qui il s'entendrait mieux sur ce sujet. Une femme qui vit dans le cadre de la fracture sexuelle traditionnelle risque de se sentir un jour isolée et exploitée, et d'aller chercher un amant qui ressemblera davantage à une amie : compréhensif, démonstratif et vulnérable ; un homme évoluant dans le cadre plus contemporain de la fracture inversée pourra avoir l'impression d'avoir été émasculé par son dragon de femme et d'avoir perdu tout pouvoir : il se tournera alors vers une maîtresse plus douce, plus attentive à ses besoins et plus soumise.

D'après mon expérience, la fracture sexuelle est l'un des problèmes les plus importants et les plus universels des relations amoureuses. J'en ai déjà parlé dans mon précédent livre, *Si les hommes pouvaient parler* *, et j'y reviens en détail au chapitre VII.

LE PARTENAIRE BISEXUEL

Tout le monde, les hommes comme les femmes, est bisexuel sur le plan des émotions, ce qui signifie que chacun a besoin d'un partenaire dont les traits féminins et masculins s'équilibrent. Mais alors que dans la fracture sexuelle votre ami ira chercher ailleurs une femme plus féminine parce que vous êtes vous-même trop masculine (ou l'inverse), le partenaire bisexuel se met en quête d'une personne du même sexe que lui. L'homme (ou la femme) bisexuel est attiré autant par les hommes que par les femmes et les deux lui sont nécessaires. Même si ce type de triangulation est moins répandu que les autres, il est plus commun qu'on ne le pense. Dans certains cas, ceux qui le pratiquent sont des homosexuels ayant, pour échapper à leur sexualité, trouvé refuge dans une relation hétérosexuelle qui ne pouvait qu'échouer dans la mesure où leurs sentiments homosexuels constituaient une part intrinsèque et authentique de leur identité. Dans d'autres, la personne est un(e) vrai(e) bisexuel(le) qui a

* Alon Gratch, *Si les hommes pouvaient parler… Les sept clés de la psychologie masculine*, Paris, Payot, coll. « Petite Bibliothèque Payot », 2004.

recours à la triangulation par besoin d'être avec des gens des deux sexes.

Dans les deux cas, le partenaire a ses propres raisons d'accepter la triangulation, des raisons qui trouvent ou non leur origine dans sa propre bisexualité. Quelle que soit la situation, pour dissoudre le triangle, il vous faut d'abord affronter l'ambivalence que vous ressentez envers votre partenaire premier. La bisexualité est souvent considérée comme un tourment, car on semble incapable d'avoir avec aucun des deux sexes la relation amoureuse suivie à laquelle on aspire. Mais on a aussi l'avantage de pouvoir choisir entre deux options très attirantes.

LE PARTENAIRE PÉTRIFIÉ

Certaines personnes sont attirées par un objet d'amour extérieur parce que leur partenaire d'origine est « pétrifié », mot que j'emploie ici dans ses deux sens de « fossilisé » et d'« effrayé » : n'ayant pas achevé son développement psychologique, ce dernier (mais ce peut tout aussi bien être une femme) est « coincé » à un stade affectif précoce. Sur le plan personnel, rien ne semble vraiment l'intéresser ni le motiver, et il semble imperméable aux conflits. Les gens qui restent des heures à fixer la télévision d'un œil vide, qui sont incapables de s'exprimer de façon claire ou se révèlent physiquement inaptes à quoi que ce soit, ou encore ceux dont les émotions semblent superficielles, aussi bien les léthargiques que les hystériques, peuvent relever de cette catégorie qui regroupe également tous ceux que le changement effraie tellement qu'ils n'imaginent même pas pouvoir un jour grandir.

Dans la mesure où personne n'est à l'abri des changements, des défis et même des crises, la croissance personnelle est essentielle dans toute relation à long terme. Dans les couples qui marchent, les deux partenaires se montrent à la hauteur des challenges qu'ils rencontrent et croissent chacun de leur côté, et donc ensemble. Mais quand l'un développe de nouveaux centres d'intérêt, d'autres amitiés ou des ambitions professionnelles différentes alors que le second reste pétrifié dans une routine bêtifiante, le mariage peut à tout moment être mis en péril par des tiers extérieurs. Là encore, si vous êtes le « diviseur », vous devrez d'abord vous retourner vers votre partenaire pour l'inciter à grandir – en exposant clairement votre ambivalence pour vous donner à chacun la possibilité d'évoluer. Si en revanche vous êtes le partenaire « pétrifié », vous devrez exiger de votre conjoint qu'il commence par vous accepter tel que vous êtes. Car il est plus facile de changer quand l'environnement est impartial, attentionné et encourageant.

LES TRIANGULATIONS NON ROMANTIQUES

Comme nous l'avons vu, les couples peuvent aussi trianguler dans le domaine non romantique en faisant intervenir un ami, une mère, la drogue, l'alcool, le jeu ou le golf, etc. Bien que je ne puisse évidemment pas me pencher sur chacun de ces cas de figure tant ils sont complexes (la toxicomanie, par exemple, fait aussi intervenir un phénomène d'autodestruction), le principe de la « détriangulation » reste toujours le même. Pour réussir à trouver une relation « en ligne droite », le « diviseur » (par exemple l'alcoolique) doit renoncer à l'objet de son attention extérieure et impliquer la totalité de son moi dans la relation. En cessant de boire, il se rendra peut-être compte qu'il vit avec un dépressif ou avec un partenaire indifférent, à moins qu'il ne prenne conscience qu'il est lui même en proie à la dépression, à l'angoisse ou à une sexualité conflictuelle. Privé de l'échappatoire de l'activité tierce, il n'aura d'autre choix que d'affronter ses difficultés en les replaçant à l'intérieur de la relation.

Entre-temps, l'autre, la « rivale » (mettons que ce soit une femme), qui se plaint depuis toujours des activités addictives ou compulsives de son partenaire mais qui les a aussi facilitées de façon à éviter d'avoir à faire face à ses propres ambivalences, se retrouve dans une dynamique tout aussi délicate. Elle ne peut plus se mentir sur la personnalité véritable de son partenaire, son infidélité chronique, ses tendances homosexuelles, ses affabulations ou sa double vie. Et dans la mesure où il est davantage présent dans la relation, la « rivale » risque de devoir prendre en considération les sentiments négatifs qu'elle-même ressent : il ne l'a jamais attirée sexuellement, c'est un loser, il n'est pas gentil, il est trop petit, etc. Ce sera alors à son tour d'exprimer à l'intérieur de la relation ce qu'elle ressent par rapport à ces questions.

Comme on a pu s'en rendre compte, en redressant le triangle pour le transformer en ligne droite on risque d'amener son couple à traverser d'autres formes de conflits et de tumultes. Certains, qui s'appuient de façon rigide sur un *statu quo* intenable mais impossible à modifier, ne survivront pas à cette révolution, et ce n'est peut-être pas plus mal. Mais ceux qui tiennent bon devront s'aventurer sur le terrain de la troisième étape.

Troisième étape : la ligne invisible

Tolstoï écrivait que toutes les familles heureuses se ressemblent mais que les familles malheureuses le sont toutes à leur manière. On pourrait peut-être en dire autant des couples, mais ce qui est sûr c'est qu'il n'est pas toujours facile de faire la différence entre une relation heureuse et une relation malheureuse : la ligne séparant l'ambivalence résolue, qui est l'une des caractéristiques des premières, de l'ambivalence irrésolue, qui est le propre des secondes, est en effet extrêmement ténue.

Malgré tout, et pour filer la métaphore géométrique jusqu'à son terme, nous devons, afin de surmonter l'amour triangulaire, résoudre notre sentiment d'ambivalence en ne nous écartant pas de la ligne droite qui nous relie à notre partenaire. C'est pourquoi dans la troisième étape il s'agira de rendre visible cette ligne jusqu'à ce qu'elle soit assez solide pour faire face aux menaces que font peser les tiers sur la relation.

Le « diviseur » et le « rival » doivent ici affronter les mêmes difficultés, même s'ils le font de façon séparée :

- Si vous êtes un « diviseur » et si, au cours de la deuxième étape, vous avez réussi à exprimer par des mots plutôt que par une mise à distance physique la baisse de désir que vous ressentez envers votre partenaire, il vous faut maintenant vous concentrer sur ce qui vous attire chez elle plutôt que sur ce qui vous rebute. Prenez garde toutefois au piège de l'artifice. Ainsi, en lui achetant de la lingerie sexy, vous ne feriez que rendre plus apparent ce qui ne vous excite pas chez elle. Il vaut mieux laisser votre esprit s'égarer vers ce qui vous enflamme naturellement quand vous êtes ensemble.
- Si vous êtes un « rival » et si vous avez renoncé à votre sexualité et à votre pouvoir de séduction, concentrez à nouveau votre attention sur le physique, le sensuel et le sexuel maintenant que vous avez cessé d'encourager les activités extraconjugales de votre partenaire. Mais faites-le pour vous, de

façon à vous sentir plus à l'aise avec votre propre corps.

• Si vous avez toujours été incapable de vous opposer à votre partenaire et de lui ordonner d'arrêter de vous harceler, de vous asticoter et de vouloir contrôler tous vos faits et gestes au point que vous n'avez pu vous empêcher de vous « enticher » d'une autre personne, il est temps de grandir et de vous répéter : « Je peux le faire, je peux le faire, je peux le faire. » Après que votre liaison a été découverte, ne vous comportez pas en petit garçon pris sur le fait qui s'attend à ce qu'on le punisse ou qui rejette ses fautes sur les autres. Conduisez-vous en homme, certes fautif, mais autorisé à être traité en homme. Ne laissez pas votre partenaire vous ridiculiser et assumez vos responsabilités quand, de temps à autre, vous redevenez un petit garçon.

• Au lieu de vous persuader que votre homme est « un autre enfant à charge » comme on entend beaucoup de femmes le dire de leur mari, demandez-vous pourquoi vous faites tout ce qu'il faut pour assumer les besoins de quelqu'un qui n'a pas besoin de vous pour cela. Et c'est précisément parce que ce n'est plus un enfant que, dans les faits, vous ne lui ménagez pas votre colère, votre frustration, vos piques, vos critiques et votre tyrannie. Si vous ne voulez pas le voir jouer le rôle du petit garçon, ne jouez pas celui de la mère.

• Si la fracture sexuelle se trouve en toile de fond de votre triangulation, cherchez à corriger votre propre déséquilibre en ce domaine et non pas celui de votre partenaire.

• Si votre triangulation s'appuie sur une impression d'avoir « dépassé » votre partenaire, demandez-vous si vous connaissez parfaitement tous les aspects de sa personnalité. S'il est « pétrifié », il est probable qu'il n'extériorise pas les sentiments qu'il abrite en lui. Montrez-vous plus tolérante et accommodante, de façon à pouvoir accéder à son monde intérieur.

• Et si vous êtes le « partenaire pétrifié », forcez-vous à grandir pour que votre résistance à la vie cesse d'aller dans le sens des aventures triangulaires de votre conjoint, voire d'encourager celles-ci.

• En ce qui concerne la triangulation non romantique, commencez tous les deux par reconnaître l'ambivalence que vous éprouvez à l'égard des défauts et des problèmes de l'autre, puis recentrez-vous pour travailler sur vos propres difficultés, et non sur celles de votre partenaire. Cependant, lorsqu'on a affaire à des addictions ou à des compulsions, il est en général préférable de faire appel à un professionnel.

Mieux vaut tard que jamais

Pour vous faire comprendre à quel point il peut être difficile d'échapper à l'amour triangulaire et vous montrer comment mettre en œuvre les trois étapes dans votre propre vie, et sans doute aussi pour vous encourager à analyser un peu plus tôt vos propres règles de fonctionnement, voici l'exemple d'un patient venu consulter à l'âge de soixante et un ans, après vingt-huit ans de mariage. Arthur était l'un des principaux associés d'un important cabinet de droit des affaires. Grand, séduisant et doté d'un esprit pratique remarquable, cet homme avait fait une carrière brillante. Sa femme occupait une chaire de lettres classiques dans une prestigieuse université. Leurs trois enfants avaient fini leurs études et suivaient leur propre voie professionnelle et personnelle. Arthur adorait voyager et sa femme, un vrai cordon-bleu, était aussi très cultivée. Ils avaient passé des moments merveilleux ensemble. Néanmoins, leur vie en apparence si active, si gaie et si facile avait été régulièrement assombrie par des accès inexpliqués de mauvaise humeur de la part d'Arthur, les habitudes de travail obsessionnelles de sa femme et quelque mauvais tour de l'un de leurs enfants alors en pleine crise d'adolescence.

Tout s'effondra après le soixantième anniversaire d'Arthur, une somptueuse soirée donnée dans l'un des restaurants réputés de la ville. Pendant que la salle était plongée dans l'obscurité en attendant l'arrivée du gâteau, Arthur avait commencé à se poser des questions sur les relations de son épouse avec l'un de ses associés. Cela lui avait fait remonter en mémoire des souvenirs plus anciens, par exemple la soirée qu'ils avaient donnée pour célébrer la publication du premier livre de sa femme quinze ans plus tôt. Leur fille de douze ans était venue lui dire : « Maman est en train d'embrasser un homme dans la salle de bains. » Un peu soûl, Arthur avait eu vite fait de conclure que la petite avait dû mal interpréter des félicitations un peu appuyées.

Depuis son soixantième anniversaire, ses soupçons n'avaient fait que croître. Il avait essayé de mettre le sujet sur le tapis, mais sa femme lui avait fait comprendre que c'était si ridicule qu'elle refusait d'en parler. Comme ça l'obsédait toujours, il avait pris rendez-vous pour m'exposer ses préoccupations. Afin de démêler le vrai du faux, je ne fis rien d'autre que l'écouter pendant les deux premières séances. Cela suffit pourtant à lui redonner confiance en lui et il décida d'interroger sa femme une nouvelle fois. Il attendait le moment opportun pour aborder la question de façon constructive quand, un beau jour, un collègue lui dit que le partenaire qu'il soupçonnait venait de l'appeler de Santa Barbara, en Californie, la ville même où sa femme se trouvait assister à un colloque de trois jours ! La coïncidence était un peu forte, même pour Arthur – qui était, comme je commençais à m'en rendre compte, le maître du déni. Il téléphona donc à l'hôtel où était descendue sa femme et demanda à parler à son collègue qui, je vous le donne en mille, avait une chambre au même étage…

Quelques jours plus tard, au retour de sa femme (et de son associé), Arthur la confronta à ces nouveaux éléments. Sa femme s'effondra et reconnut qu'elle avait une liaison depuis un an et demi. Assommé, bouleversé et furieux, Arthur se dit cependant disposé à lui pardonner et à oublier pour peu qu'elle cessât de voir son amant, ce qu'elle lui promit de faire.

Malheureusement, sa capacité au déni restait presque intacte et il lui fallut encore deux mois pour s'apercevoir que sa femme continuait de le tromper. Il la confondit à nouveau et lui intima de choisir son camp. Ce fut pour Arthur le point culminant de la première étape : il dut faire face à son propre déni et reconnaître ce qu'il avait toujours su mais à quoi il n'avait jamais pris le temps de réfléchir de peur d'avoir à en affronter les conséquences, à savoir qu'il était prisonnier de l'amour triangulaire depuis le début de sa vie de couple ou presque. Il apparut ensuite que sa femme avait eu deux autres aventures, une au début de leur mariage avec son directeur de thèse, et une autre avec un ami de la famille, un célibataire dont Arthur avait toujours été persuadé qu'il était… homosexuel. Ces liaisons avaient duré plusieurs années et les moments charnières qu'elles avaient traversés avaient correspondu aux sautes d'humeur d'Arthur et/ou aux problèmes de ses enfants à l'époque. Dans les deux cas, Arthur avait remarqué la « proximité inhabituelle » de sa femme avec ces hommes, mais lui avait toujours trouvé une bonne raison qui lui avait permis de rester dans le déni.

La fin de la triangulation mit un terme à la relation conjugale, du moins telle qu'Arthur et sa femme l'avaient connue jusque-là. Elle fit le choix de le quitter pour emménager avec son amant. Mon patient ressentait maintenant tout le poids de la trahison et il lui fallut des mois de thérapie pour commencer à panser ses plaies. Pendant cette période, nous franchîmes la deuxième étape en nous posant la question centrale : pourquoi Arthur avait-il été dans un déni aussi durable à propos des aventures de sa femme, qui se passaient pourtant juste sous son nez ?

La réponse s'imposa quand il reconnut avoir lui-même fait quelques « écarts » ici et là, à l'occasion d'un voyage, avec une assistante juridique et avec l'une des secrétaires du cabinet. « Mais ça n'a jamais duré, elles me taillaient une pipe à la sauvette ou quelque chose dans ce style, ça n'a jamais pris la forme d'une relation suivie, je n'ai absolument jamais remis en question mon couple ou envisagé de quitter ma femme », m'expliqua Arthur. Longtemps il s'accrocha à l'idée que ses actes, quoique répréhensibles, étaient sans commune mesure avec la trahison affective perpétrée par sa femme ou avec le fait qu'elle ait choisi de partir avec quelqu'un d'autre.

Je dis à mon patient que les équivalences morales ne m'intéressaient guère. Tout ce qui comptait à mes yeux, c'était de savoir si sa triangulation avait joué un rôle dans son refus de voir sa femme telle qu'elle était. Il finit par reconnaître que la honte qu'il avait ressentie à propos de ses frasques sexuelles avait été l'une des raisons pour lesquelles il ne s'était jamais confronté avec sa femme. « À l'époque, je ne voulais pas avoir à m'occuper de ces histoires, tout cela me semblait sale et sans importance. Mais je sais aujourd'hui que je ne pouvais pas l'interroger sur ses infidélités sans lui parler de ce que je faisais. » Ce spécialiste du droit comprit que son argument sur la non-équivalence morale de leurs deux comportements prenait eau, car si ses propres transgressions étaient peut-être moins lourdes, elle étaient au cœur de son acceptation des transgressions plus sérieuses de sa femme.

Arthur poursuivait sa thérapie. Au bout de quelques mois, il rencontra une autre femme, une actrice divorcée, plus jeune que lui, qui lui fit connaître un autre genre de relation. Elle était moins cérébrale et plus sexuelle que son ex-femme ; aussi leurs explorations physiques furent-elles plus libres que ce qu'Arthur avait vécu pendant son mariage. En outre, cette femme le respectait sur le plan intellectuel, ce qui n'avait pas été le cas de la précédente. Cependant, bien que leur histoire commençât à prendre une tournure sérieuse, à la fois plus intime et plus ouverte, Arthur continuait de penser beaucoup à son ex-femme. En comparant les deux relations, il prit conscience qu'il avait toujours eu le sentiment que sa femme ne le traitait pas en égal sur le plan intellectuel. Son attitude laissait entendre qu'elle se considérait comme « une personne plus respectable » et, d'une certaine façon, elle rabaissait la profession de son mari qu'elle voyait comme un choix de seconde zone, dénué de toute inspiration. J'aidais Arthur à voir que ses aventures extraconjugales avaient toutes eu lieu avec des femmes qu'il jugeait « inférieures » et qu'inconsciemment cela avait été sa manière (1) de se rassurer par rapport à sa propre masculinité et (2) d'exprimer sa colère envers sa femme qui lui donnait l'impression de l'émasculer. Autrement dit, dans le but d'épargner à son couple l'expression de sentiments douloureux et agressifs, il les « exportait » régulièrement sur le plan sexuel au travers d'un tiers. Cette prise de conscience signifia un pas de plus dans la deuxième étape qui, à ce moment-là, ne se déroulait pas dans le cadre d'une relation mais dans son esprit. Ce travail suggérait néanmoins qu'il n'avait pas complètement renoncé à sa femme et que, d'une certaine manière, il continuait de trianguler. Pour peu que sa femme eût continué de son côté à penser à lui, ils auraient pu former un carré !

Aussi incroyable que cela puisse paraître, c'est exactement ce qui se passa. Au moment où Arthur s'apprêtait à emménager avec son amie, sa femme reprit contact avec lui. Elle lui raconta qu'elle avait elle aussi entamé une thérapie et qu'elle se trouvait comme lui à la deuxième étape : elle voyait maintenant que ses liaisons extraconjugales avaient été sa manière à elle de rejouer une expérience sexuelle interdite menée par son frère aîné pendant son enfance (il avait abusé d'elle). Ils discutèrent de cela lors d'une longue promenade. Arthur lui avoua les secrets qu'il lui avait jusqu'ici dissimulés tout en lui exposant ce qu'il avait compris de leur relation. Au coucher du soleil, il était clair que leur histoire était loin d'être terminée. Ils décidèrent de se séparer de leurs amants respectifs et de commencer une thérapie de couple afin de travailler sur leur relation. Mais ils continuaient de vivre séparément. Lors des six mois qui suivirent, ils parlèrent de tous les sujets qu'ils avaient évités pendant leurs vingt-huit ans de vie commune : leur colère, la sexualité, la culpabilité, leurs angoisses… ils déballèrent tout sur la table.

Ils travaillaient maintenant ensemble sur la deuxième étape à partir d'un nouveau mode de communication qui, pour la première fois en plus de trente ans, comportait des disputes, des bagarres, des impasses déprimantes et des révélations douloureuses. Mais c'en était fini des humeurs inexplicables, des secrets, des mensonges, de la culpabilité et du déni. Et de plus, après leurs disputes, ils prenaient un immense plaisir à partager une intimité plus riche et à s'accepter mutuellement. Jamais je n'avais été témoin d'une telle transformation au sein d'un couple : de la première à la deuxième étape, c'était comme s'il s'était agi d'une relation complètement différente.

C'est sans doute la raison pour laquelle la troisième étape s'installa de façon moins spectaculaire. Arthur et sa femme mirent à profit ce qu'ils découvraient dans leur thérapie individuelle pour s'approprier le revers positif des caractéristiques de l'autre qui les avaient autrefois chacun gêné. Par exemple, après avoir plusieurs fois accusé sa femme d'arrogance intellectuelle, Arthur se rendit compte qu'une partie de sa colère à ce sujet venait aussi de son propre sentiment d'infériorité en la matière et pas seulement de l'attitude de sa femme. Aussi, pour dépasser cela, il s'inscrivit à des cours sur James Joyce par Internet et finit par écrire un essai critique sur *Portrait de l'artiste en jeune homme* qu'il envoya à des magazines littéraires importants. Il se lança dans la rédaction de nouvelles philosophiques pour aller dans le sens de l'intérêt qu'il avait toujours porté à la littérature et à la réflexion.

Parallèlement, sa femme commença à comprendre pourquoi elle avait besoin de dévaloriser son mari sur le plan intellectuel et de rechercher des aventures sexuelles excitantes à l'extérieur. Elle sembla dès lors s'inspirer davantage de l'approche plus terre à terre et pratique qu'il avait des choses, y compris du sexe. Elle se sentit par conséquent plus à l'aise et plus entreprenante qu'avant en ce domaine. Peu à peu, ce travail individuel mais réciproque permit de réduire la fréquence et l'intensité de leurs disputes.

S'acceptant mieux, ils se sentaient plus proches que jamais, ce qui élimina de leur vie la menace de l'amour triangulaire

La façon dont ce couple s'était pour ainsi dire réinventé après tant de temps passé ensemble était vraiment remarquable. Après avoir traversé des années de triangulation, de mensonges et de déni, ils avaient décidé courageusement de mettre en place une toute nouvelle dynamique de confrontations frontales ambivalentes. Et ce n'est que bien plus tard qu'ils avaient fini par tendre entre eux le fil ténu de la communication, afin d'exprimer leurs sentiments négatifs et de les intégrer à leur relation.

CHAPITRE V

L'amour interdit

L'histoire de Pyrame et Thisbé servit de base à Shakespeare pour écrire *Roméo et Juliette*. Dans un mythe grec, les jeunes gens habitent des maisons contiguës et leurs pères interdisent leur amour. Mais, comme l'écrit Ovide, « plus leur flamme est cachée, plus elle brûle avec violence au fond de leur âme » et « ils ne purent empêcher qu'une même passion embrasât leurs deux cœurs également épris ». Les deux amants réussissent à communiquer à travers une fissure dans un mur. Puis, poussés par un désir et une frustration croissants, ils décident de défier les obstacles mis à leur passion et de s'enfuir. Ils se donnent rendez-vous une nuit au pied d'un mûrier, mais le destin se met en travers du chemin, leurs projets échouent et ils se suicident.

Même si l'amour interdit dont traite ce chapitre est moins dramatique que celui de la légende, il lui est de la même façon impossible de se matérialiser. Quand les amants tentent d'amener leur relation jusqu'alors secrète en pleine lumière, l'amour, si ce n'est ses protagonistes, meurt. De plus, à force d'en vouloir toujours plus, ils finissent par tout perdre et en recherchant la liberté ils se retrouvent couverts de chaînes. Historiquement, on pourrait considérer l'amour interdit comme un simple défi posé aux normes culturelles qui, selon les époques, définissent les comportements. Au fur et à mesure que la civilisation occidentale avance le long d'une trajectoire socialement libérale, les règles changent et les amours hier interdites sont autorisées aujourd'hui, alors que d'autres, comme les relations entre personnes d'origines différentes, subissent encore une censure tacite dans certains milieux.

Quel que soit notre degré de libéralisme, l'idée selon laquelle l'amour romantique doit nécessairement comporter une dose d'interdit a cependant la vie dure. Les cas les plus extrêmes – comme celui de cette enseignante universitaire enceinte d'un garçon de treize ans qu'elle a continué de voir en dépit d'avertissements, de procédures judiciaires et de peines de prison – font régulièrement la une des médias ; mais il y a aussi beaucoup d'histoires d'amour moins dramatiques : une étudiante et son professeur, un homme marié et la jeune fille au pair de ses enfants, etc. Dans tous ces cas, l'amour interdit se mêle à d'autres modes de fonctionnement tels que l'amour triangulaire. Néanmoins, l'élément interdit joue un rôle suffisamment caractéristique et déterminant dans de nombreuses relations pour que l'on s'y arrête.

Pour un psychanalyste, l'idée selon laquelle l'amour est par essence interdit n'a rien d'une révélation. Si vous êtes d'obédience freudienne, tout cela remonte au premier objet d'amour érotique, le parent du sexe opposé, qui se trouve dangereusement hors d'atteinte pour l'enfant. Pas besoin pourtant d'être freudien pour comprendre que l'amour romantique constitue une menace pour la vie d'une famille. Comment nier en effet que parents et enfants tombent amoureux les uns des autres, à ceci près que, de façon quasi universelle, l'amour est alors bien distingué de la sexualité ? Mais ces domaines sont si proches, ils se frôlent tant, qu'ils se confondent parfois : ainsi, n'est-il pas naturel pour un frère et une sœur d'être attirés l'un par l'autre au moment de la puberté ? Et, d'une manière générale, ne doit-on pas s'attendre à ce que l'intimité de la vie de famille déclenche des pulsions sexuelles parmi ses membres ? De fait, l'inceste est une réalité, ce qui explique que ce soit un tel tabou.

Sans vouloir nier les récents progrès de l'éducation sexuelle et de certains milieux familiaux éclairés qui décrivent la sexualité comme une composante « saine et belle » de l'amour adulte, dans la plupart des familles la nudité, l'excitation et le sexe ne sont jamais mentionnés et encore moins donnés à voir. Et pourtant, nous sommes entourés de références sexuelles qui stimulent encore davantage la curiosité et l'imagination naturelles de l'enfant. Autrement dit, chacun peut comprendre que les enfants d'aujourd'hui grandissent avec l'idée que l'amour physique est excitant et merveilleux, mais en même temps interdit – du moins pour eux.

Première étape : l'adolescent en soi

Carine vint me voir quand, à l'âge de trente-trois ans, elle prit conscience d'un problème dans sa vie amoureuse. Elle avait vécu une histoire de quatre ans qu'elle qualifia, la voix encore tremblante d'émotion, d'ouverte, d'adulte et de tout simplement merveilleuse. Depuis que la relation s'était terminée quelque trois ans plus tôt, elle n'avait rencontré personne d'aussi excitant, aimant et disponible que Christophe et les courtes liaisons qu'elle avait eues depuis manquaient de la complicité qui l'unissait à son premier amant : elles n'avaient mené nulle part. Quand je lui demandai pourquoi son histoire n'avait pas duré, elle se remit à pleurer et me dit : « Il n'était pas juif. »

La jeune femme n'était pas pratiquante, mais elle avait été élevée dans un milieu juif traditionnel et avait toujours pensé épouser un juif. Âgée de vingt-six ans quand elle rencontra Christophe, elle ne pensa pas que ce serait sérieux. Mais devant l'ampleur que prenaient leurs sentiments, elle déclara à son ami qu'elle ne l'épouserait jamais. Un moment, elle se demanda s'il n'allait pas se convertir, mais il était catholique et allait régulièrement à la messe. Elle comprit donc, et il le lui confirma, que c'était impossible.

Aussi, au bout de quelques mois, décidèrent-ils de ne plus se voir. Cela leur brisa le cœur et ils continuèrent de se parler au téléphone, ce qui les amena à se revoir pour déjeuner, puis pour dîner... et, de fil en aiguille, ils furent vite de nouveau ensemble, éprouvant l'un pour l'autre, selon les termes de ma patiente, autant de passion que de compassion. Mais ils savaient pertinemment qu'il leur faudrait se séparer « un jour ». En plus de vouloir une vie juive, Carine était aussi très proche de sa mère et elle avait la certitude que celle-ci « mourrait » de voir sa fille épouser un goy.

Christophe se montrait très sensible et doux avec elle. Il comprenait les problèmes que lui posait son milieu et ne lui mettait jamais la pression. « Nous nous aimions tant et nous étions tellement heureux ensemble que nous ne voulions pas rompre. Nous avons pourtant essayé de nouveau, par deux fois, mais à chaque fois nous nous séparions en pleurant, disant que c'était impossible... et au bout de quelques jours nous étions de nouveau ensemble. »

Finalement, quand Carine eut vingt-neuf ans, sa mère la présenta au fils d'une amie, un comptable juif, qui voulut immédiatement sortir avec elle. La jeune femme en parla à Christophe qui, bouleversé, se persuada qu'elle était sur le point d'épouser cet homme. Elle-même le croyait ; aussi rompit-elle à nouveau avec son ami pour fréquenter le comptable avant de se rendre compte, quelques mois plus tard, qu'en dépit de tous ses efforts elle n'éprouvait rien pour cet homme. Elle cassa et essaya de renouer avec Christophe. N'arrivant pas à le joindre, elle apprit qu'il avait quitté le pays pour voyager. Étonnée et blessée, elle prit enfin conscience que ce chapitre de sa vie était arrivé à son terme. Mais ce ne fut qu'en ouvrant à nouveau la plaie en thérapie qu'elle réussit à comprendre vraiment cette relation et à y renoncer. Voyez-vous, alors qu'elle avait jusqu'ici pensé que Christophe et elle auraient été mariés depuis longtemps s'il avait été juif, elle s'aperçut enfin que c'était précisément parce qu'il ne l'était pas que leur histoire avait duré aussi longtemps. Leur amour était rendu encore plus doux, plus fervent et plus intense du fait de cet élément interdit, fil rouge qui « parcourait » également le passé de la jeune femme comme un thème récurrent.

Le père de Carine était mort quand elle était enfant et sa mère ne s'était jamais remariée. Il ne lui avait jamais manqué, car elle était très proche de sa mère dont elle était l'unique enfant et qui lui dispensait tout l'amour dont elle avait besoin. Cependant, comme elle le découvrit vite en thérapie, en contrepartie de cette proximité, il lui fallut très tôt se comporter en jeune fille bien élevée, mûre et responsable. Elle en conçut également une admiration et un sentiment de gratitude et d'obligation sans bornes envers sa mère, qui se consacrait tout entière à la tâche de l'élever seule. À l'adolescence, elle commença à s'intéresser aux garçons, mais se garda du moindre flirt : elle vivait dans une telle harmonie avec sa mère qu'elle n'éprouvait pas le besoin de sortir s'amuser au-dehors. « J'imagine que je me suis dit aussi que cela lui ferait de la peine que j'aie des petit amis alors qu'elle était seule et sans mari. » Plus nous explorions leur relation et plus il apparut que, dans une large mesure, leur proximité reposait sur le syndrome assez répandu du renversement des rôles : Carine pourvoyait inconsciemment aux attentes affectives de sa mère.

Elle avait ainsi fait une croix sur son besoin de séparation, même à l'adolescence, moment où la quête d'autonomie prend souvent une forme rebelle et oppositionnelle. Car pour elle, se rebeller aurait entraîné un trop fort sentiment de culpabilité. Elle continua donc d'être une gentille fille jusqu'à ce que son besoin de prendre le large fût trop fort. Cependant, quand à l'âge de vingt-six ans elle chercha à transférer sa dépendance affective de sa mère vers son petit ami, elle ne put le faire « au grand jour » comme une étape normale de son développement. Aussi choisit-elle de façon inconsciente un « non-partant » interdit, qui n'aurait jamais les moyens de la séparer de sa mère. De ce point de vue, Christophe aurait pu être n'importe qui à la condition de ne pas être disponible. Mais en choisissant un objet d'amour interdit non seulement à ses yeux, mais surtout à ceux de sa mère, elle réussit enfin à se rebeller.

Pour échapper à ce lien maternel étroit, Carine n'avait d'autre choix que de rompre les règles – et dans ce cas précis, les règles culturelles et religieuses dans le respect desquelles elle avait été élevée. Bien sûr, sa rébellion fut partielle puisqu'elle n'alla pas jusqu'à défier sa mère – et la mère qu'elle avait intériorisée –, comme cela aurait pu être le cas par exemple si elle avait épousé un goy. C'était trop dangereux pour elle. À la place, l'adolescente au fond d'elle rassembla tous les besoins affectifs qu'elle avait jusqu'ici niés et réprimés pour les concentrer dans les désirs poignants et les frissons secrets de l'amour interdit. Je ne doute pas que sa découverte de Christophe et de ce que cela signifiait de partager l'intimité d'un homme, ainsi que sa quête inconsciente d'un père absent, aient joué un rôle dans sa passion. Mais avant tout ce fut son désir de liberté et d'individualité, provoqué par une rébellion adolescente inconsciente à l'encontre de sa mère, qui lui fit porter son choix sur ce garçon-là.

Malgré la spécificité de l'histoire de Carine et des circonstances qui ont entouré sa vie, l'appel presque irrésistible de l'amour interdit comporte le plus souvent une part de rébellion adolescente. Car l'entrée dans la sexualité adulte à l'adolescence s'accompagne de la menace implicite d'avoir à se séparer de son enfance et de ses parents alors que l'on n'est pas entièrement prêt à le faire. Les parents, et la société dans son ensemble, se sentent d'ailleurs menacés par la sexualité adolescente parce qu'elle exprime une tentative d'échapper au contrôle parental. Si donc vous vous retrouvez, comme ma patiente, dans une relation d'amour interdit, il est indispensable, pour franchir la première étape, que vous compreniez que c'est plus votre propre rébellion – consciente et inconsciente – que votre connexion à l'autre qui alimente votre passion.

Entendez-moi bien : la rébellion contre les conventions sociales n'est pas toujours une mauvaise chose. Si vous êtes homosexuel, par exemple, devriez-vous accepter les principes religieux ou culturels qui prétendent vous interdire de rechercher l'objet de votre amour ? Bien sûr que non. Si vous êtes une Blanche et que vous sortez avec un Noir, devriez-vous faire une croix sur vos sentiments au prétexte que votre famille ou que certains membres de nos sociétés désapprouvent votre relation ? Encore une fois, non. Et que dire d'une jeune femme avec un homme plus âgé ? Je répondrais là encore par la négative. Notez pourtant que tout est toujours fonction de votre propre attitude intellectuelle et affective à l'égard de ces conventions sociales : si, en libre penseur, vous assumez votre rébellion et défendez votre amour, il n'a en ce cas plus rien d'interdit. Si vous affirmez être libre mais que vous vous comportez en adolescent qui prend un plaisir secret et subversif à casser les règles, il y a fort à parier que vous agissez sous l'influence de l'amour interdit.

Comme l'a montré le cas de Carine, il peut être très difficile d'atteindre la première étape. La profondeur et la palette des sentiments mis en jeu lors d'une relation de ce type sont souvent incroyables. Un observateur extérieur ne s'en apercevra sans doute pas, tant il sera occupé à condamner une histoire qui met en péril la norme sociale. Pourtant, tous les amateurs de littérature sont là pour témoigner de l'émotion ressentie lorsqu'un écrivain nous invite à partager le monde intérieur de l'amour interdit. Nous nous identifions et sympathisons avec les protagonistes. Quand nous lisons *Roméo et Juliette* ou assistons à la représentation de cette pièce, nous ne nous disons pas : « C'est pas possible, non mais, vraiment, quels adolescents ! » En matière de catharsis artistique, mon exemple préféré vient de l'opéra. Quelle que soit notre opinion de l'inceste entre frère et sœur – et sans m'arrêter sur les ravages psychologiques que cela peut causer dans la vie réelle –, la description que fait Wagner de ce type d'amour dans *La Walkyrie* place sans hésiter l'auditeur du côté des amants. Leur célèbre duo amoureux qui culmine à l'acte I, scène III, avec : « *Du bist der Lenz, nach dem Ich verlangte in frostigen Winters Frist* » (« Tu es le printemps que j'ai attendu pendant des hivers glacés ») est l'une des musiques les plus tendres, les plus harmonieuses et les plus passionnées jamais composées.

C'est ce que ressentait Carine par rapport à Christophe, et c'est pourquoi il lui fallut quatre ans pour mettre un point final à leur relation. Mais outre la difficulté que l'on éprouve à résister à cette profondeur affective et à cette beauté, l'accès à la première étape est rendu délicat par le fait que l'on prend la réalité de l'obstacle (la différence de religion, de sexe, d'âge, de statut matrimonial, etc.) pour une donnée externe et objective au lieu de voir que cet obstacle est en partie créé par notre propre perception et notre réticence à légitimer notre amour. Alors, comment savoir si l'on est guidé par « l'adolescent en soi », qu'il s'agit de dépasser, ou mû par un amour véritable, dans les bras duquel on devrait se précipiter ? Dans ce cas comme dans celui des autres types d'échec amoureux, la seule issue consiste parfois à « se jeter à l'eau ». Autrement dit, pour être fixé, vous devez rejeter tous les obstacles extérieurs et vivre votre amour jusqu'au bout. Si vos sentiments finissent par s'éteindre, vous saurez qu'ils étaient alimentés par la rébellion. Si, en revanche, vous refusez de mener l'expérience à son terme, c'est-à-dire si vous vous enfoncez dans une relation dont vous savez qu'elle restera toujours inacceptable pour vous ou pour votre partenaire, vous faites par définition le choix de l'amour interdit. De même si vous continuez la relation en secret pour échapper à l'opprobre sociale ou familiale *. Grâce à cette

---

* Nombre d'homosexuels hommes et femmes, et notamment les jeunes, se sentiront sans doute concernés par les questions

logique, il est assez simple, du moins en théorie, de définir les relations à éviter pour échapper à l'amour interdit. Par exemple :

• Si vous savez que vous ne pourrez jamais vous marier en dehors de votre religion, ne sortez pas avec quelqu'un d'une autre confession que vous.

• Si vous savez que vous ne vous autoriserez jamais à avoir une relation avec un homme marié, n'acceptez pas l'invitation d'un homme marié ; *idem* pour votre patron.

Et d'une façon générale, je vous propose l'équation suivante qui s'adapte à tous les scénarios : si vous savez que vous ne contreviendrez jamais à la règle X (qui peut être votre propre règle), ne faites pas d'entorse en sortant avec Y si tout engagement à Y est interdit par X.

De toute évidence, cette formule implique que vous « sachiez » que vous « ne ferez jamais » quelque chose – et bien malin celui qui sait cela à l'avance. Néanmoins, plus vous aurez une connaissance approfondie de vous-même et moins le risque sera élevé. Si vous avez des hésitations par rapport à une personne en particulier, posez-vous les questions suivantes : que se passerait-il si vous étiez mariés et si

---

abordées ici. Ils estiment en effet qu'il est préférable de dissimuler leur vie amoureuse afin de se protéger ou de protéger leur partenaire des menaces réelles que représentent le rejet social, la discrimination ou même la violence. Je pense cependant que ces personnes devraient faire leur *coming out* dès que possible, au moins auprès d'un petit groupe d'amis proches. Avec un peu de chance, elles pourront ensuite amener leur secret au grand jour ou aller vivre dans un environnement plus tolérant. Je reconnais que c'est souvent un combat difficile, un combat que certains de mes patients homosexuels mènent depuis des années, mais le jeu en vaut la chandelle. En l'évitant, et même si je comprends leur choix, ils se condamnent à ne jamais se sentir légitimes et, tôt ou tard, leur relation finira par être touchée par les ravages de l'amour interdit.

vous aviez fondé une famille ? Quelles seraient vos relations avec votre propre famille ? Avec la sienne ? Avec vos amis ? Avec les siens ? Cet exercice vous sera utile quels que soient votre âge, votre situation, ou même si vous ne souhaitez pas vous marier. Il s'agit d'imaginer un engagement public que *vous* pourrez vous autoriser à prendre. Maintiendriez-vous votre choix malgré les réactions positives ou négatives des personnes qui comptent dans votre vie ? Si votre réponse est « oui », il est probable alors que cette personne ne soit pas interdite à l'aune de vos propres critères.

Et pour finir, il est toujours possible que l'amour triomphe sur des « valeurs intérieures » qui s'appuient sur l'ignorance et les préjugés. En ce cas, après avoir appris à connaître votre partenaire et compris que c'était avec lui/elle que vous vouliez faire votre vie, vous ferez une croix sur les normes sociales à l'origine de l'interdiction. Il est parfois nécessaire d'éprouver les limites des règles que l'on s'est fixées pour se rendre compte de leur validité.

Deuxième étape : le mur intérieur

En repensant à vos années d'étudiant ou même à vos vingt-cinq ans, vous vous remémorerez peut-être le moment où vous avez pris conscience, non pas tant d'être libéré de la surveillance parentale, mais plutôt qu'en l'absence de celle-ci il vous appartenait désormais de créer vos propres normes : pour certains, ce fut quand ils apprirent à établir leur propre budget, et pour d'autres ce fut quand ils se dirent « non » à eux-mêmes alors qu'auparavant cela avait été le rôle de leurs parents. Ce genre de moment représente la vraie liberté, non pas tant *par rapport à* quelque chose, comme dans la liberté par rapport à l'autorité parentale et la fuite concomitante dans la rébellion, mais plutôt celle *de faire* quelque chose, comme la liberté de choix qui dépend entièrement de sa capacité à l'autorégulation.

Cette idée se trouve au cœur de la deuxième étape, qui consiste à faire un choix et à en accepter les conséquences. Après avoir identifié votre modèle d'amour interdit, il vous revient maintenant de développer votre propre sens des limites en édifiant un mur intérieur qui vous protégera de l'interdit. « N'y va pas », vous dit le panneau sur le mur. Sauf que, cette fois, ce ne sont plus vos parents ou la société en général qui vous interdisent, mais vous-même. Le territoire du « non-interdit » ou de l'acceptable défini par le mur peut être plus vaste ou au contraire plus restreint que le terrain que vous arpentiez par le passé. Par exemple, une liaison avec un homme marié peut aujourd'hui se trouver hors limite, alors qu'une relation avec un homme d'une couleur différente sera autorisée. Ce mur intérieur ne définit pas tant une série de règles qu'une structure psychologique destinée à évoluer et dont la mission est de contenir, et parfois même de remettre à sa place, l'adolescent que l'on a en soi. Comme on peut s'y attendre, cette fonction émergente nous projette directement dans le monde de l'ambivalence. En voici un exemple.

Un homme entama une thérapie en accord avec son éducation de juif orthodoxe religieux mais moderne. Il vint me voir alors qu'il avait une petite trentaine d'années et venait de rompre une relation longue avec une jeune femme cent pour cent « kasher » avec qui il était sur la même longueur d'onde. Il disait ne pas être prêt à se marier car il n'avait eu aucune autre expérience amoureuse et ne voulait pas se fixer avant d'avoir fait d'autres rencontres. Mais il se révéla que les liaisons qu'il eut par la suite étaient presque toujours interdites : il commença par sortir avec une femme qu'il n'avait pas le droit de fréquenter à en croire un obscur décret biblique en rapport avec leurs histoires familiales. Pendant un moment, il trouva une échappatoire en évitant d'avoir des relations sexuelles avec elle, ce qui ne la rendit que plus désirable. Puis, après avoir consulté son rabbin, il conclut qu'il n'avait pas à se plier à cette loi à laquelle ne semblait plus obéir que les juifs ultra-orthodoxes et consomma la relation. Peu de temps après, sa maîtresse cessa de l'intéresser et il rompit.

Il se lança alors à corps perdu dans une histoire à forte intensité sexuelle avec une femme qui ne cherchait pas à construire une relation. Ils s'étaient entendus sur le fait qu'il s'agissait d'une rencontre de circonstance, sans engagement. Cette non-relation accompagna un changement dans les orientations religieuses de mon patient. Bien qu'il continuât à se sentir juif, il commença à s'interroger sur sa foi et cessa même de porter la kippa. Cette relation lui restait cependant interdite, car il chosifiait totalement sa partenaire qui formait dans son esprit comme un jouet sexuel – certes consentant –, plutôt qu'un être humain. Aussi, après un an passé à se bagarrer avec sa culpabilité, il rompit encore une fois.

Pendant les deux années qui suivirent, il ne trouva personne qui l'excitât et vécut en célibataire. Puis il poursuivit de ses assiduités une femme plus jeune que lui et qui n'était pas juive. Nous comprîmes alors qu'il continuait de rechercher une relation à l'extérieur du mur, bien qu'il n'ait cessé de repousser plus loin les limites internes de ce qui était acceptable à ses yeux. Même s'il ne pratiquait plus à l'époque, il ne faisait aucun doute dans son esprit qu'il n'épouserait qu'une juive. Qu'avait-il alors à poursuivre ces non-candidates ? N'était-il toujours pas disposé à se fixer, bien qu'il eût maintenant trente-cinq ans ? Non, non, il était prêt. Mais les femmes qui, dans son esprit, formaient du « matériau pour le mariage », comme par exemple des jeunes femmes actives juives de la fin de la vingtaine ou du début de la trentaine, n'étaient pas aussi sexy que les autres ; ou trop dépendantes ; ou trop exigeantes ; ou trop... maternelles.

Car voilà : pour dire les choses simplement et en ne tenant pas compte d'autres variables importantes, ces « bons » partis le faisaient penser à sa mère, qui l'avait surprotégé (c'est-à-dire : dépendante et exigeante) dans son enfance et dont il avait toujours cherché à se séparer. Aussi, en poursuivant des histoires d'amour interdites, mon patient avait-il cherché à tout prix à fuir son ambivalence, qui consistait à percevoir les femmes attentives, responsables et mûres – qualités qu'il tenait par ailleurs en haute estime –, comme peu attirantes sur le plan sexuel, en demande et dominatrices. Et de fait, il ne risquait guère de rencontrer ces caractéristiques chez des femmes jeunes, sexy, inacceptables ou tout simplement interdites à ses yeux.

Dès qu'il eut compris ce mécanisme, cet homme atteignit la première étape et put envoyer balader le moi de ses quinze ans. Il réussit alors à commencer une histoire avec une jeune juive de son âge complètement kasher selon ses propres critères. Pour la première fois depuis le début de sa thérapie, il avait une relation avec une personne qu'il considérait comme son égale, qu'il aimait et respectait, et avec qui il partageait des conversations ouvertes et une communauté de culture, de valeurs et de sensibilités. C'était très gratifiant pour lui, bien que difficile, car la dépendance de son amie à son égard, ou ce qu'il percevait comme telle, lui posait un problème.

Il n'arrivait pas à se faire à l'idée qu'elle eût envie de passer plus de temps avec lui, de lui téléphoner plus, de « discuter de leur relation » davantage que lui et qu'elle ne fût pas aussi excitante physiquement que les autres femmes avec qui il avait été. Leur histoire finit par tourner court quand les deux partenaires se montrèrent incapables de transcender cette dynamique. Mais au moins mon patient avait-il fait l'expérience de la deuxième étape : il avait été aux prises avec l'ambivalence dans le cadre d'une relation acceptable marquée, pour la première fois, par les limites qu'il s'était lui-même fixées.

Un autre exemple, plus heureux, m'a été fourni par un Noir homosexuel qui vivait une relation durable avec un Blanc. Pendant longtemps, cette liaison avait relevé pour lui du domaine de l'interdit, non pas tant – et c'est d'ailleurs intéressant, même si ce n'est au fond pas si surprenant que cela – à cause de son caractère homosexuel que parce que son partenaire était blanc, un fait inacceptable vu son origine sociale et culturelle. Ses parents étaient issus d'un ghetto noir où il avait lui-même été élevé au milieu d'un réseau étroitement lié d'amis qui considéraient pour la plupart qu'il s'était « vendu à l'ennemi en couchant avec lui ». Mon patient passait donc son temps, soit à se disputer avec ses amis à ce propos, soit à minimiser l'importance de sa relation et à dissimuler la profondeur de son engagement. Cette situation, malgré son inconfort, comportait aussi un « avantage » psychologique : elle lui évitait d'avoir à affronter ses propres doutes quant à ses choix. En effet, celui qui éprouve de l'ambivalence ou se sent en conflit par rapport à quelque chose adoptera toujours le point de vue opposé à celui qui prend parti. En d'autres termes, dans la mesure où tous les sentiments négatifs qu'il aurait pu nourrir à l'égard de son petit ami blanc étaient incarnés par ses amis, il lui était naturel de défendre la position inverse et de se sentir plus en phase avec elle. De plus, comme cela arrive souvent, le fait que l'opinion publique ait condamné cette relation ne faisait que renforcer sa passion privée. Aussi cette dynamique empêchait-elle cet homme de prendre conscience de sa propre ambivalence.

Au bout d'un certain temps, néanmoins, il décida qu'il en avait assez de l'amour interdit. Pour lui, la deuxième étape a donc consisté à embrasser la relation plus complètement et à pousser ses amis à l'accepter. Il décida d'emménager avec son ami et ils achetèrent un appartement dans un quartier assez bourgeois, ce qui, comme on pouvait s'y attendre, renforça le rejet de ses proches. C'était maintenant un vrai collabo. Mais en s'engageant publiquement en faveur de sa relation, il la légitima à ses yeux et força ses amis à la regarder en face. Il leur dit qu'il avait besoin de leur soutien mais ne tolérerait pas leur bigoterie, ce qui minimisa encore l'aspect interdit de son histoire. La plupart de ses amis intimes acceptèrent la situation, mis à part un couple qu'il cessa de voir.

Maintenant qu'il ne vivait plus une relation interdite, ce patient dut affronter… devinez quoi ? son ambivalence, bien sûr. Puisqu'il n'avait plus à se cacher ni à combattre l'opposition, il n'avait d'autre choix que de faire lui-même l'expérience de la perte, voire du regret qu'il éprouvait à l'idée de ne pas être avec un partenaire à même de comprendre ce que cela voulait dire que d'avoir été un enfant noir dans une cité, ou même, aujourd'hui, que d'avoir à affronter une discrimination constante quoique souvent subtile. Leur histoire entra alors dans une période de turbulences, par exemple, un jour où mon patient déclara qu'il pensait avoir une promotion plus lente que ses collègues à cause de son origine ethnique. La réaction dubitative de son ami devant son explication provoqua une violente dispute et mon patient se demanda un instant si, au fond, ses amis n'avaient pas eu raison autrefois. Mais il s'accrocha, affronta les conflits au sein de son couple et assuma sa propre ambivalence.

Pour généraliser, il faut être capable d'assumer les pertes qu'entraîne la deuxième étape lors des refus que l'on s'oppose à soi-même : perte de l'adolescence (définie comme la fin du droit à la rébellion subversive) ou renonciation à un partenaire très différent de soi (ce qui, soit dit en passant, peut concerner n'importe quel type de relation).

Troisième étape : enfin libre !

Promenez-vous dans n'importe quelle zone résidentielle aisée : vous finirez toujours par tomber nez à nez avec un chien bien soigné qui se met à aboyer à votre vue. Se précipitant vers vous, il gémit et vous implore de venir jouer avec lui jusqu'au moment où, aboyant toujours, son corps marque un arrêt brutal, comme s'il s'était heurté à une barrière invisible. Et c'est bien le cas, en effet, car il porte, fixé à son collier, un petit appareil qui lui envoie des décharges électriques quand il veut franchir les limites de la propriété.

Dans de nombreuses relations, le ou les partenaires sont de la même façon enfermés à l'intérieur de leur histoire. Effrayés par les conséquences qu'ils pourraient subir plutôt que mus par le sentiment de leur propre liberté de choix, ils ne font (presque) jamais aucun écart et semblent donc destinés à succomber aux sirènes de l'amour interdit. Mais, comme dans le cas du chien, la menace de représailles ne sert qu'à renforcer et à augmenter l'attrait du désir interdit. Ces couples se trouvent « coincés » à la deuxième étape : ayant quitté le territoire de l'enfance, ils vivent maintenant prisonniers de celui qu'ils se sont eux-mêmes défini.

L'idée de la troisième étape est de se libérer de cette dynamique qui, comme pour le chien, repose sur un contrat social. Si, à l'étape précédente, nous refusons l'amour interdit parce que nous sommes convaincus de la validité de cette interdiction, il s'agit ici de comprendre que ce qui était interdit ne l'est en définitive pas. Nous acceptons notre relation telle qu'elle est et pour ce qu'elle est, et nous cessons de vouloir sauter au-dessus d'une barrière invisible et surtout inexistante. Je reconnais que cela peut sembler plus facile à dire qu'à faire, mais cela conditionne la mise en place d'une relation monogame heureuse.

Denis croyait de tout son être à la valeur de l'engagement et de la monogamie, et il n'aurait jamais entamé de thérapie s'il n'avait traversé une crise qui menaçait ses idéaux. Marié depuis près de vingt ans, il avait quatre enfants. Il vint me voir parce qu'il était tombé amoureux d'une autre femme, courtier dans l'affaire immobilière qu'il dirigeait. Il me décrivit ses sentiments en des termes tendres et respectueux, me répétant qu'Alice, qui était mariée également, était d'abord pour lui une merveilleuse amie. Bien qu'ils se soient avoué leur attirance, ils n'étaient pas allés jusqu'à coucher ensemble. Mais Denis était pris de panique, car il sentait bien qu'il quitterait sa femme et briserait sa famille pour elle si, de son côté, elle décidait de quitter son mari.

Sa panique lui fit prendre conscience qu'il avait besoin d'aide. Mais elle était aussi enivrante, car la passion qu'il éprouvait lui donnait l'impression de revivre et l'emplissait d'inspiration et de motivation. Il était excité à l'idée d'aller travailler tous les matins, attendait avec impatience leurs longs déjeuners et leurs déambulations occasionnelles dans la ville. Ni l'un ni l'autre ne mentionna à l'époque la possibilité d'un avenir commun, ce qui, pour Denis, était une source d'exaltation et de tension incroyables : il se rendait au bureau avec la peur au ventre et l'espoir que la jeune femme n'aborde le sujet et ne lui dise qu'elle allait quitter son mari pour lui. Ce tourment doux et amer à la fois, combiné aux comportements plus classiques du secret et du mensonge – puisque Denis devait dissimuler certains de ses faits et gestes à sa femme pendant la journée –, est typique de l'amour interdit.

Au bout de quelque temps, je déclarai à Denis qu'aspirer à la liberté tout en voulant échapper au regard d'une figure d'autorité – ce que constituait de toute évidence sa femme à ses yeux – était caractéristique de la rébellion adolescente. Persuadé d'être un adulte responsable et mûr, Denis ne fut pas heureux d'entendre cela. Mais il savait que c'était la vérité et il décida de l'accepter, pénétrant ainsi au cœur de la première étape. En termes béhavioristes, cela signifie qu'il avait fini par briser le code du silence qui régnait autour de son futur et de celui d'Alice. Conscient qu'en abordant le sujet il mettait un terme au suspens psychologique qui nourrissait son désir, il demanda à son amie si elle pourrait un jour envisager de divorcer. Devant le soulagement qu'il ressentit en l'entendant dire qu'elle ne pourrait jamais s'y résoudre même si elle y pensait tous les jours, Denis comprit alors que, le moment venu, il serait lui aussi incapable de mettre un terme à son mariage. Certes, il n'avait pas été poussé dans ses retranchements dans la mesure où Alice avait commencé par dire non. Mais, à la différence d'autres personnes dans sa situation, il n'avait jamais consommé son aventure.

Il s'est alors agi pour Denis de s'attaquer à l'aspect secret de son amour interdit. Il dit à Éléna, sa femme, qu'il s'était mis à « éprouver des sentiments » envers une collègue de travail et déclara à Alice qu'il voulait juste une relation amicale, comme celle qui unit deux amis qui se parlent de temps en temps. Avec beaucoup de sagesse, Éléna lui répondit que c'était à lui de résoudre le problème ; quant à Alice, elle accepta sa décision. Ils décidèrent tous les trois qu'il serait injuste que Denis profitât de la situation pour licencier Alice – ce qu'il aurait pu faire sans difficulté –, même si la situation en aurait ainsi été moins douloureuse, du moins pour Denis et Éléna. Ces mesures, beaucoup moins simples à prendre que ne le laisse entendre mon récit, marquèrent le début d'un processus irréversible séparant Denis de son amour interdit. Il commença par réduire les contacts professionnels qu'il avait avec Alice. Puis, avec le temps, les sentiments qu'ils éprouvaient l'un pour l'autre finirent par se dissiper, et ils cessèrent même de se parler jusqu'au moment où Alice quitta la société et disparut de la vie de Denis.

Pour autant, mon patient n'en avait pas fini avec ses problèmes. Outre qu'il lui fallait regagner la confiance de sa femme et panser ses blessures, il devait maintenant s'attaquer aux difficultés conjugales qui l'avaient prédisposé à se tourner vers un amour interdit. Et nous voilà repartis pour un tour : quel que soit le mal que l'on se donne, il est impossible d'échapper à l'ambivalence. Dans le cas de Denis, aussi proche qu'il ait été de sa femme, il ne pouvait s'empêcher de remarquer qu'elle ne faisait rien pour s'arranger physiquement, qu'elle n'avait ni carrière ni centres d'intérêt « extérieurs », et qu'elle ne paraissait pas aussi forte ni aussi indépendante que d'autres femmes. Et ça l'embêtait. Aussi lui fallut-il accepter tout cela au cours de la deuxième étape. Ce qu'il fit de deux façons, avec mon aide : d'abord, il se répéta tous les jours : « Il n'y a pas d'autre issue, il n'y pas d'autre chemin » pour se souvenir que c'était lui, l'adulte, et non pas l'adolescent intérieur, qui avait choisi de rester marié ; ensuite, il chercha à comprendre pourquoi c'était précisément ces défauts-là qui l'ennuyaient chez Éléna.

Ce deuxième point nous conduisit, comme on s'en doute, à son enfance. Il apparut que sa mère – qui avait grandi dans une région rurale du Nord et ne s'était jamais faite à la vie citadine – était une personne, comme il disait, « démunie sur le plan affectif » : elle souffrait d'innombrables peurs qui l'avaient toujours empêchée de conduire, de nager ou de pratiquer le moindre sport ; elle était facilement blessée dans ses sentiments ; elle était dépendante des autres, non seulement de son mari, mais aussi de son premier enfant, Denis, son seul fils, dont elle attendait tout. Après avoir été exposé au poids de cette attention féminine, Denis ne pouvait supporter d'avoir une femme qui lui rappelle un tant soit peu sa mère. Et le fait qu'Éléna ait eu quelques kilos en trop, ce qui lui donnait un air plutôt maternel, n'arrangeait pas les choses. Mais maintenant qu'il pouvait faire remonter l'origine de son ambivalence à sa mère et qu'il avait la capacité d'en réorienter l'intensité, il réussit à accepter le caractère imparfait de son mariage sans avoir à recourir à nouveau à l'amour interdit.

Cette idée de mariage acceptable fait penser à ce que disait Freud : le but de la psychothérapie et de la psychanalyse est de transformer les névroses en malheur banal. Je vois ici votre réaction : vous estimez que c'est insuffisant – et je vous comprends. D'ailleurs, cela aurait pu pousser Denis à replonger pour chercher à remplacer sa misère conjugale par des aventures extraconjugales. C'était bien joli d'accepter son ambivalence, encore fallait-il qu'il l'affronte, ce qu'il s'était jusqu'ici toujours refusé à faire pour ne pas blesser les sentiments de sa femme. Il ne lui avait donc jamais parlé des réserves qu'il éprouvait à son égard. Aujourd'hui, néanmoins, en renonçant au désir qu'il éprouvait pour *une autre* femme, il s'autorisait à exprimer ce qu'il ressentait à propos de *cette* femme, la sienne, et plus particulièrement sa contrariété devant son poids et son manque d'autonomie.

Entendre cela, qui plus est tout de suite après la trahison de son mari, fut évidemment douloureux pour Éléna. Pourtant, cela lui donna aussi l'occasion de réfléchir à son attitude face à l'imperfection. Elle aurait pu lui répondre de façon tout à fait légitime : « C'est ton problème, je suis très heureuse comme je suis, et tiens-le toi pour dit. » Mais ce n'était pas ce qu'elle pensait au fond d'elle-même. En réalité, elle était aussi très insatisfaite par sa ligne et par son incapacité à se fixer des buts indépendants dans l'existence. Aussi, bien que blessée et en colère, elle tint compte de ce qu'elle éprouvait et se mit à faire du sport et à rechercher du travail. Elle reprit une formation, passa un diplôme d'enseignement et commença une carrière de consultante dans le domaine de la formation par Internet.

Pour faire face à son ambivalence, Denis avait donc exprimé la frustration et la colère qu'il ressentait, quelle qu'en ait été leur valeur. Bien que ce soit souvent une stratégie à risque, le fait est que de nombreuses relations sont prisonnières d'un état de malheur sourd et chronique à cause d'une peur du conflit. Peut-être les imperfections de l'autre sont-elles acceptées d'un point de vue intellectuel, au sens où les deux partenaires disent non aux tentations extérieures, mais ils évitent l'intimité que leur procurerait une sincérité entière, renonçant à vivre un conflit dont ils pourraient sortir vainqueurs, renforcés par une compréhension émotionnelle plus profonde de leur partenaire. Nous touchons ici aux principes de base de l'interprétation psychologique non freudienne de l'amour interdit : par peur que notre colère ne détruise l'amour que nous éprouvons pour un « objet » (à l'origine la mère ou tout autre pourvoyeur primaire de soins), nous évitons de l'exprimer ouvertement et la traduisons en rébellion subversive. Dans l'amour interdit, en reprochant à notre partenaire d'origine de se trouver en travers de notre nouvel amour et de nous faire éprouver un sentiment de culpabilité, nous entretenons ce mode de fonctionnement. Nous devons donc fournir un plus grand effort pour faire disparaître notre colère pendant que le partenaire interdit nous apparaît comme la victime innocente et inoffensive de circonstances malheureuses. La boucle est bouclée et nous avons atteint notre but psychologique de départ : séparer l'amour de la colère. Mais nous nous sommes aussi éloignés davantage de ce qui constitue le but d'une relation amoureuse : bâtir une intimité réelle et durable.

Cependant, si l'expression des sentiments négatifs (dans un but constructif, du moins faut-il l'espérer) est une condition nécessaire au succès d'une relation, elle est loin d'être suffisante. Cela nous amène à la troisième étape : Denis finit par comprendre qu'il était prisonnier de sa propre psychologie, passée et présente, plutôt que de son mariage. Son père avait quitté le foyer familial l'année de ses treize ans et l'adolescent s'était retrouvé à assumer le rôle de « l'homme de la maison ». Il dut soutenir moralement sa mère, effondrée et inquiète, tout en l'aidant à élever ses deux plus jeunes sœurs. Il surveillait leurs devoirs et les gardait le soir pendant que sa mère travaillait pour gagner l'argent dont ils avaient cruellement besoin. Adolescent consciencieux et responsable, Denis appréciait dans une certaine mesure son nouveau rôle dans la famille. Mais la situation lui pesait aussi beaucoup et il se jura de ne pas répéter les erreurs financières et affectives de ses parents.

Déterminé à gagner et à économiser de l'argent, le jeune homme travailla pendant toute la durée de ses études supérieures. Il intégra par la suite une école de commerce avant de créer sa propre affaire immobilière où il réussit plutôt bien. Parallèlement, il aspirait à une vie de famille stable et unie et, à peine diplômé, il épousa Éléna, qu'il fréquentait depuis l'université. Au fur et à mesure que nous nous enfoncions dans les profondeurs de son histoire, il devint évident que Denis avait surtout été la victime de son succès : il avait atteint trop tôt tous ses objectifs. Autrement dit, il avait souffert d'une hypothèque mise de façon précoce sur son adolescence. Ayant recherché très jeune la stabilité et la sécurité, il n'avait jamais eu l'occasion d'explorer, de jouer et de se livrer à ses propres expériences. Par conséquent, il s'était par la suite senti prisonnier de ce qu'il percevait, avec une certaine légitimité objective, comme ses premières décisions adultes.

Cependant, bien que la crise initiale de Denis ait trouvé son origine dans une contradiction entre sa détermination à éviter de commettre les mêmes erreurs que ses parents et son besoin de se libérer des limites du mariage, il était maintenant capable de se rendre compte que cela faisait partie d'un problème beaucoup plus vaste. Dans la mesure où il ne pouvait rien changer à la question du mariage puisqu'il avait refusé d'envisager le divorce, il résolut de s'attaquer au reste. Ayant atteint un certain niveau de sécurité financière, il pouvait se livrer à différents hobbies tout en envisageant un changement d'orientation professionnelle. La thérapie devint dès lors pour Denis l'occasion d'explorer différents centres d'intérêt et possibilités de carrière plutôt que de se pencher sur ses problèmes matrimoniaux.

Peu à peu, après avoir examiné toutes sortes d'idées, il décida d'abandonner son métier d'origine pour se lancer dans la politique, qui l'avait toujours passionné. Il fut élu au conseil municipal et se consacra aux questions de santé et d'aide sociale. Il respirait le bonheur, non seulement parce qu'il aimait sa nouvelle activité, mais aussi et surtout parce qu'il était heureux d'avoir réussi à sauter le pas. Il se sentait libre pour la première fois de sa vie – libéré de ses propres pulsions comme de sa peur de l'instabilité. Et, comme on pouvait s'y attendre, ce sentiment le soulagea presque entièrement du jugement critique qu'il portait sur sa femme. Celle-ci, se sentant davantage acceptée par son mari, prit confiance en elle et affirma davantage son indépendance – ce à quoi Denis avait aspiré depuis le début.

CHAPITRE VI

L'amour sexuel

Jupiter, le dieu des dieux, abusait souvent de son pouvoir pour poursuivre les femmes de ses ardeurs. Il avait jeté son dévolu sur Europe, la fille du roi de Tyrée. Pour la conquérir, il emprunta la forme trompeuse d'un taureau : au terme d'un numéro de charme élaboré, le dieu ravit littéralement la jeune innocente à son sol et, l'emportant sur son dos, traversa au galop les océans vers une nouvelle terre à laquelle il donna aussitôt le nom de la jeune fille. Là, reprenant sa forme d'origine, il lui expliqua les raisons de son enlèvement et gagna son accord pour leur union, au terme de laquelle il regagna la sécurité de son foyer et les bras de sa femme, laissant Europe se débrouiller seule dans son nouveau territoire.

Cette histoire est celle d'une sexualité brute, puissante et désinhibée, représentée par un animal bien peu divin. Notons que la femme n'est pas aussi passive qu'on pourrait le croire au début. Je reviendrai plus tard sur le rôle de la sexualité féminine dans l'amour sexuel. Ce qui m'importe pour l'instant dans ce mythe, c'est que Jupiter, dieu tout-puissant, qui aurait pu faire la conquête d'Europe de bien des façons, ait dû se dépouiller de son pouvoir divin pour s'incarner en un animal symbolisant le mâle par excellence.

Il est facile de juger de tels comportements quand on les remarque chez les autres. Pourtant, si nous étions honnêtes, nous devrions tous nous sentir concernés : ce type de fracture sexuelle est présent en chacun de nous, que nous passions ou non à l'acte. Car même s'il existe des différences psychologiques et pratiques entre le fantasme et la réalité sexuels, ils peuvent devenir aussi contraignants et obsessionnels l'un que l'autre tout en créant l'illusion enivrante d'un sentiment amoureux.

Première étape : il suffit d'apprendre à dire non

Aron vint me voir le jour où sa femme, Anne, qu'il avait épousée deux ans plus tôt, le mit à la porte après avoir lacéré ses vêtements en découvrant qu'il avait couché avec une autre femme chez eux. Le jeune homme avait avoué son aventure, expliquant qu'il était amoureux de Judith depuis plusieurs mois et qu'il avait commencé par essayer de résister à sa passion avant de s'avouer vaincu. Il s'était évertué à faire comprendre à sa femme qu'il avait beaucoup de tendresse et de respect pour elle, mais qu'il pensait avoir trouvé en Judith l'âme sœur. Il n'avait absolument rien à reprocher à Anne, qui était une amie loyale, une parfaite maîtresse de maison et une future mère idéale, mais Judith ressemblait davantage à Aron. Sexy, elle aimait le cuir noir et sortir danser, et portait sur la vie un regard plus cool que celui d'Anne.

Aron se sépara de sa femme et pendant un moment il crut que Judith et lui avaient réussi à créer une relation aussi particulière que profonde. Ils faisaient preuve d'une ouverture et d'une franchise totales l'un envers l'autre, passant leur temps en discussions, en balades et en… relations sexuelles exceptionnelles. J'émis bien quelques doutes quand mon patient me décrivit leurs scènes d'amour : c'était de véritables cérémonies qui pouvaient durer des heures, au cours desquelles ils avaient chacun plusieurs orgasmes et atteignaient un état bienheureux de fusion et d'épuisement complets. Elles rejoignaient de plus parfaitement le fantasme sexuel préféré d'Aron, qui était de pénétrer une femme la tête la première pour nager en elle. Mais j'écartai dans un premier temps mon incrédulité et je la mis sur le compte de l'envie…

Mes soupçons refirent surface quand Aron me parla de certaines de ses expériences sexuelles passées. Il me raconta ainsi avoir fait l'amour à une femme dans l'un des ascenseurs de l'Empire State Building qu'il avait bloqué entre deux étages ; une autre fois, c'était à quelques mètres d'un précipice vertigineux. De plus, sa relation avec Judith, son « âme sœur », commença à se détériorer et, après une série de disputes, d'accusations et de malentendus, la jeune femme décida de se réinstaller avec son mari, qu'elle avait quitté quelques mois avant de rencontrer Aron. Bien que très affecté par cette rupture, celui-ci en fut aussi soulagé et, peu de temps après, il fit la connaissance d'une autre femme. Au bout de quelques rendez-vous, il me parlait de sa nouvelle maîtresse comme de sa « copine de baise ». Ils se voyaient tous les mardis après-midi, couchaient ensemble et traînaient un peu avant de se séparer. Il me confia un jour qu'il ne lui avait pas parlé de l'herpès dont il souffrait et qu'il l'avait selon toute vraisemblance contaminée.

À ce stade, il aurait fallu être aveugle (ou plutôt

sourd !) pour ne pas voir qu'Aron obéissait au schéma de l'amour sexuel. Certes, il « aimait les femmes » et pensait être amoureux de Judith, mais son amour avait fini par prendre une forme purement physique. Nous en avions déjà parlé ensemble en thérapie, et je répétai à Aron que je pensais qu'il était atteint de compulsion sexuelle ou, selon l'expression populaire, que c'était un obsédé sexuel. Comme souvent dans les cas d'addiction, il commença par refuser de voir la réalité en face. Mais j'enfonçai le clou plusieurs fois et il finit par accepter de s'inscrire à un groupe de lutte contre les dépendances sexuelles. Là, il fut très vite convaincu de la réalité de son état et mit au point un système destiné à l'encourager à rester « sobre ». Et bien que le groupe définît la sobriété sexuelle comme une activité sexuelle à l'intérieur d'une relation amoureuse sérieuse, Aron alla au-delà de ce qui lui était demandé en décidant qu'il cesserait aussi de se masturber. Sa résolution, associée à son combat quotidien contre des érections douloureuses qu'il ne réussissait à calmer que grâce à d'intensives séances de prière, confirmèrent la force de son addiction.

Pourtant, Aron parvint à maintenir le cap qu'il s'était fixé pendant les deux années qui suivirent. À peine s'autorisa-t-il une fois à embrasser une femme qu'il commençait à fréquenter de façon sérieuse. Leur histoire ne décolla jamais vraiment, mais il tomba ensuite amoureux d'une autre femme : cette fois, la relation se développa peu à peu et finit par prendre aussi une tournure sexuelle.

Il avait ainsi fallu environ deux ans à cet homme pour atteindre la première étape ! Ce qui vient encore une fois confirmer à quel point la connaissance cognitive et intellectuelle est insuffisante pour transformer un comportement. Il est en effet indispensable qu'intervienne, à un moment ou à un autre du processus, une reconnaissance émotionnelle accompagnée de répétition et de pratique. En outre, la longue lutte menée par Aron met en lumière le pouvoir du plaisir sexuel sur le fonctionnement humain.

Les médecins comme les drogués se moquent de la naïveté de certaines personnalités et autres politiques qui prétendent lancer des campagne de lutte contre la toxicomanie en s'appuyant sur le slogan : « Il suffit d'apprendre à dire non. » Combien de fois ont-ils entendu de tels propos qui démontrent une méconnaissance totale de la profondeur et de la désespérance de la dépendance ! Pourtant, aussi irréaliste que cela puisse paraître en matière de santé publique, dire non à la drogue est finalement la seule chose qui soit en notre *pouvoir*. Et bien que, dans le cas d'Aron, cela demande la mise en place de tout un processus, aussi discret que possible, il s'agit bien d'une décision. Certes, à la différence de la drogue, les compulsions sexuelles n'entraînent pas de dépendance physiologique envers une substance externe et semblent à cet égard plus faciles à dépasser. Mais elles sont tout aussi addictives sur le plan psychologique : comme les drogues, elle offrent un antidote puissant à la dépression, à la solitude, à une faible estime de soi et au vide existentiel. Du point de vue clinique, ceux que l'on appelle obsédés sexuels viennent souvent de familles ayant un passé plus ou moins avoué d'alcoolisme, de toxicomanie et autres compulsions, ce qui peut laisser croire à des prédispositions génétiques.

Cela dit, la plupart de ceux qui succombent à l'amour sexuel sont parfaitement capables de dire non. À l'exception des délinquants sexuels – qui, combinant entre autres choses compulsions sexuelles et personnalité asociale, forment une catégorie à part –, l'exemple d'Aron, quoique plus répandu qu'on ne le pense, se situe sans doute à l'extrémité de la ligne qui va d'un comportement sexuel sain à l'amour sexuel. Autrement dit, quantité d'hommes et de femmes présentent certaines des caractéristiques de l'amour sexuel sans pour autant être des obsédés de la chose. Je prendrai pour exemple l'une de mes patientes qui s'entendit déclarer par l'homme qu'elle fréquentait et à qui elle commençait à s'attacher, qu'il n'était pas prêt à la voir de façon exclusive. Elle mit aussitôt fin à leur relation et, pour échapper à la douleur de la rupture, se rendit dans un bar avoisinant où elle entreprit de flirter et d'embrasser un autre homme. Un mois plus tard, son ex-petit ami la rappela pour lui annoncer qu'il était maintenant prêt à s'engager. Elle accepta de renouer et, peu de temps après, ils étaient fiancés. Elle lui raconta alors ce qui s'était passé dans le bar. Même si son fiancé ne pouvait techniquement rien lui reprocher, cette histoire constituait une menace sérieuse pour leur relation dans la mesure où ils se demandaient si c'était dans le tempérament de la jeune femme de transposer sur le plan sexuel ses blessures affectives. Ce risque de crise amena ma patiente à franchir la première étape. Prenant conscience de la voie dans laquelle elle était susceptible de s'engager, elle résolut de ne plus jamais succomber aux sirènes de l'amour sexuel. Non sans peine, elle fit part de sa découverte et de sa décision à son fiancé, ce qui l'aida lui-même à tourner la page.

Aujourd'hui où les rôles des hommes et des femmes ne cessent d'évoluer et défient toujours un peu plus les définitions traditionnelles, les attitudes sexuelles convergent et se recoupent. On ne peut pour autant nier, comme je l'ai montré dans *Si les hommes pouvaient parler*, que la majorité si ce n'est l'ensemble des hommes et des femmes vivent leur sexualité différemment : d'un point de vue évolutionniste, les mâles ont la possibilité d'optimiser leur calendrier reproductif en multipliant les rapports sexuels, alors que leurs compagnes ne peuvent avoir qu'une grossesse à la fois ; dans une perspective culturelle, la société se montre plus tolérante avec le donjuanisme masculin que féminin ; sur le plan biologique, les différences hormonales et génitales entre les deux sexes sont bien connues. Les hommes, par exemple, sont plus rapides à atteindre l'excitation sexuelle. Ils ont aussi besoin de moins de stimulation directe, particulièrement quand ils sont jeunes et peu expérimentés, période à laquelle les hommes, ou plutôt les garçons, prennent l'habitude de sexualiser leurs pensées. Ainsi, du fait de la simplicité de leurs réactions sexuelles, qui vient s'ajouter à de fortes pressions évolutionnistes, culturelles et hormonales, les mâles seront plus prompts à rechercher dans l'excitation et l'orgasme une issue ou une manière d'affronter les conflits affectifs.

Les femmes, quant à elles, sont socialisées et, jusqu'à un certain point, « biologisées » pour explorer et exprimer leurs sentiments plus directement que les hommes, dont elles suivent pourtant en même temps le mouvement. Même si les choses changent, de nombreuses femmes se plient encore aux exigences de leurs compagnons – quant elles ne se soumettent pas à eux –, dès qu'il est question d'exercice du pouvoir et de leadership. Bien sûr, l'idée que « derrière tout homme se tient une femme » (pensez aux femmes des hommes politiques) n'est pas fausse et suggère que l'égalité est dans les faits plus grande qu'on ne le voit. De même, alors que les hommes semblent souvent diriger les opérations en matière sexuelle – en faisant le premier pas ou en se plaçant au-dessus, aussi bien littéralement que métaphoriquement –, les femmes exercent leur pouvoir tant par la retenue que par l'initiative. Pourtant, elles ont encore bien du mal à dire non. Et la plaisanterie qui dit que les hommes parlent pour pouvoir aller au lit et que les femmes vont au lit pour pouvoir parler n'est pas dénuée de fondement. Cette blague est « paradoxale » parce qu'en un sens, pour les hommes, coucher *c'est* parler, et pour les femmes parler *c'est* coucher, ou cela a du moins une connotation sexuelle. En définitive, nous sommes poussés par les mêmes raisons : l'amour et l'intimité.

Les différences entre les sexes sont plus polarisées et donc plus évidentes dans le domaine de l'amour sexuel : ce n'est pas un hasard, par exemple, si le groupe de parole d'Aron ne comptait que des hommes et on notera qu'il s'agissait d'obsédés sexuels et non de la masturbation. Ils avaient tous des partenaires qui, pour la plupart, n'étaient pas elles-mêmes des obsédées sexuelles mais des obsédées de l'amour (ce que nous sommes tous en un sens). Je veux dire par là que beaucoup de victimes féminines du schéma de l'amour sexuel présentent un tableau clinique différent de leur partenaire homme. D'abord parce que les femmes refusent souvent d'accepter l'idée que leur petit ami, de façon consciente ou non, s'intéresse essentiellement au sexe. Elles veulent croire l'homme qui leur déclare : « Entre nous, c'est sérieux. » Certaines n'ont d'ailleurs même pas besoin de l'entendre et s'en persuadent toutes seules. Mon expérience clinique m'a montré que même les femmes qui se laissent aller à « un coup d'un soir » finissent parfois par avoir le sentiment d'avoir été utilisées. Les hommes, quant à eux, se sentent souvent coupables de s'être servi de leur partenaire, quand bien même elle était consentante. Il n'y a là aucune justice, ou peut-être aucune logique.

Les différences entre les sexes conditionnent la

réussite de la première étape. Mais pour pouvoir dire non, les hommes comme les femmes doivent savoir interpréter les signes de l'amour sexuel que sont la compulsion sexuelle, l'« addiction amoureuse » et le déni. Les femmes auront tendance à reconnaître les symptômes de la compulsion chez leur partenaire et à s'attribuer l'addiction amoureuse. Notons que l'inverse est vrai des hommes.

En lisant la liste des « drapeaux rouges » que je dresse ci-dessous, vous saurez vite ce qui s'applique à vous et ce qui concerne les autres. Dans un souci pratique, cette liste s'adresse à mes lectrices qui assument en général le rôle traditionnellement dévolu à la femme dans l'amour sexuel. Il existe bien entendu de nombreuses exceptions chez les hommes comme chez les femmes, et si vous en faites partie, je vous prie de bien vouloir rectifier l'orientation du drapeau rouge en fonction de votre propre situation.

Les signes de compulsion sexuelle :

• Votre petit ami refuse de vous accompagner dès qu'il s'agit d'aller dans des lieux où vous ne pourrez pas faire l'amour. Cela se traduit par le fait qu'il n'a pas envie de rencontrer votre famille ni vos amis, et n'éprouve aucun plaisir à vous retrouver pour des brunchs, des balades en amoureux ou tout simplement pour prendre un verre.

• L'homme que vous fréquentez est un beau parleur. Il est chaleureux et déborde de compliments mielleux. Mais il semble trop bien maîtriser son texte, ne montre pas le moindre signe de nervosité, n'exprime jamais aucun malaise. Il a toujours réponse à tout et donne l'impression d'être un « séducteur en série ».

• Vous avez l'impression de subir une pression ou qu'on vous manipule pour aller au lit. Au lieu de vous dire : « J'en ai vraiment envie, mais j'attendrai le temps qu'il faut », le type avec qui vous sortez semble vous poser un ultimatum : « C'est maintenant ou je me casse. »

• Votre petit ami se montre souvent vague sur les endroits où il se trouve et vous le surprenez à mentir. Cela peut vouloir signifier qu'il a des secrets non sexuels, mais essayez tout de même de recouper les informations (comme par exemple le fait que votre gynécologue vous ait appris que vous avez une mycose alors que vous n'aviez eu aucun rapport au cours des deux dernières années).

• Vous fréquentez un homme avec qui vous avez eu plusieurs rapports sexuels non protégés et il finit par vous avouer qu'il a un herpès.

• Vous répondez à une petite annonce sur un site de rencontres et, après un échange de mails, vous donnez votre numéro de téléphone à un homme. Il vous appelle, vous bavardez un moment et il vous convainc de faire l'amour au téléphone.

• Votre petit ami ou votre mari vous « adore », surtout au lit, où il idéalise votre corps et votre beauté, mais vous avez l'impression qu'il se fiche pas mal de savoir qui vous êtes vraiment.

• Votre partenaire ne veut faire l'amour que dans une seule position qui vous met mal à l'aise. Pour réussir à éjaculer, il *doit* par exemple élaborer tout un scénario compliqué dans lequel vous prétendez être sa secrétaire ; ou bien il vous tanne pour faire une partie à trois sous prétexte que cela apporterait un peu de piment à votre vie sexuelle. Ce serait différent si vous aviez *tous les deux* envie de vous livrer à des expériences où vous partageriez vos fantasmes, mettriez au point des scénarios communs ou feriez intervenir une troisième personne.

• Vous découvrez que l'homme avec qui vous sortez a filmé vos ébats.

• Votre petit ami n'a pas envie de faire l'amour

avec vous. Cela peut être le signe qu'il a une vie sexuelle secrète (réelle ou fantasmée).

• Votre mari ne s'intéresse qu'à votre plaisir. Il n'a pas d'érection et ne veut pas que vous le stimuliez (même remarque que ci-dessus).

• L'homme que vous fréquentez vous raconte qu'il se rend souvent dans des boîtes exhibitionnistes où des filles viennent s'asseoir sur ses genoux. Vous lui dites que cela vous ennuie et il vous répond que c'est votre problème.

• Votre ami vous annonce, sans montrer le moindre regret et sans paraître comprendre la gravité du problème, qu'il lui est déjà arrivé de tromper ses copines précédentes. Par exemple : « Ouais, j'ai bien dû tromper quelques filles autrefois et c'est sûrement pas très bien ; mais c'était pas des cadeaux non plus. »

• L'homme avec qui vous sortez vous dit, un peu comme en passant, qu'il est un obsédé sexuel mais sans donner la moindre indication qu'il a cherché à se faire soigner. Cela peut sembler évident, mais encore une fois, dans leur quête, les drogués de l'amour tendent à nier l'évidence.

Cette liste pourrait faire des pages. Mais je crois que vous avez compris le tableau.

Les signes de l'addiction amoureuse et du déni :

• Vous rencontrez un homme charmant dans un bar et il vous invite à boire un verre chez lui. Vous n'en avez pas vraiment envie – vous êtes fatiguée et vous passez un entretien pour un nouveau boulot le lendemain –, mais il se montre tellement insistant et persuasif que vous finissez par le suivre, en vous répétant qu'il vous faut de toute façon rencontrer des hommes si vous voulez un jour vous marier.

• Vous entendez dire par un ami d'ami que le garçon avec qui vous sortez depuis peu est un

« joueur ». L'un de vos collègues, qui le connaît aussi, vous dit que c'est un vrai pilier de bar et qu'il lui a un jour demandé de lui prêter deux mille euros alors qu'ils se connaissent à peine. Votre petit ami vous raconte lui-même qu'il a rompu avec sa précédente copine parce qu'elle voulait qu'il s'engage alors qu'il ne se sentait pas prêt. Vous vous répétez : « Je ne devrais pas rejeter quelqu'un à cause de rumeurs et on ne sait jamais à l'avance comment va évoluer une relation : peut-être que son ex n'était pas la fille qu'il lui fallait. »

• Vous accrochez un homme sur un site de rencontres et il vous donne son numéro de téléphone au bout de quelques échanges de mails. Vous l'appelez, vous avez une conversation géniale et vous avez le sentiment que cette relation peut aller loin. Puis, vers la fin de la conversation, il vous confie qu'il aime bien le « sexe brutal ». Cela vous chiffonne, mais vous vous dites : « Il cherche sans doute à se montrer plus viril et à s'affirmer. Pourquoi pas, après tout ? J'aime les hommes forts. »

• Après deux ou trois relations de courte durée où vous vous êtes fait plaquer au bout de quelques nuits d'amour, vous vous promettez de ne pas vous précipiter la prochaine fois. Mais voilà que vous rencontrez un homme qui semble vous dire tout ce que vous désirez entendre – y compris « je ne prends pas le sexe à la légère » – et vous vous retrouvez au lit avec lui dès le deuxième rendez-vous.

• Au milieu d'une conversation sur le sexe ou la pornographie, l'homme que vous fréquentez laisse tomber, l'air de rien : « Je suis moi aussi sans doute un obsédé sexuel. » Vous commencez par penser que la remarque est étrange, puis vous vous dites qu'il s'agit certainement d'une plaisanterie ; à moins que vous ne la rangiez dans un coin de votre tête où vous l'oubliez et que vous n'en reparliez plus jamais.

• Votre petit ami vous demande de vous livrer à des pratiques sexuelles que vous trouvez un peu limites et qui vous mettent mal à l'aise, mais vous acceptez sous prétexte que c'est pour lui.

• Votre copain et vous avez une vie sexuelle merveilleuse et passionnée ainsi que de longues conversations philosophiques sur la vie. Mais il refuse de rencontrer vos amis et dit qu'il n'est pas prêt à s'engager. Il vous raconte aussi qu'il passe quelques heures par jour sur des sites pornos. Vous en parlez à votre meilleure amie – qui se trouve être une ancienne collègue de votre petit ami – et elle vous rappelle qu'elle vous a prévenue dès le début que ce type n'avait pas envie d'une histoire sérieuse. Vous vous souvenez maintenant vous être dit à l'époque qu'elle était jalouse. Vous commencez à penser avec inquiétude qu'elle avait peut-être raison, mais vous décidez de donner à votre relation le temps de mûrir.

• Vous vous disputez avec votre ami et vous ne vous parlez plus pendant quelques jours. Il finit par vous appeler pour s'excuser et vous vous réconciliez. Vous entendez raconter ensuite par un ami que l'un des soirs qui a suivi votre rupture, votre ami a été aperçu en train de danser avec une autre fille dans un club. Quand vous l'interrogez à ce sujet, il reste évasif et vague avant d'avouer qu'il a couché avec cette fille. En larmes et bourrelé de remords, il implore votre pardon. Il vous fait de la peine et vous vous dites : « J'imagine que tous les garçons sont comme ça. »

Comme la précédente, cette liste pourrait être interminable, mais en réalité il s'agit toujours d'une variation sur le même thème : il est temps pour vous d'apprendre à dire non dès lors que vous vous apercevez que vous commencez à chercher des raisons et des explications au comportement sexuel de votre ami pour pouvoir l'accepter et aller dans son sens.

Dire non, bien sûr, ne consiste pas seulement à ne pas être d'accord, à se disputer ou à se battre, car tout cela peut très bien être mis au service du déni. À chaque facture de téléphone, l'une de mes patientes était ainsi confrontée à une note de près de cent euros vers le même numéro qui, quand elle appela pour vérifier, se révéla être le numéro d'un service porno. Elle demanda des explications à son mari qui lui dit qu'il faisait des recherches en vue d'un nouveau business qu'il voulait monter. « Tu me prends vraiment pour une débile ? lui hurla-t-elle. Comment peux-tu me mentir ainsi ? » Une violente dispute s'ensuivit et elle n'adressa pas la parole à son mari pendant quelques jours. Mais ils finirent par se réconcilier et l'incident fut clos. Épilogue : les appels cessèrent pendant quelques mois, puis réapparurent à un rythme endiablé. Morale de l'histoire : dire non, c'est un acte, pas des mots.

Deuxième étape : parfois un pénis n'est rien d'autre qu'un cigare

Pour paraphraser Freud qui, contrastant avec sa propension à voir du symbolisme sexuel partout, fit un jour remarquer qu'un cigare n'est parfois rien d'autre qu'un cigare, on pourrait dire aussi qu'il arrive qu'un pénis ne soit qu'un cigare, ce qui est une manière de signifier que le sexe ne parle pas tant des affaires du sexe que de celles de la psyché et de l'âme. Même si les hommes ont plus tendance à sexualiser leurs conflits émotionnels que les femmes, les uns comme les autres tentent de résoudre leurs problèmes non sexuels en les mettant en scène dans l'arène sexuelle. Pour dire adieu aux relations où l'amour est l'équivalent du sexe et vivre des histoires où l'amour sublime le sexe, nous devons commencer par désexualiser nos conflits émotionnels.

Un couple de jeunes trentenaires vint me voir à cause d'un « problème sexuel » qui mettait en péril leur relation par ailleurs riche et profonde. Pour la jeune femme, ce problème était que son ami n'avait pas envie de lui faire l'amour et inventait souvent toutes sortes d'excuses pour l'éviter. Le jeune homme, charmant et, selon les mots de son amie, l'homme le plus tendre et le plus attentif avec qui elle ait jamais été, reconnut les faits mais se dit incapable de trouver une explication à leur origine. Nous décidâmes donc d'entreprendre une thérapie individuelle pour essayer d'aller au fond des choses. Il me confia alors qu'il savait très bien d'où venait son problème : cet homme d'une extrême gentillesse ne parvenait à atteindre l'excitation qu'en fantasmant qu'il violait et tuait des femmes à coups de revolver. Même s'il n'était jamais passé à l'acte, sachant parfaitement qu'il ne s'agissait que de fantasmes, ceux-ci le dégoûtaient. Et s'il s'était fait une raison et arrivait à les « utiliser » quand il se masturbait, il refusait toutefois d'y avoir recours pour faire l'amour à son amie qu'il aimait tant. Aussi fuyait-il autant que possible leurs rapports sexuels.

La thérapie révéla que le problème était en réalité affectif et interpersonnel plutôt que sexuel. Pour résumer, cet homme avait été maltraité et humilié par sa mère lorsqu'il était enfant et en avait conçu une peur immense. Aussi s'était-il réfugié dans des fantasmes de revanche violente qui, à la puberté, s'étaient transférés sur la pulsion sexuelle qu'il dirigeait sur les femmes. C'était comme si, dans ses fantasmes, il avait renversé la balance des pouvoirs dans sa relation à sa mère : cette fois, c'était lui qui avait la direction des opérations et il laissait aller sa rage. (Le psychiatre Robert Stoller décrit ce processus comme le moyen de « transformer le traumatisme en triomphe ».) Ce n'était bien sûr pas par hasard si cet homme faisait preuve au quotidien d'un comportement empressé et affectueux. Enfant, il avait peur de la rage qu'il éprouvait ; aussi avait-il expulsé toute trace d'hostilité et d'agression de son interaction consciente avec les autres. En d'autres termes, l'expérience qu'il avait vécue avec sa mère avait conduit cet homme à en vouloir aux femmes, mais ce ressentiment ne pouvait s'exprimer que par le canal « non affectif » des fantasmes sexuels.

Par conséquent, le travail thérapeutique avait consisté à « dé-sexualiser » les fantasmes de ce patient : il devait par exemple s'autoriser à éprouver de la colère envers les femmes, y compris sa mère. Il se montrerait certes moins agréable et moins gentil quand son amie ou sa mère lui taperaient sur les nerfs, mais il n'aurait plus besoin d'avoir recours à des fantasmes violents pour exprimer sa colère et jouirait peut-être d'une vie sexuelle plus épanouie. Autrement dit, l'ambivalence dont ses sentiments amoureux ne comportaient jusque-là pas la moindre trace – mises à part ses dérobades inexplicables dès qu'il s'agissait de faire l'amour à sa copine – serait désormais plus visible. En réalité, il aurait besoin de beaucoup de temps et de travail dans le cadre de la troisième étape pour réussir à neutraliser totalement ses terribles fantasmes. Mais comprendre que ceux-ci sont *relationnels* plutôt que sexuels est au cœur de la deuxième étape.

Cet exemple est extrême. Mais il existe de nombreuses versions moins violentes de l'idée selon laquelle le sexe ou les fantasmes sexuels servent à exprimer par déplacement les sentiments agressifs inacceptables que l'on éprouve à l'égard de l'objet de son amour. Dans bien des relations de longue durée, mais aussi à l'occasion de rencontres plus passagères, il n'est pas rare que l'un des deux partenaires, voire les deux, développent une version de ce que Freud a nommé complexe de la madone et de la putain, qui permet de gérer son ambivalence de façon sexuelle : vous aimez et vous respectez votre partenaire premier, mais vous élaborez des fantasmes sexuels (ou des relations sexuelles réelles) à l'égard d'un autre, moins respecté. Vous « faites l'amour » au premier, mais « baisez » le second ; vous vous laissez aller à des préliminaires et avez des rapports classiques avec l'un, mais vous vous livrez à des rapports oraux et anaux ou toute autre forme de rapports « plus-excitants-pour-vous-quoique-plus-dégradants-pour-votre-partenaire » avec l'autre. Vous préservez ainsi la pureté de votre relation première et la protégez de votre agression. Ou, plus exactement, vous *prétendez* la protéger, car en réalité vous exprimez votre ambivalence sur le plan sexuel : vous êtes moins ou pas excité par votre partenaire, vous canalisez votre énergie sexuelle dans une autre direction et vous avez peut-être même recours à des fantasmes de « substitution » pour réussir à lui faire l'amour.

Les gens se demandent s'il est « bien » (normal, sain) de faire l'amour à quelqu'un en pensant à quelqu'un d'autre. Là n'est pas le problème. Ce qui compte, c'est la manière dont s'exprime votre ambivalence – ici, sur le plan sexuel. Si, comme c'est souvent le cas, vous ne parlez pas à votre partenaire de vos fantasmes de remplacement, c'est sans doute parce que vous vous sentez coupable, autrement dit que *vous* ne trouvez pas ça bien. Du point de vue de la psychologie, ce n'est pas que vous commettiez un acte répréhensible, c'est que vous refusez d'assumer votre ambivalence. Vous vous cachez inconsciemment à l'intérieur de votre sexualité et finissez par penser que vous, ou votre partenaire, avez un problème sexuel.

Aussi vous incombe-t-il, au cours de la deuxième étape, de traduire vos désirs sexuels désagréables ou cachés ainsi que vos préférences (les vôtres et/ou celles de votre partenaire) en échanges émotionnels et interpersonnels. Vous pourrez le plus souvent vous en sortir seul, sans avoir recours, sauf dans certains cas extrêmes, à un thérapeute. Par exemple, de nombreuses femmes imaginent un homme qui les viole ou qui, du moins, s'empare de leur corps et les force à avoir un rapport sexuel. Ce type de fantasme peut très bien s'analyser comme le signe que vous rêvez qu'un homme fort prenne en charge vos interactions non sexuelles ou soit là pour vous protéger. Mais votre interprétation aura encore plus de poids si vous réussissez à relier ce vœu à votre réalité. Des expériences cliniques ont montré que cette catégorie de fantasmes intervient souvent chez les femmes au mode relationnel agressif, celles qui tendent à tout « prendre en charge » et ont par conséquent du mal à abandonner le contrôle à quelqu'un d'autre dans leurs relations intimes. Elles se lient à des hommes gentils, sensibles ou passifs de façon à pouvoir tout diriger, mais elles voudraient au bout d'un certain temps que leur partenaire se montre plus fort ou plus agressif pour qu'elles puissent se détendre ou se sentir protégées. Ce vœu n'est de toute évidence compatible ni avec la personnalité de leur compagnon ni avec leur propre besoin de contrôler ce qui les entoure. Elles finissent donc par l'exprimer au travers de leurs fantasmes ou de jeux de rôle sexuels.

Les fantasmes et les jeux de rôle sexuels peuvent être très excitants, mais ils sont souvent sans relief et dissociés des émotions. Quand vous fantasmez que vous êtes attaché(e) ou violé(e), cela vous excite mais vous ne vous *sentez* pas démuni(e) ni victimisé(e). Après tout, vous êtes l'auteur du scénario et vous l'avez imaginé pour vous troubler. Autrement dit, les sentiments « négatifs » sont exprimés dans le cadre de votre fantasme mais ne sont toujours pas vécus par vous de façon consciente. Cependant, comme nous l'avons vu, la culpabilité peut parfois prendre le pas sur le contenu du fantasme lui-même et indique l'existence de sentiments « mauvais » ou négatifs à l'égard de l'autre personne.

S'ils sont sans doute les plus communément répandus, l'agressivité et la domination – ou leurs opposés, décrits plus hauts – ne sont pas les seuls sentiments problématiques à trouver une expression sexuelle. Toutes les émotions équivoques se frayent un chemin vers la chambre à coucher. Un jeune homme, financier à succès, tomba amoureux d'une jolie artiste, intelligente et sexy mais également dans la dèche et quelque peu tyrannique : elle lui téléphonait souvent au beau milieu de la journée pour l'appeler à la rescousse sous des prétextes divers ; elle n'avait ni argent ni couverture sociale et se mit à dépendre de plus en plus de lui pour divers besoins et dans les situations d'urgence ; et elle avait des exigences sexuelles un peu particulières, insistant par exemple pour qu'ils se regardent intensément dans les yeux pendant toute la durée de leurs ébats. Mon patient se pliait à ses caprices sans trop se plaindre, à la fois parce qu'il l'aimait et parce que cela l'excitait… jusqu'au jour où sa maîtresse exigea de savoir à quoi il pensait quand il lui faisait l'amour. Docile comme à son habitude, il lui dit qu'il imaginait qu'elle était un vampire qui lui suçait le cou et le vidait de sa substance. Horrifiée, la jeune femme bondit hors du lit : « Alors c'est ce que tu penses de moi, que j'aspire la vie hors de toi… que je t'utilise… Tu ne connais rien à l'amour… »

Ce fut le début de la fin de leur relation, car son ami comprit alors que cette interprétation était juste : cette femme l'attirait tant qu'il ne s'était pas autorisé à penser qu'elle l'« asséchait ». La « traduction » qu'elle avait faite de son fantasme sexuel l'avait aidé à reprendre ses esprits et, à partir de ce moment-là, il chercha à tirer une plus grande satisfaction personnelle de leur relation. Il fit de son mieux pour comprendre et assumer son ambivalence, mais son amie ne voulut rien céder de ses exigences (à commencer par lui interdire d'avoir de tels fantasmes sexuels) et finit par rompre. Mon patient prit alors conscience que l'attirance qu'il avait éprouvée pour cette femme n'avait rien à voir avec l'amour sexuel et qu'elle avait raison en lui reprochant de ne rien connaître à l'amour – ce qui ne signifie pas qu'elle ait été plus compétente en la matière.

Ce patient, qui était sans conteste hétérosexuel, avait un autre fantasme de « succion » : il imaginait qu'il faisait une fellation à des hommes dont il aspirait tout le sperme parce qu'il avait besoin de ce « réapprovisionnement » externe pour pouvoir continuer d'avoir une sexualité normale avec des femmes. En termes non sexuels, cela pouvait signifier que, se sentant diminué par les femmes, il recherchait un soutien masculin. Cela se révéla être une définition fidèle des relations qu'il avait eues, enfant, avec ses parents. Sa mère avait été exigeante et surprotectrice, et lui avait toujours donné l'impression qu'elle « prenait » plutôt qu'elle ne « donnait », même quand elle l'embrassait. Il était donc impatient de s'éloigner de cette présence étouffante et attendait de son père force et soutien. Mais celui-ci était passif, inhibé et le plus souvent parti en voyages d'affaires. En gros, les fantasmes sexuels de ce patient étaient liés au fait d'avoir eu une mère trop présente et un père absent.

Bref, si vous voulez comprendre ce qui vous intéresse, ou intéresse votre partenaire, dans le sexe – indispensable pour qui veut dépasser l'amour sexuel –, posez-vous quelques questions pour voir ce qui peut se rapporter à des conflits non sexuels de votre passé : si les hommes plus jeunes, un peu immatures, vous attirent, demandez-vous si vous n'auriez pas peur d'une relation égalitaire ; voyez si vous êtes entourée de « béni-oui-oui » et si vous avez des raisons de craindre les « vrais » hommes ; votre père ou votre frère aîné vous auraient-ils maltraitée et n'auriez-vous pas mis tous les hommes dans le même sac, mis à part les hommes jeunes à l'air doux ? Et si, dans le fond, vous aviez peur des hommes, ou si même vous les « détestiez » mais n'étiez capable d'exprimer vos sentiments qu'en étant attirée sexuellement par des « non-hommes » ?

De la même façon, si vous n'arrivez pas à atteindre l'orgasme, demandez-vous si vous êtes ouverte à d'autres plaisirs. Acceptez-vous de recevoir ? Êtes-vous si attachée à votre autosuffisance que personne ne puisse pénétrer chez vous ? Êtes-vous du genre à vouloir toujours rester aux commandes parce que vous avez peur que l'on abuse de vous si vous vous montrez vulnérable ? Avez-vous besoin de boire pour lâcher prise ? Les gens qui ont besoin de partager leurs émotions vous semblent-ils importuns ? Doit-on vous forcer la main pour recevoir quelque chose ? Vos parents se montraient-ils envahissants ou trouvez-vous que ce soit le cas de votre partenaire ? Ou qu'il cherche à vous dominer ?

Si votre compagnon souffre d'impuissance, demandez-vous s'il y a d'autres domaines où il se montre inadapté : a-t-il connu des revers de carrière ? A-t-il l'impression que vous l'émasculez d'une façon ou d'une autre ? L'impuissance a bien entendu de multiples origines : une angoisse de performance paralysante, une liaison culpabilisante, une homosexualité refoulée. Mais, mis à part des troubles physiologiques de la fonction érectile, elle représente *toujours* une forme d'ambivalence, un désir d'être absent ou de ne pas remplir une fonction. C'est pourquoi les femmes le prennent souvent pour elles – comme par exemple : « Je ne suis pas assez jolie », ou : « Je dois faire quelque chose de mal. » Mais cela n'a rien à voir avec vous : c'est sa manière de gérer son ambivalence en la transposant sur le plan sexuel. Cependant, comme au tango qu'il faut être deux pour danser, il est possible que vous jouiez, par inadvertance ou inconsciemment, un rôle dans ce scénario et qu'il communique ce qu'il ressent (mettons qu'il ne réussisse pas aussi bien que vous dans son boulot et qu'il pense que vous ne le respectez plus autant qu'avant, ou que vous l'intimidiez et lui donniez l'impression de le juger) en se retirant sur le plan sexuel. D'un point de vue conscient, ce mode de « communication » sexuelle ne fait que renforcer le sentiment qu'il a de ne pas être à la hauteur. Mais inconsciemment, ça le libère car, pour une fois, il ne fait pas ce que vous attendez de lui.

Pour finir, si votre ami semble s'intéresser aux femmes plus jeunes que vous, demandez-vous s'il n'y aurait pas également d'autres domaines où il refuse de grandir : vit-il dans un taudis où il passe son temps à fumer de l'herbe ou à aller à des concerts de rock avec sa bande de copains ? Travaille-t-il sans penser à l'avenir ? Fuit-il les décisions d'adulte pour se réfugier dans un monde imaginaire ? Vous ne pourrez guère l'empêcher d'être attiré par de plus jeunes femmes, mais si vous réussissez à déterminer qu'il ne s'agit pas, en définitive, d'un problème sexuel, vous serez mieux à même de l'aider à « grandir ». Cela finira peut-être aussi par se répercuter sur le plan de sa sexualité.

En soi, comprendre la signification non sexuelle de comportements sexuels ne modifie pas automatiquement ces derniers. D'ailleurs, ce n'est pas tant la transformation que l'on vise que l'acceptation. En comprenant que l'impuissance de votre partenaire (ou tout autre symptôme sexuel) est une expression de son ambivalence, vous essayez de l'aider à résoudre son ambivalence non sexuelle ; prendre conscience que l'attirance que vous ressentez envers les hommes un peu immatures (ou tout autre symptôme sexuel) est en réalité l'expression de votre propre ambivalence vous permettra d'accepter et de commencer à travailler sur cette ambivalence non sexuelle. Si vous êtes incapable de prendre en considération ces comportements sexuels, vous êtes ramené(e) à la première étape et vous mettez fin à votre relation. Mais si vous les embrassez, vous êtes prêt(e) à passer à la troisième étape. Et croyez-moi, vous avez encore du pain sur la planche !

Troisième étape : les contraires s'attirent

S'il est difficile de résoudre un sentiment d'ambivalence exprimé de façon sexuelle, ce n'est pourtant pas impossible. La difficulté tient à ce que nos centres d'intérêt et nos goûts en matière de sexualité se sont renforcés progressivement parce qu'ils étaient encouragés et récompensés par l'excitation sexuelle, l'orgasme et la phase de relâchement qui s'ensuit, et qu'il va falloir entreprendre un travail de reconstruction. Quelle que soit l'origine de nos penchants sexuels (l'ambivalence refoulée ou les déterminants biologiques qui, bien évidemment, ont aussi leur rôle à jouer), la facilité d'accès à la récompense et son aspect physique basique les renforcent en permanence, surtout s'il s'agit de fantasmes masturbatoires. C'est pourquoi, pour essayer de résoudre les problèmes liés à l'amour sexuel, nous devrions chercher davantage à élargir notre répertoire plutôt que de tenter d'éradiquer nos penchants existants. Prenons l'exemple assez répandu d'un homme qui ne parviendrait à l'excitation et à l'éjaculation qu'au moyen d'une stimulation orale : il ne pourra accéder à la troisième étape qu'après avoir compris, au cours de la deuxième étape, que c'est le sentiment d'ambivalence qu'il éprouve par rapport à l'égalité dans les relations intimes qui provoque son besoin d'avoir une femme « à ses pieds ». Dès lors, cet homme ne cherchera plus à éradiquer son penchant pour la sexualité orale, mais plutôt à s'intéresser *aussi* à des activités sexuelles où les deux partenaires auront une participation plus égalitaire.

D'une manière générale, l'amour sexuel sous toutes ses formes donne lieu à des comportements sexuels répétitifs et inflexibles. À force d'être obnubilés par le but poursuivi (conquête, sexualité orale, nouveautés sexuelles, jeunesse, masturbation, pratiques SM, peur de la pénétration, désir de faire plaisir à l'autre, etc.), nous rigidifions et limitons nos habitudes sexuelles. Nous échouons ainsi à intégrer dans notre relation des activités sexuelles différentes et l'intimité qu'elles impliquent. Comme dans les autres types d'échec amoureux, le but de la troisième étape est donc l'intégration : il s'agit avant tout de dépasser la dynamique des contraires sexuels. Voici ce que j'entends par là.

J'eus pour patiente une ravissante femme mariée. Elle approchait de la quarantaine et vint me voir parce qu'elle était tombée amoureuse du prêtre de sa paroisse avec qui elle avait une liaison. Son histoire révéla qu'entre neuf et onze ans, elle avait eu des rapports sexuels précoces avec l'un de ses frères de quatre ans son aîné. Même s'il ne l'avait jamais forcée physiquement, il avait à coup sûr initié la relation. De plus, il la cajolait et exerçait sur elle une telle pression qu'elle se sentait incapable de lui refuser quoi que ce soit ; elle avait fini par s'accommoder de la situation tout en sachant que ce qu'elle faisait était mal. Quelques années plus tard, elle était sortie avec de nombreux garçons et avait très vite eu une sexualité active et débridée. Par la suite, elle s'était souvent surprise à rechercher l'approbation et l'amour d'hommes que seul le sexe intéressait et qui se détournaient en général d'elle au bout de quelques rapports.

Avec son mari, cela avait été une tout autre histoire et c'est d'ailleurs pour cette raison qu'elle l'avait épousé. Il enseignait l'anglais au lycée et était plus gentil, plus doux et moins porté sur le sexe que ses précédents amants. Et il était très amoureux d'elle. Elle l'aimait moins que lui ne l'aimait, mais leur relation était très agréable. Et voilà qu'après plusieurs années de mariage, au cours desquelles étaient nées deux petites filles, elle n'avait pu s'empêcher de s'enticher du prêtre de leur paroisse qui, outre qu'il était plus âgé qu'elle, était très apprécié et respecté de ses fidèles.

Au début de leur liaison, elle fut emplie d'amour et de sentiments spirituels. Après plusieurs mois de thérapie, elle avoua tout à son mari et quitta le domicile conjugal pour pouvoir être avec le prêtre. Mais cette histoire devait rester secrète à cause de la position de son amant dans l'Église et, au bout de quelque temps, il devint clair à mes yeux et à ceux de ma patiente que sous couvert de spiritualité les deux amants vivaient une relation essentiellement physique : sensuelle, érotique et charnelle. Et pourquoi pas ? Sauf que le sentiment d'être utilisée par un homme commença à envahir de nouveau ma patiente. Comme elle l'exprima elle-même un jour : « Je pensais que je faisais l'amour avec Dieu, mais en réalité je ne fais que baiser un gigolo. »

Cette prise de conscience fut pour cette femme la première étape : elle mit fin à sa liaison et se réinstalla avec son mari qui, par amour, était prêt à lui pardonner à condition qu'elle s'engageât à travailler sur ses problèmes. Elle atteignit la deuxième étape le jour où elle comprit que sa liaison, comme toutes celles qu'elle avait eues avant de se marier, avait été une répétition de sa relation avec son frère. En secret et taraudée par la honte, elle avait accepté une situation par essence insatisfaisante puisqu'elle cherchait à obtenir l'amour et l'approbation d'hommes pour qui elle n'était qu'un objet sexuel. Pourquoi cette répétition ? Pour dire les choses simplement, elle avait au fil du temps appris à aimer et à désirer ce qu'on lui avait à l'origine imposé, de façon à pouvoir reproduire activement ce dont elle avait souffert plus passivement étant enfant. On se persuade en effet – c'est la logique de l'inconscient – qu'à force de répéter plusieurs fois un même scénario on finira par dominer la situation et par obtenir l'amour auquel on aspire. Après avoir pris conscience de son mode de fonctionnement, ma patiente pu reconnaître le sentiment d'ambivalence qu'elle éprouvait à l'égard des hommes : dans son esprit, son mari était gentil mais pas aussi séduisant ni excitant sur le plan sexuel que le prêtre, qui avait toutes ces qualités mais profitait et abusait d'elle. Il ne s'agit pas de dire qu'elle avait tort, car ces hommes étaient peut-être réellement tels qu'elle les voyait ; mais c'était accessoire : ce qui comptait avant tout, c'est qu'ils aient « correspondu » à la perception ambivalente préexistante qu'elle avait des hommes.

Une fois réinstallée avec son mari, ma patiente s'attaqua à la troisième étape. Il lui fallut comparer sa sexualité conjugale avec celle qu'elle avait eue avec le prêtre et avec les hommes qui s'étaient succédé dans sa vie. Deux modes de fonctionnement opposés se dessinèrent immédiatement. Avec son mari, l'amour était doux, affectueux et tendre ; ils en restaient parfois aux préliminaires, sans chercher à atteindre l'orgasme : il lui arrivait d'avoir des problèmes érectiles et elle n'était pas toujours excitée. Avec les autres, c'était détonant, obsessionnel et brutal, souvent accompagné d'orgasmes multiples et de douleur physique. Avec son mari, c'était sécurisant et confortable ; avec les autres, c'était risqué et honteux. Il ne faisait pas de doute que cette fracture était liée à l'abus sexuel dont elle avait été la victime par le passé : d'un côté, elle devait répéter le traumatisme d'une relation sexualisée avec un frère plus âgé afin de le dépasser et, d'un autre côté, elle avait besoin de se tourner vers la sécurité d'une figure paternelle aimante, bienveillante et non sexuelle, en tout cas moins sexuelle. La vérité était bien sûr que le prêtre et tous ses amants d'autrefois n'étaient pas son frère et que son mari n'était pas son père. Il s'agissait à chaque fois de distorsions de la réalité dans lesquelles elle jouait le rôle, également distordu, de la petite fille sans défense. Aussi dut-elle, au cours de la troisième étape, intégrer ces fractures au sein de son couple : autrement dit, il s'est agi pour elle de préserver la nature tendre et aimante de la vie sexuelle conjugale en y ajoutant certains aspects plus pornographiques.

Pour ce faire, elle dut comprendre qu'elle avait besoin de ces deux contraires. Elle savait déjà qu'elle ne pouvait renoncer à son mari, mais je lui dis qu'il ne lui fallait pas non plus complètement oublier le « prêtre », ou du moins le type de passion que celui-ci incarnait. Elle devait donc trouver à quoi ressemblait la voie moyenne et royale de son mariage. Ce fut difficile, dans la mesure où elle commençait à se rendre compte qu'elle n'appréciait pas que son mari la traitât en objet sexuel – cela, c'était réservé au lit du prêtre. Ils se lancèrent alors dans des expériences. Les débuts furent laborieux parce que son mari avait fini par être conditionné – par elle et par son propre mode de fonctionnement, qui ne l'encourageait pas à se montrer entreprenant sur le plan sexuel avec les femmes – pour ne pas la voir comme un objet sexuel : quand elle se montrait directe et crue, il paniquait et son érection retombait. Un jour pourtant, après plusieurs tentatives, il se montra à la hauteur et se prit au jeu. Puis, à force d'essais, d'erreurs, de tentatives diverses et de pratique, ils parvinrent à intégrer ces contraires – « faire l'amour » d'un côté et « baiser » de l'autre – dans leur vie sexuelle et finirent par trouver une voie médiane.

Une telle séparation de notre sexualité en contraires polarisés se produit souvent à la suite de maltraitance ou de stimulation sexuelles inopportunes subies pendant l'enfance. Cette patiente avait réagi par une sexualité débridée. D'autres victimes d'abus sexuels précoces répondent en refusant toute sexualité. Mais comme souvent quand il s'agit de contraires polarisés, ces deux réactions sont les revers d'une même médaille, des compléments yin et yang qui se contiennent l'un l'autre et peuvent donc se transformer en l'un comme en l'autre. La femme qui réagit en multipliant les expériences sexuelles cherche à transformer ce qu'elle ressent et à réécrire le passé grâce à la répétition ; et c'est aussi le but de celle qui fuit toute relation sexuelle. Il arrive parfois que la première finisse par conclure que le sexe est vraiment négatif et le rejette, tandis que la seconde, ne supportant plus son abstinence, se lancera dans une frénésie sexuelle qui la rapprochera de la première. Mais il est évident que les deux extrêmes se valent… et que c'est l'intégration qu'il faut viser.

La dynamique des opposés sexuels fait ressortir un paradoxe important : dans bien des cas, l'absence de vie sexuelle est une manifestation de l'amour sexuel. Nous avons vu plus haut le cas d'un homme qui fuyait toute relation sexuelle avec sa partenaire parce que ses fantasmes le mettaient mal à l'aise, ou celui d'un autre qui était passé de l'obsession sexuelle à l'abstinence la plus totale. Il est aussi probable que nombre de ceux qui embrassent des professions où la chasteté est requise le font par peur de l'intensité de leur sexualité. Cela explique bien des cas d'abus sexuel au sein de l'Église catholique.

Mais cette dynamique ne se limite pas aux domaines de l'abus et du traumatisme sexuels. Elle envahit notre vie amoureuse de façon tout à la fois évidente et subtile. J'ai déjà abordé ce trouble masculin si répandu, l'impuissance, où l'absence de sexualité semble être la manifestation d'un problème sexuel. Je voudrais maintenant dire un mot d'un autre problème typiquement masculin qui lui est lié et est aussi très fréquent. Je m'en servirai pour montrer comment appliquer la troisième étape à l'amour sexuel.

Georges était un interne célibataire proche de la quarantaine. Il avait « enfin » une histoire sérieuse avec une femme et ils parlaient fiançailles et mariage, ce qui l'amena dans mon cabinet car il voulait s'attaquer à un problème sexuel dont il souffrait depuis longtemps : « Comme vous l'avez peut-être deviné, me confia-t-il, je veux parler de troubles de l'érection que j'ai de façon plus ou moins régulière depuis l'adolescence. Cela ne m'a pas trop gêné auparavant parce que mes relations amoureuses n'allaient jamais très loin et que je réussissais à compenser. Je réussis toujours à compenser, sauf que maintenant je voudrais trouver une solution. Il y a des années, j'ai consulté un urologue qui a diagnostiqué un faible afflux de sang dans le pénis et m'a suggéré de faire des injections pour stimuler l'érection. Je n'ai pas pu m'y résoudre, mais j'ai eu parfois recours au Viagra. Cela m'a aidé, c'est sûr, mais j'ai encore besoin de mes fantasmes pour éjaculer. »

Pendant qu'il parlait, la règle qui veut qu'un médecin doive en général être à l'écoute, non pas du patient, mais des symptômes, me vint à l'esprit. Dans le cabinet d'un psychologue, en revanche, le patient *est* le symptôme. En écoutant Georges, je ne pouvais m'empêcher de me dire que cet autodiagnostic d'impuissance était en contradiction avec ce qu'il affirmait de sa capacité à compenser et à élaborer des fantasmes. Je lui demandai donc ce qu'il entendait par là.

Il apparut en fait que l'impuissance de Georges était intermittente et dépendait de la situation où il se trouvait. Il avait bien une érection quand il se masturbait ou était masturbé, mais elle retombait parfois après la pénétration. De même, il réussissait à éjaculer lorsqu'il faisait appel à certains fantasmes, mais pas à d'autres, et c'était plus difficile pendant les rapports. C'était le signe que le problème était plus psychologique que physiologique. D'un point de vue technique, il ne s'agissait pas d'impuissance, mais d'un orgasme masculin partiellement inhibé selon les circonstances, car il lui arrivait d'atteindre l'orgasme en fonction de la nature de ses fantasmes.

Georges avait de son propre chef franchi la première étape avant de passer le seuil de mon cabinet : il s'était engagé auprès de son amie en dépit de son problème sexuel et avait dit non à ses précédentes et interminables recherches du stimulus sexuel parfait. Il était donc prêt à affronter l'étape suivante en explorant l'aspect non sexuel de ses difficultés. Cela ne fut pas très compliqué, car les fantasmes qui l'excitaient et auxquels il avait recours pour se masturber (ou les fantasmes de substitution qui lui permettaient d'éjaculer pendant un rapport) étaient une variation sur le même thème : il imaginait faire l'amour à sa femme de ménage, ou à une femme édentée aux allures de prostituée, ou à une jeune infirmière de son équipe. Tous ces fantasmes faisaient intervenir des rapports oraux et anaux, des godemichés, ou encore des pénétrations avec le poing, et s'accompagnaient d'un vocabulaire très cru. Le thème récurrent était donc celui de relations de type pornographique avec des femmes qu'il jugeait inférieures à lui.

Celles avec qui il était sorti, et notamment sa petite amie du moment, formaient un contraste à ces tableaux : l'amour avec elles avait été doux et respectueux, et il les considérait comme ses supérieures. Son amie était une chroniqueuse politique chevronnée qui l'intimidait sur le plan intellectuel. Autrement dit, sa sexualité était une polarisation de deux contraires : d'un côté l'amour tendre qu'il pratiquait avec la femme qu'il aimait, et de l'autre une réification agressive à laquelle il soumettait les femmes qu'il convoitait. Mais, conscient que le désir est éphémère, Georges reléguait cela dans ses fantasmes. Le problème de cette approche – nous avons vu que le complexe de la madone et de la putain est très répandu –, c'est que les contraires ne cessent de renforcer de façon réciproque l'incompatibilité assumée de chacun, et que cette dynamique garantit une vie sexuelle ennuyeuse et dysfonctionnelle dans le couple. Ce que cherchait Georges, c'était avoir tout et son contraire, mais intégré dans ses relations amoureuses plutôt que séparé d'elles. Toutefois, de peur de ne pouvoir en même temps transformer les femmes en objets et les aimer, il avait créé cette fracture et ne chosifiait que les femmes qu'il ne respectait pas.

À force de discuter de ces questions en thérapie, Georges finit par comprendre que les contraires ne s'excluaient pas nécessairement : il accepta l'idée de devoir embrasser les deux aspects de sa sexualité pour pouvoir traiter son amie avec respect tout en la considérant comme un objet sexuel. Pourtant, même s'il comprenait cela d'un point de vue intellectuel, il avait du mal à le mettre en pratique au lit, d'abord parce que, comme je l'ai dit, il est difficile de modifier des goûts sexuels acquis, et ensuite parce que son amie l'intimidait et qu'il ne savait pas comment aborder le sujet avec elle.

C'est alors que nous avons effectué la troisième étape. Non seulement Georges échouait à se montrer plus agressif au lit, mais il ne connaissait guère plus de succès dans d'autres domaines. Il s'est donc agi de l'aider à trouver le courage de s'opposer à son amie les fois où elle le traitait avec condescendance et le méprisait parce qu'il n'était pas au fait des affaires du monde ou qu'il n'arrivait pas à s'exprimer avec la même maîtrise qu'elle. Il se mit donc à lui dire son désaccord et à rejeter les critiques qu'elle lui faisait dès qu'il ouvrait la bouche. Elle fut prise par surprise et les disputes qui s'ensuivirent les rendirent tous les deux malheureux. Mais avec le temps, son amie apprit à le respecter davantage et à le critiquer moins. Quant à lui, il se sentit rassuré de voir qu'elle était de toute évidence capable de tolérer cette expression d'agressivité inédite.

Ayant gagné en assurance et en fermeté, Georges décida de faire part de certains de ses fantasmes sexuels à son amie et d'exprimer son désir de les intégrer dans leur relation. Après une première réaction très négative – pour des raisons qui lui étaient personnelles, l'agressivité masculine l'effrayait elle aussi et elle se satisfaisait assez bien de rapports fades mais rassurants –, son amie se montra prête à tenter certaines expériences. Georges en conçut plus d'excitation et moins d'inhibition, et leur vie sexuelle suivit la même progression que leur relation en général : du déni de l'ambivalence à son expression au travers du conflit et à une intégration de plus en plus réussie.

Dans les relations à long terme, la vie sexuelle des couples est soumise à des pressions constantes tels l'habitude, la fatigue, le manque de charme de l'intimité quotidienne, le stress lié au boulot ou la présence des enfants. Mais le conflit psychologique interne des contraires sexuels constitue un défi encore plus grand. Et s'il est vrai que les couples démontrant une véritable intégration et la « meilleure » sexualité possible sont davantage l'exception que la règle, il est préférable d'essayer d'aller dans cette direction que de baisser les bras. Résoudre un sentiment d'ambivalence qui s'exprime de façon sexuelle est un travail de longue haleine. Et pourtant l'intégration n'est pas un fantasme. Elle s'appuie dans une large mesure sur l'une des remarques les plus profondes de Freud : derrière chaque peur se cache un souhait. Si donc vous avez peur d'exprimer votre agressivité au lit, c'est parce qu'en réalité vous rêveriez de le faire mais que votre envie vous effraye. En vous avouant cela, vous aurez peut-être fait un pas de géant sur le chemin d'une vie sexuelle qui prenne en considération autant la peur que le souhait.

Cela signifie que vous pouvez améliorer votre vie sexuelle en vous rapprochant un peu de votre contraire : si vous êtes plutôt du genre passif, essayez de prendre un peu plus l'initiative du jeu sexuel ; si vous avez des attentes sexuelles plus importantes que celles de votre partenaire, travaillez sur la rétention ; si vous n'aimez que « faire l'amour », entraînez-vous à « baiser » – et *vice versa*. Peut-être devrez-vous aborder la question d'un point de vue non sexuel. Ce qui nous amène au prochain type d'échec amoureux. Nous verrons que la dynamique des contraires y est un défi permanent, et le plus souvent non sexuel.

CHAPITRE VII

L'amour androgyne

« D'où vient la triste réputation de Salmacis ? Comment se fait-il que ses eaux débilitantes énervent les membres et les amollissent par leur contact ? C'est ce que je vais vous apprendre… » Ainsi débute l'histoire d'Hermaphrodite et de Salmacis, racontée par Ovide. Hermaphrodite était un beau jeune homme ainsi prénommé parce qu'il ressemblait autant à son père, Hermès, qu'à sa mère, Aphrodite. Salmacis était une lascive nymphe des eaux. La légende raconte comment Salmacis attire Hermaphrodite vers l'étang où elle a élu résidence pour se jeter littéralement à son cou. S'enroulant autour de lui comme un serpent, elle prie les dieux : « Faites que jamais ne vienne le jour qui nous éloignerait, lui de moi, ou moi de lui ! » Sa prière est entendue et leurs deux corps se confondent pour n'en former qu'un, à la fois homme et femme.

Dans le domaine des relations amoureuses, cette légende est plus d'actualité que jamais. À l'heure où les femmes sont encouragées à poursuivre des intérêts que l'on pensait jusqu'ici réservés aux hommes, et où l'on attend des hommes qu'ils se montrent sensibles et vulnérables comme pouvaient l'être autrefois les femmes, nous sommes tous des hermaphrodites. Avant le mouvement de libération des femmes, la guerre des sexes était polarisée autour de la ligne de fracture hommes-femmes qui attribuait à chacun les défauts caractéristiques de son sexe : l'homme était logique et insensible, et ne s'intéressait qu'aux films d'action, au sexe, aux voitures et au sport ; les femmes étaient émotives et sensibles, et adoraient les comédies romantiques, l'opéra, lire et papoter. Dans le cabinet du thérapeute, ces couples essayaient de fuir l'ambivalence que chacun éprouvait à propos du sexe de son partenaire en affirmant que c'était à l'autre de modifier son comportement : « Montre-toi plus sensible, j'arrêterais de penser que les hommes ne comprennent rien aux sentiments », disait la femme. « Cesse d'être aussi émotive, j'arrêterais de penser que les femmes sont hystériques », rétorquait l'homme.

Si ce genre de couple existe encore de nos jours, un nouveau type a fait son apparition, polarisé autour de la même fracture masculin-féminin, mais inversée. Ils sont de plus en plus nombreux et hantent à leur tour les salles d'attente des thérapeutes. Dans le couple hermaphrodite – qui, en théorie, devrait être idéal puisque chacun des deux partenaires a pris le meilleur chez l'autre –, l'homme est sensible et ouvert tandis que la femme est forte et décidée : le premier tombe amoureux d'une personne qu'il perçoit comme indépendante et digne de son respect ; la seconde est séduite par un homme dont elle se dit qu'il saura la soutenir et la comprendre sur le plan affectif. Et ils finissent dans le bureau du psy parce qu'ils n'ont pas réussi à définir ce à quoi ils aspiraient. « Dites-lui de se montrer plus féminine », supplie l'homme. « Dites-lui de se comporter en homme », aboie la femme.

Quel que soit le modèle (traditionnel ou moderne), les couples polarisés autour de rôles déterminés par leur sexe devront trouver un terrain d'entente pour s'en sortir. Tout dépend, encore une fois, de la capacité de chacun à accepter l'ambivalence ressentie envers le sexe de son partenaire. Mais ne mettons pas la charrue avant les bœufs : la polarisation est un problème qui concerne tout le monde et d'abord les personnes seules. D'après mon expérience, l'impuissance des célibataires à accepter leur ambivalence à l'égard du sexe opposé est l'une des principales raisons à leurs difficultés à rencontrer quelqu'un. Pourtant, ce point est peu abordé par les spécialistes. Nombreuses sont les femmes actives célibataires à se plaindre par exemple que les hommes sont incapables d'accepter leur réussite, notamment professionnelle : « Ils veulent être avec des femmes qui réussissent moins ou qui sont moins intelligentes qu'eux, bref des femmes soumises. Alors je n'ai aucune chance », déclarent-elles à leur thérapeute. Ce dernier, tout à fait favorable à ce que les femmes puissent poursuivre une carrière indépendante si elles le désirent, pourra le cas échéant abonder dans le sens de sa patiente… qu'il soupçonne néanmoins de confondre soumission et réceptivité. Car en vérité les hommes ont envie de fréquenter des femmes intelligentes, brillantes, jolies, en partie pour satisfaire leur ego, mais aussi pour la qualité de l'échange qu'ils pourront avoir. Ce qu'ils ne veulent pas, en revanche, c'est affronter une rivale intimidante. Beaucoup de femmes en proie à l'amour androgyne ne sont malheureusement pas prêtes à supporter un partenaire sûr de lui. Elles veulent dominer plutôt que se soumettre. L'inverse est souvent vrai, et de nombreuses femmes cherchent à être dirigées passivement plutôt que de contribuer à part égale à l'équilibre du couple. La pression qui pèse alors sur l'homme, à qui l'on demande de nier sa vulnérabilité d'être humain, est tout aussi insupportable.

Quant aux hommes, ils sont nombreux à se plaindre que les femmes veuillent être avec des hommes qui réussissent mieux, aient plus d'assurance ou, faute de mieux, soient plus grands qu'elles, et qu'ils n'ont aucune chance puisqu'ils sont sensibles et vulnérables. En réalité, les femmes aussi aspirent à l'égalité au sein du couple : elles recherchent un homme sensible sur le plan affectif, mais qui ne soit pas non plus une mauviette ; elles veulent quelqu'un qui parle comme une femme et agit en homme. Or les hommes qui subissent les affres de l'amour androgyne ne veulent pas d'une partenaire sensible et réceptive. Identifiés à des femmes, ils aspirent à ce que leur compagne prenne l'initiative, mène la danse et domine. En un sens, ils recherchent une femme qui ressemble à un homme. Le scénario inverse existe aussi : on a alors affaire à un macho qui rêve d'une petite amie gentille, admirative et prête à dire amen à tout – comme au bon vieux temps…

Comment sortir de ces rôles rigides polarisés ? Eh bien, en trois étapes…

Première étape : de la mauviette au chefaillon, et vice versa

Nous savons maintenant qu'il faut commencer par déterminer son modèle d'échec amoureux pour cesser de le répéter à l'infini. Plus facile à dire qu'à faire… Un couple proche de la quarantaine vint consulter parce qu'aucun des deux partenaires n'était capable de prendre une décision par rapport à leur avenir alors qu'ils se fréquentaient sérieusement depuis un an. Étant donné leur âge et leur désir d'avoir des enfants, ils pensaient qu'il était temps, soit de s'engager, soit de rompre. Voici comment la femme me parla de leur problème : « Je l'aime vraiment et de tout mon cœur, mais je crois que nous n'avons rien à faire ensemble. Les activités que je propose et les endroits qui me plaisent le rebutent. Il aime passer ses vacances à la plage, mais moi je m'y ennuie. J'aime le ski, la montagne, la marche, le camping et partir me balader au bout du monde, alors qu'il aime traîner et ne rien faire. Mais ce n'est pas qu'une question de vacances. J'aime organiser les choses et il est complètement passif. Il ne prend jamais une initiative. D'un point de vue professionnel, j'ai de l'ambition et il se contente de son sort. Et puis ça m'ennuie qu'il ne s'impose pas dans son boulot et que par exemple il laisse son patron le maltraiter. Lorsque nous avons commencé à sortir ensemble, son attention et sa douceur m'ont touchée, mais aujourd'hui je me dis que nous sommes trop différents… »

Voici ce que répliqua son ami : « Elle dit la vérité. J'éprouve des sentiments très forts à son égard et j'aimerais que notre histoire continue, mais je ne suis pas sûr que cela soit possible. Elle est toujours sur la brèche et veut sans cesse que l'on fasse quelque chose. Et puis elle n'écoute pas vraiment ce que je lui dis. Elle passe son temps à travailler. Je ne suis pas aussi ambitieux qu'elle et je ne lui assure peut-être pas le style de vie auquel elle aspire, mais mon job me plaît. Je ne tiens pas à aller dans tous ces endroits. J'ai grandi par ici et je veux rester près de ma famille. La sienne est éparpillée aux quatre coins du pays et ils ne sont pas proches les uns des autres, alors elle aime voyager. Au début, j'ai aimé son assurance et son esprit de décision, mais aujourd'hui j'y vois surtout de l'insensibilité ou de l'autoritarisme. Et les choses n'ont fait qu'empirer depuis qu'elle a été promue à ce poste de direction il y a quelques mois : elle s'est mise à me donner des ordres et à se montrer de plus en plus agressive… »

Cet homme et cette femme n'arrivaient pas à voir qu'ils se trouvaient pris dans un schéma d'amour androgyne. Il y avait plusieurs raisons à cela. Tout d'abord, dans la mesure où la répartition des rôles respectifs au sein du couple ne suivait pas les définitions traditionnelles (la jeune femme se rapprochait davantage du modèle masculin et lui du modèle féminin), ils attribuaient leurs difficultés à leurs personnalités plutôt qu'à la différence des sexes ; par conséquent, mais aussi parce qu'ils étaient vraiment au début de leur histoire, ils en avaient conclu que le problème avait surgi dès lors qu'ils avaient commencé à pénétrer dans l'intimité l'un de l'autre et qu'ils étaient sans doute incompatibles. Ensuite, ils avaient attribué certaines de leurs difficultés à des changements de circonstances : sa promotion avait rendu la jeune femme plus autoritaire et ambitieuse, ce qui avait renforcé le contraste qui existait entre eux et le conflit qui couvait. Et enfin, il leur semblait politiquement incorrect, voire réac, de mettre leurs divergences sur le compte d'une différence sexuelle.

Sans nier la part de vérité de leur interprétation – ni leur résistance à une vision stéréotypée des différences hommes-femmes –, ce couple avait complètement négligé le rôle essentiel joué dans leur relation par l'identification sexuelle. Il est utile, dans ce cas, d'écouter avec attention le parcours de chacun. Pour résumer, l'histoire amoureuse de cette femme, Laura, avait révélé un modèle relationnel évident qui était lié au sexe. Elle s'éprenait à chaque fois d'hommes « gentils », compréhensifs et sensibles sur le plan émotionnel pour découvrir – ou imaginer – peu après qu'ils étaient en réalité trop en demande, faibles ou ennuyeux. Estimant que son partenaire manquait d'énergie ou d'ambition, elle finissait par rompre. Puis, désireuse de tirer les leçons de ses erreurs, elle se mettait en quête d'un homme plus sûr de lui, plus indépendant ou plus brillant... pour découvrir alors – ou imaginer – que celui-ci ne la traitait pas avec la considération voulue. Certes, il était stable sur le plan financier et il assumait ses responsabilités avec fermeté, mais il était aussi insensible, égoïste et critique. Alors elle rompait une nouvelle fois, ou bien elle faisait contre mauvaise fortune bon cœur jusqu'à ce qu'il prenne l'initiative de la rupture.

Il était donc évident que l'histoire qu'elle était en train de vivre, bien que plus longue et plus sérieuse que les précédentes, s'inscrivait dans un schéma plus large, d'ailleurs partagé par bien des femmes avec différentes variations sur ce même thème. Parfois, l'ordre de succession des hommes est inversé : d'abord le chefaillon, ensuite la mauviette ; ou il peut y avoir une série du même genre suivie d'une série de l'autre. Mais *grosso modo*, dans l'esprit de la célibataire type d'aujourd'hui, le monde des hommes semble se diviser entre les mauviettes et les chefaillons. Si donc vous tenez à perpétuer ce mythe, libre à vous de vous accrocher à l'idée qu'il n'existe que deux sortes d'hommes. D'ailleurs, pour être honnête, cette façon de voir n'est pas dénuée de tout fondement puisque certains hommes sont plus agressifs que d'autres et que bien souvent les gentils ne s'affirment pas assez et manquent d'ambition. Mais il existe aussi un entre-deux plus équilibré où nombre d'hommes brillants *et* sensibles s'épanouissent dans une indéniable harmonie. Toutefois ma patiente était incapable de voir ce juste milieu puisqu'elle-même ne s'y trouvait pas.

Nous abordons ainsi la deuxième étape, celle qui consiste à recentrer son attention sur soi après s'être focalisé sur son partenaire. Avant d'en arriver là, prenons le temps de passer en revue les drapeaux rouges révélateurs d'identifications sexuelles trop rigides – traditionnelles ou inversées – chez les hommes et les femmes. Cela vous permettra de sortir du schéma de l'amour androgyne avant qu'il ne soit trop tard. Ces drapeaux, dont les trois premiers décrivent des mauviettes et les quatre autres des chefaillons, reflètent un point de vue féminin mais, comme le veut la logique de l'amour androgyne, il seront aussi utiles aux hommes. Prenons par exemple le mode relationnel du petit ami de Laura, commun à bien des hommes d'aujourd'hui : il s'attachera soit à une femme sûre d'elle-même, brillante et carriériste dont il finira par trouver qu'elle est trop agressive, soit à une femme douce et attentionnée qu'il percevra ensuite comme dépendante, timorée et manquant d'intelligence. Dans ce cas-là, le rôle de la mauviette ou du chefaillon revient à la femme.

Voici une liste de marqueurs possibles :

• Il ne propose pas de vous inviter lorsque vous sortez dîner, ne vous rappelle pas pour un second rendez-vous et n'a aucune préférence ni suggestion de ce que vous pourriez faire quand vous êtes ensemble.

• Son boulot ne l'intéresse pas et il ne semble avoir aucun plan pour l'avenir. Il a un arriéré d'impôts et répète à qui veut l'entendre : « Je ne sais pas vraiment ce que j'aimerais faire plus tard. »

• C'est un type gentil et sensible, vous pouvez compter sur lui et il fait preuve à votre égard d'une souplesse et d'une considération incroyables. Vous avez le sentiment qu'il vous passera tous vos caprices et qu'il sera toujours là quand vous aurez besoin de lui. Plus vous vous ennuyez avec lui et plus il semble avoir besoin de vous. Il vous avoue volontiers qu'il n'a pas vraiment confiance en vous.

• Il ne vit que pour son boulot, même quand il est avec vous (téléphone et ordinateurs portables). Au lit, il ne montre pas la moindre émotion, s'exprime comme un automate et ne veut parler que de politique, de sport, de voitures ou de business. Il dit que les femmes sont névrosées et hystériques.

• Il a une opinion sur tout et passe sa vie à argumenter ; il insiste pour que vous ayez des rapports sexuels dès que vous vous voyez, mais refuse de parler de votre relation, des problèmes que vous avez avec votre mère, ou de votre boulot.

• Il vous déclare lors de votre première rencontre (ou il indique dans son descriptif sur Internet) qu'il veut rencontrer une femme qui le laissera partir skier et jouer au golf avec ses potes, boire et regarder le foot à la télé autant qu'il veut et qui sera une bonne mère pour ses enfants doublée d'une bonne cuisinière.

• Il vous appelle pour vous revoir après votre premier rendez-vous, puis il annule à cause d'un empêchement de boulot de dernière minute, qui se transforme en impossibilité permanente. Il vous appelle ensuite tous les jours pour vous dire qu'il vous verra dès que son emploi du temps se sera allégé. Non seulement il est passionné par ce qu'il fait, mais il semble penser que son boulot est au centre de l'univers.

Deuxième étape : la mauviette et le chefaillon intérieurs

Maintenant que nous avons identifié le schéma de l'amour androgyne – dans lequel nous sommes attirés par les qualités typiquement masculines ou féminines de notre partenaire et nous trouvons prisonniers d'une relation où l'attribution des tâches se fait, selon un mode traditionnel ou inversé, de façon exclusive en fonction du sexe – et réussi à lui tordre le cou, nous devons arrêter de nous focaliser sur l'identification rigide de notre partenaire à son sexe et nous intéresser à notre propre personne. Dans la deuxième étape, il s'agit de réfléchir à sa propre identification sexuelle.

Jeannette avait quarante ans quand elle vint me voir après s'être séparée de l'homme avec lequel elle vivait depuis sept ans. Gestionnaire de fonds de pension dans une société d'investissement connue sur la place financière, elle commençait à avoir un joli parcours et se présentait comme une femme très compétente, intelligente et sûre d'elle-même. Elle m'expliqua qu'elle avait pu s'appuyer sur une relation amoureuse confortable, ce qui lui avait permis de poursuivre sa carrière tout en recevant encouragements, conseils et soutien de la part de son compagnon.

« À la différence des autres hommes avec lesquels j'étais sortie avant, cela ne le gênait pas, du moins pas au début, que je m'intéresse à ma carrière, que j'aie mes propres opinions et que je veuille vraiment créer quelque chose et gagner de l'argent. J'appréciais aussi le fait qu'il n'y ait pas de compétition entre nous, qu'il ne cherche pas à me remettre à ma place (croyez-moi, j'y ai droit de la part d'un grand nombre d'hommes au boulot), qu'il sache écouter, qu'il soit vraiment gentil et qu'il ait ses propres valeurs. J'aimais l'idée que nous serions un jour parents et je pensais, et je le pense toujours, qu'il ferait un père extraordinaire. Mais au bout de quelques années, j'eus le sentiment qu'il était trop gentil, vous voyez ce que je veux dire, le genre mou du genou, à se faire marcher dessus sans relever la tête. J'avais l'impression qu'il perdait son temps au boulot et même quand il prenait un jour de congé il ne faisait jamais rien, à part rester à la maison à boire, à regarder la télé et à fumer de l'herbe. Du coup, j'ai fini par lui faire une remarque et c'est alors qu'il a commencé à se plaindre que j'étais trop dominatrice et ambitieuse, que j'obéissais à un système de valeurs complètement tordu, que je ne pensais qu'à l'argent et pas assez à la famille ni aux amis.

Cela a continué ainsi un moment et j'ai pensé qu'il finirait par changer ou grandir. Puis, l'année dernière, nous avons suivi quelques séances de thérapie de couple, ce qui n'a fait qu'empirer les choses. Je lui disais que j'avais besoin qu'il se montrât plus sûr de lui et plus indépendant, et il me rétorquait qu'il s'attendait à ce que je fusse plus généreuse et plus encourageante. Mais plus je lui demandais d'être fort et plus il me semblait faible, parce qu'il ne le faisait que pour me faire plaisir. Et plus il me réclamait de l'encourager, plus j'avais l'impression d'avoir affaire à une mauviette, et plus je me montrais dure et critique ! »

Comme dans le cas de ma patiente, Laura, la relation de Jeannette illustrait la sagesse du cliché qui dit qu'il faut être prudent quant à ce qu'on désire. Elle avait rêvé d'un homme sensible et elle s'était retrouvée avec une mauviette. Ou, pour dire les choses autrement, elle avait fini par détester ce qu'elle avait commencé par aimer chez son ami. Ce déséquilibre symétrique – passer d'un extrême à l'autre – lui avait mis la puce à l'oreille et Jeannette avait compris qu'elle se trouvait prisonnière d'un schéma ; parce que ces extrêmes se rapportaient à ce que nous associons en général à des traits de caractère masculins et féminins, cela l'avait conduite à penser que ce schéma avait un rapport avec le sexe. Elle en avait donc conclu de façon intuitive et avant même sa première séance qu'en quittant son petit ami pour le remplacer par un homme à la personnalité plus agressive, répondant aux critères traditionnels de la virilité, elle se retrouverait avec le même problème mais inversé : aspirant à être avec un homme fort, elle finirait dans les bras d'un chefaillon. Elle avait ainsi franchi la première étape, ce qui l'avait amenée à entreprendre une thérapie de couple où elle avait tenté de travailler sur sa relation amoureuse.

Comme beaucoup de couples cependant, Jeannette et son ami furent incapables d'aller au-delà de la première étape, essentiellement parce qu'ils avaient cherché à *changer l'autre* pour corriger les déséquilibres respectifs de leurs rôles d'homme et de femme. Mais maintenant que la relation était terminée et avant de se lancer dans une autre histoire, Jeannette se disait prête à passer à la deuxième étape. À force de braquer le projecteur sur sa propre identification sexuelle, elle se souvint s'être dit, enfant, qu'elle ne ressemblerait jamais à sa mère parce que celle-ci dépendait affectivement et financièrement de son mari. Même à cette époque, sa mère lui donnait l'impression d'être en attente, faible, et de se considérer comme la victime de son mariage. Son père lui apparaissait comme puissant, indépendant et cool.

Aussi, au fil des années, elle se promit à maintes reprises d'être libre, autonome et sûre d'elle-même, s'identifiant, du moins en surface, à son père plutôt qu'à sa mère. Aussi adopta-t-elle de façon caricaturale, adulte, un comportement plus masculin que féminin. De fait, dans ses rapports avec ceux-ci, elle ressemblait aux hommes : agressive, active, ambitieuse, brusque et sans émotion apparente. Tout cela lui convenait bien en un sens, sauf que ces hommes n'avaient aucune envie de sortir avec quelqu'un qui se positionnait en rivale et voulaient garder au moins l'illusion d'être au poste de commande. Il n'était pas question pour eux de se plier passivement à ses exigences. Ainsi, pour construire une histoire amoureuse qui tînt la route, Jeannette aurait dû laisser les hommes prendre l'initiative. Il lui aurait alors fallu *s'autoriser* à recevoir leur attention agressive en faisant preuve d'une réceptivité passive. Mais cela l'aurait conduite tout droit là où elle s'était jurée de ne jamais mettre les pieds : du côté de sa mère.

C'est ainsi qu'elle s'était retrouvée flanquée d'une « mauviette » qui, du fait de sa propre identification féminine, n'exigeait pas qu'elle abandonnât son identification masculine. Pour finir, et c'est là toute l'ironie de l'histoire, si en définitive cela n'avait pas marché avec ce petit ami, cela n'aurait pas davantage pu marcher avec un chefaillon, et pour les mêmes raisons : Jeannette ne pouvait tolérer la « faiblesse ». Dans le cas de son ami, c'était sa faiblesse *à lui* qu'il lui fallait fuir, et dans celui du chefaillon, c'était *la sienne propre*. En réalité, c'était à la « faiblesse » de sa mère qu'elle cherchait à échapper. Elle ne pouvait être avec un chefaillon parce qu'elle aurait eu l'impression d'être sa mère, pas plus qu'avec une mauviette parce qu'alors c'était *lui* qui ressemblait à sa mère. Telle était la clef de voûte : comme chacun d'entre nous, elle ne pouvait se libérer de sa mère.

Même si, enfant, Jeannette avait consciemment décidé de rejeter l'influence de sa mère, elle n'avait pu s'empêcher de la subir au quotidien, absorbant et intériorisant ainsi sa présence trois cent soixante-cinq jours par an. Ce fut plus particulièrement le cas pendant les années qui avaient suivi sa naissance, quand sa mère avait été à peu près seule à pourvoir à ses besoins tandis que son père passait la plupart de son temps au travail ou sur la route. Aussi, bien qu'en apparence Jeannette ressemblât davantage à son père, elle était, au fond d'elle-même, plus proche de sa mère, ce qui est précisément la raison pour laquelle cette possibilité la terrorisait tant. L'avantage psychologique qu'avait constitué sa relation de sept ans avec la « mauviette » était qu'elle pouvait projeter sur lui tout le « facteur faible » et continuer de croire qu'elle-même n'avait rien à voir avec sa mère. Mais cela avait fini par échouer parce qu'elle ne pouvait plus tolérer le fait que *lui* soit comme sa mère…

En résumé, pour Jeannette, la deuxième étape avait constitué à découvrir que sous son identification agressive et masculine elle n'était rien d'autre qu'une mauviette refoulée. Le fait d'avoir rejeté sa mère comme modèle l'avait conduite à ressentir un sentiment d'ambivalence à l'égard des hommes : craignant sa propre « faiblesse », elle ne pouvait accepter leur « force » ou leur virilité. Aussi avait-elle opté pour un homme plus féminin, avec des résultats qui, même avec le recul psychologique, étaient pour le moins imprévisibles.

Ayant enfin pris conscience que les constructions « mauviettes » et « chefaillons » qu'elle avait élaborées étaient des projections d'une mauvaise intégration de ses côtés féminin et masculin, Jeannette fut enfin capable de se demander en toute honnêteté si elle aimait l'homme avec lequel elle vivait *indépendamment* de son identification sexuelle. Par la suite, elle sortit avec un homme qui se trouvait plus du côté des chefaillons que de celui des mauviettes. Ils établirent une relation satisfaisante et durable, bien qu'émaillée de nombreux conflits et d'une agressivité ouverte, bien que jamais physique. Cette histoire n'était sans doute pas idéale dans la mesure où elle n'atteignit pas l'intégration requise à la troisième étape, mais Jeannette y fut plus heureuse que dans sa relation précédente.

Avant d'aborder ce travail d'intégration, revenons sur les moyens dont vous disposez pour évaluer votre identification sexuelle confuse ou conflictuelle. Une fois posé l'autodiagnostic, vous pourrez passer à la dernière étape.

Faire le diagnostic de son identification sexuelle

• Retournez d'abord plus haut, à la liste des marqueurs établie pour la première étape et voyez si certains de vos comportements correspondent à ceux des mauviettes ou des chefaillons. Que vous soyez un homme ou une femme, cette description évoque une attitude rigide, polarisée sur l'appartenance à un sexe ou à un autre qui indique une identification sexuelle déséquilibrée entre ses côtés masculin et féminin.

• Si vous êtes une femme, cherchez ensuite à identifier la présence de la constellation suivante dans votre vie : vous avez grandi avec une mère que, pour une raison ou pour une autre, vous ne pouviez respecter (peut-être dépendait-elle exagérément de votre père, à moins qu'elle n'ait eu un besoin permanent de vos attentions ; elle était trop émotive, hystérique ou incapable d'exprimer ce qu'elle ressentait ; timide, angoissée et phobique ; ou tout simplement, c'était une caricature de la féminité, etc.). Essayez de vous rappeler si vous avez toujours redouté finir comme votre mère ou si, au contraire, vous avez un jour pris la décision de ne pas lui ressembler par certains aspects importants. Enfin, demandez-vous si, en apparence, vous ressemblez davantage à votre père qu'à votre mère : vous êtes sensée, agressive, ambitieuse, détachée, logique, etc.

• Si vous êtes un homme, recherchez la constellation en miroir suivante : vous avez grandi avec un père auquel, pour une raison ou pour une autre, vous ne pouviez vous identifier. Peut-être était-il absent sur le plan physique ou affectif ; intimidant, dominateur ou abusif ; ou bien, au contraire, passif et effacé, laissant le champ d'influence entièrement libre à votre mère. Essayez de voir maintenant si vous avez rejeté le père qui aurait dû constituer votre modèle pour vous inspirer de votre mère dont vous êtes plus proche pour tout ce qui touche à la sensibilité, au besoin, à la passivité ou à l'émotion.

Si vous vous reconnaissez dans l'un ou l'autre de ces scénarios, bienvenue au club, très fréquenté par la génération postféministe. Votre problème est l'un des plus répandus dans les relations amoureuses, mais il est malheureusement souvent négligé. Même si les thérapeutes continuent d'évoquer la forme traditionnelle de polarisation homme-femme, on parle peu des manifestations actuelles, androgynes et inversées, pas plus que des moyens qu'il faut employer pour les surmonter.

Troisième étape : la force d'un homme alliée à la grâce d'une femme

La bonne nouvelle, c'est qu'il existe une solution à l'amour androgyne et qu'elle est à notre portée, au cœur même du problème. Dans la troisième étape, il vous suffit en effet de prendre les deux ingrédients principaux – le masculin et le féminin – et de les réorganiser jusqu'à ce qu'ils s'agencent de façon plus harmonieuse. Que notre culture ait souvent défini la séduction physique en termes androgynes n'est pas une coïncidence. Le *David* de Michel-Ange et plus encore la sculpture que réalisa Donatello de ce même héros sont des témoignages saisissants et superbes de formes masculines et féminines réunies en un résultat parfait. Mick Jagger, David Bowie et

Leonardo di Caprio, pour n'en nommer que quelques-uns, sont eux aussi, chacun dans son genre, des androgynes glorifiés par la culture adolescente populaire.

Dans l'une des célébrations littéraires les plus fameuses de l'androgynie, Virginia Woolf décrit le moment où son personnage féminin, Orlando, se transforme comme par magie en homme : « Le son des trompettes s'éloigna, mourut. Orlando, dans une nudité complète, demeurait immobile. Jamais, depuis le commencement du monde, on ne vit mortel aussi ravissant. Ses formes alliaient à la force d'un homme la grâce d'une femme *. » Si, pour beaucoup, cette description forme un idéal physique et sexuel, elle est sans nul doute l'idéal psychologique de la plupart des gens : les hommes qui suivent une psychothérapie se plaignent très souvent d'être incapables de pleurer ou de se montrer vulnérables tout en reprochant à leur femme d'être trop sensible ; quant aux femmes, elles se lamentent d'être trop sensibles, mais elles se répandent sur l'indifférence émotionnelle de leur partenaire. En d'autres termes, les membres des deux sexes voudraient redistribuer les quotients masculin et féminin attribués à chacun. De façon concrète, l'amour androgyne décrit dans ce chapitre qui inverse la répartition sexuelle des rôles au sein du couple est le produit d'une tentative infructueuse pour obtenir ce résultat.

Cet échec a conduit certaines personnes à penser qu'il vaudrait mieux revenir à des comportements fondés exclusivement sur l'appartenance à tel ou tel sexe, comme dans les années 1950 où les attributions de chacun au sein du ménage étaient strictement définies par le sexe. Mais, comme je l'ai

---

* Virginia Woolf, *Orlando*, Paris, Stock, coll. « Bibliothèque cosmopolite », 1992, p. 93.

montré, cela n'est que le revers d'un même problème. Par conséquent, la quête de l'androgynie – pour les hommes comme pour les femmes – est bien la bonne stratégie. À condition toutefois de changer de tactique : les femmes qui tentaient auparavant de corriger une identification à leur sexe jugée intenable ou inaccessible en la subsumant sous une identification masculine plus dominante devraient aujourd'hui tendre vers une intégration équilibrée des deux. Ce raisonnement vaut aussi pour les hommes.

Si vous êtes une femme énergique, responsable, compétitive, logique et sans manifestation apparente de douceur féminine, il faudra vous réconcilier avec la délicate vulnérabilité que vous aviez jusqu'ici réprimée. Peut-être, comme nous l'avons vu plus haut, s'agira-t-il pour vous de vous identifier à votre mère qui vous avait toujours parue vulnérable jusqu'au pathétique ; ou de prendre de la distance par rapport à un environnement exclusivement masculin dont vous avez intériorisé l'agressivité naturelle comme une défense contre votre sensibilité féminine fondamentale. Dans un cas comme dans l'autre, vous devez reprendre contact avec ce que vous avez un jour refoulé pour pouvoir nouer des relations plus intimes avec les hommes. Comme vous en avez probablement l'intuition, le refoulement n'est jamais une solution : je ne pourrais même pas vous dire le nombre de femmes qui semblent, sur le plan professionnel comme personnel, être l'incarnation de ces grands fauves auxquels on associe en général les hommes, tant elles paraissent sûres d'elles-mêmes, hargneuses, rusées et ambitieuses dans leur travail, et dont la vulnérabilité féminine se révèle au travers des mauvais traitements qu'elles acceptent de leur compagnon qui leur jette des miettes d'amour pour lesquelles elles se damneraient.

Si, en revanche, vous êtes une personnalité douce, passive, réceptive, proche des autres et dépourvue de la moindre once d'agressivité, vous devrez aller rechercher un peu de cette agressivité masculine naturelle qui dort certainement au plus profond de vous. Il est possible que vous ayez eu un père absent, obsédé par son travail et en perpétuels déplacements professionnels, et une mère aimante et disponible qui pourvoyait à tous les besoins du foyer, ce qui vous a privé d'une influence masculine réelle ; ou que vous ayez grandi dans un milieu exclusivement féminin, avec deux sœurs aînées et un père gentil et passif, ce qui vous a conduit à réprimer votre agressivité et votre identification masculines. Dans tous les cas, pour réussir à entrer dans l'intimité des hommes, il vous faut maintenant partir à la recherche de votre caractère masculin. Il est bien évident qu'une multitude de raisons peuvent expliquer votre peur de paraître agressive et affirmée. Mais il est probable que vous avez été exposée à certains des traits de caractère propres aux hommes – que cela soit venu d'un père, d'un frère ou d'un grand-père, voire des éléments masculins présents dans notre culture – et que vous les ayez intériorisés. C'est là, au fond de vous, et cela doit s'exprimer.

Une femme d'action

Âgée d'une trentaine d'années, Élise était cadre supérieure. Elle pénétra un jour dans mon cabinet avec en tête une idée bien claire qu'elle m'énonça comme une mission : « J'ai consacré les trente premières années de ma vie aux voyages et à ma carrière et j'ai réussi dans les deux cas. Je dois maintenant passer à l'étape suivante : me marier et fonder une famille. » Honnête, directe et pragmatique, son introduction avait cependant un côté un peu artificiel. M'efforçant de ne pas me laisser envahir par ma réaction au style de sa présentation, je lui posai des questions sur son histoire amoureuse.

J'appris qu'Élise était toujours sortie avec des hommes plus jeunes qu'elle, des personnalités à la sensibilité artistique, spirituelle ou philosophique, qui n'arrivaient pas à la hauteur de son assurance, de son activité ou de son ambition. Elle s'entichait à chaque fois de la douceur et des aspects enfantins ou rêveurs de l'homme, qu'elle idéalisait au point d'être aveugle à ses autres traits de caractère. Puis, quand l'idéalisation s'évaporait, le reste reprenait immanquablement le dessus et détruisait ses sentiments. Dans l'une de ses relations précédentes, elle s'était fâchée parce que son ami était incapable de gagner sa vie ; dans une autre, parce qu'il fumait trop d'herbe ; et dans une troisième, parce qu'il ne comprenait rien à la réalité du monde et que ce n'était pas un homme d'action.

Impatiente d'obtenir des résultats, Élise, en bonne gestionnaire de projet qu'elle était, fut séduite à l'idée d'avoir à identifier des modèles pour mettre en place des moyens d'action. Elle franchit donc assez vite la première étape. Bien entendu, dans son cas, il n'avait été question que de mauviettes, ce qui me permit de comprendre ce qui m'avait d'abord chiffonné la première fois que je l'avais vue : dans son besoin d'avoir toujours le dessus et de contrôler la situation, d'être l'initiatrice et le moteur, elle ne me laissait, puisque j'était un homme, d'autre rôle à jouer que celui de la mauviette. Comme ce n'était pas là ma tendance naturelle – et encore moins lorsque j'étais dans l'exercice de mes fonctions de thérapeute –, son style m'avait paru un peu déconcertant. Je lui fis donc part de ma découverte, ce qui nous amena à la deuxième étape.

C'était un terrain plus difficile pour la jeune femme parce qu'il lui fallait d'abord laisser un tiers gérer le processus thérapeutique et qu'elle devait ensuite accepter sa peur de ressembler à une mère qui, je l'appris alors, était une femme aussi vulnérable qu'inefficace. Artiste sans succès, elle n'avait « rien fait » de sa vie. Élise me la décrivit comme une femme au foyer affairée à préparer des dîners brûlés ou à peine cuits qu'elle agrémentait d'expressions confuses et sentimentales d'angoisse et de manque de confiance en soi.

Puis elle prit conscience que sa peur d'être comme sa mère dissimulait en réalité une envie de lui ressembler correspondant à un désir d'enfant de ne pas tout contrôler, de se montrer émotive, dépendante et d'attirer l'attention, ce qui lui avait été refusé faute de pouvoir compter sur une mère forte et rassurante. Cette découverte fit naître un profond sentiment d'angoisse chez Élise. Après tout, l'assurance et l'ambition, autrement dit l'identification masculine, s'étaient révélées utiles dans sa carrière et, quoi qu'il en fût, elle ne connaissait pas d'autre façon d'être. Cependant, cette analyse l'intéressa : elle pensait avoir identifié le problème, ce qui signifiait que nous allions pouvoir *faire* quelque chose pour le résoudre. Ce fut là bien entendu que les choses commencèrent à se corser pour elle parce que la troisième étape impliquait non pas d'agir et de trouver une solution, mais au contraire d'être et d'accepter. Comme nous l'avons vu tout au long de ces pages, la dernière étape fait toujours appel à un processus d'intégration. Dans le contexte de l'amour androgyne, cela signifie réconcilier la mauviette et le chefaillon que nous portons tous en nous. Élise devait donc amener à la surface sa vulnérabilité féminine refoulée, cette identification détestée à sa mère à laquelle elle ne pouvait échapper. Mais s'il est facile de comprendre qu'en se « féminisant » – en devenant plus émotive, vulnérable, sensible et réceptive qu'avant – on ne devient pas pour autant aussi désarmée ou pathétique que sa mère, comment savoir ce qu'il faut faire pour être plus féminine ?

Comme Élise était une femme d'action, elle se lança dans une série d'activités censées lui apprendre à développer son côté féminin et lui permettre de franchir la troisième étape. Elle organisa son temps pour « travailler » sur ses sentiments ; prit un cours pour « apprendre à flirter » ; dessina des diagrammes hommes-femmes avec des « indicateurs de progression » ; et mit sur pied avec des amis des « séances de feed-back réciproque » censées l'aider à tirer le meilleur parti de ses progrès. Le paradoxe à tout cela était que cette manière de procéder était très « masculine ». Elle continuait de se défendre contre le fait de ne rien faire et tout simplement d'être, ce qui, dans son esprit, équivalaient à l'incompétence, à la nullité et à la complaisance émotionnelle de sa mère.

Quand je lui en fis la remarque, Élise s'effondra enfin et commença à comprendre qu'elle ne pourrait pas tout maîtriser. Elle accepta peu à peu ses limites, ses frustrations et son impuissance dans certaines situations, en particulier son incapacité à contrôler sa vie amoureuse et ses relations avec les hommes. Mais comme on ne pouvait pas non plus complètement la changer, elle continua de rechercher des moyens d'action concrets, jusqu'au jour où elle prit une décision qui la fit basculer. Persuadée que son ascension des échelons de « la culture hiérarchique dominée par les hommes » au sein de son entreprise n'avait fait que renforcer son identification masculine, elle quitta son boulot pour prendre une activité de consultante à mi-temps qui lui laissait davantage le loisir de traîner, réfléchir sur sa vie et « rester proche de ses sentiments ». Elle fut également plus disponible pour faire des rencontres amoureuses et modifia d'ailleurs sa façon d'aborder la question. Envisageant pour la première fois la possibilité de ne jamais rencontrer la personne idéale et de ne jamais avoir d'enfants, elle s'autorisa à en éprouver de la souffrance. Elle décida de se rendre complètement disponible mais, pour la première fois de sa vie, cessa de poursuivre les hommes et laissa du même coup à ces derniers la possibilité de la poursuivre, elle.

Les livres de développement personnel fourmillent de conseils destinés à des femmes comme Élise : « N'appelez pas l'homme sur lequel vous avez jeté votre dévolu et laissez-le vous recontacter » est l'un des exemples types des stratégies que l'on y trouve. Elles resteront toutefois inefficaces tant qu'elles ne s'accompagneront pas de changements internes parce que les seuls types à appeler seront les « mauviettes » que votre côté chefaillon attirera. « Pourquoi attendre son appel ? Foncez ! » vous diront d'autres livres ou certains thérapeutes. Cela n'aura guère plus d'efficacité tant que ce type de femme ne s'intéressera pas à des hommes dont les aspects masculin et féminin sont plus équilibrés. C'est par chance ce qui arriva à Élise. Lorsqu'elle finit par rencontrer un homme – lui aussi consultant dans le même domaine qu'elle –, elle le laissa faire le premier pas et définir le cadre de leur histoire d'amour ; et elle ne partit pas en courant parce qu'il avait eu une carrière en dents de scie et ne gagnait pas très bien sa vie. Il était loin d'être parfait, mais il était à la fois gentil et déterminé : au bout d'un an ils se marièrent, et un an plus tard ils eurent un enfant.

Le jeu du qui perd gagne

Comme nous le savons tous, le mariage ne garantit pas une relation satisfaisante. D'ailleurs, l'universalité et l'omniprésence de l'amour androgyne – dans sa forme traditionnelle ou contemporaine – rendent une telle garantie impossible. Je pense néanmoins que l'on peut s'en approcher pour peu que l'on travaille sans cesse à la mise en œuvre de la troisième étape. Essayer d'améliorer une relation en demandant à son partenaire de changer, ou pire en l'exigeant, est le plus sûr chemin vers l'échec. Ce qui fait souvent capoter les relations, ce sont les ultimatums posés par les femmes à leur partenaire, les enjoignant à « communiquer », autrement dit à jouer le même rôle que leurs amies ; ce sont aussi les attentes des hommes qui voudraient que leurs compagnes « cessent de tout dramatiser », à savoir qu'elles se conduisent comme leurs potes.

Aussi, au lieu d'attendre de votre partenaire qu'il ou elle travaille à intégrer *sa* fracture homme-femme, montez vous-même en première ligne et jouez au jeu du « qui perd gagne », une stratégie proposée par un manuel d'investissement devenu un classique. Elle s'inspire d'un autre livre sur le… tennis, où l'on montre que, dans les matchs amateurs, le gagnant est déterminé par les actions du perdant qui, en gros, se met lui-même en position d'être battu (alors que les joueurs professionnels gagnent vraiment leurs matchs). Par conséquent, à moins d'être un pro, on ne peut gagner que si l'on joue pour ne pas perdre, bref, que si l'on cesse de jouer contre soi-même.

Nous sommes tous des amateurs au jeu de l'amour et, pour rester dans la métaphore tennistique, nous devrions nous contenter de placer la balle de l'autre côté du filet au lieu de vouloir nous distinguer par une action d'éclat. Cela implique bien sûr que l'on renonce à essayer de deviner les intention de son partenaire ou d'influencer son jeu. Pour commencer, cessez d'insister pour que votre compagnon acquière la féminité (ou masculinité) qu'il n'a pas, et acceptez celle qu'il a. Cela vous laissera le champ libre pour travailler sur votre propre intégration de grâce et de puissance, de sentiments et d'intellect, de passivité et d'activité. Une fois que vous aurez choisi votre propre voie vers l'intégration – aussi longue et difficile qu'elle puisse être –, vous remarquerez que votre partenaire se trouve sur un chemin parallèle. Vous l'aurez sans doute influencé sans le vouloir, d'abord en le modelant, puis en le libérant de la dynamique polarisante d'autrefois, dans laquelle vous occupiez tout le territoire féminin (ou masculin) et ne lui laissiez que le terrain opposé. Maintenant que vous n'êtes plus une boule de sentiments, il n'a plus à assumer la posture du penseur calme et posé ; ou maintenant que vous n'êtes plus cette femme ambitieuse obsédée par son boulot, il n'a plus à se soucier seul de votre relation et des enfants et peut s'intéresser à sa carrière.

Comme nous l'avons vu dans le cas de la femme d'action, recalibrer son identification homme-femme peut être un défi lourd à relever quand l'équilibre est vraiment rompu. Cela implique d'aller au-delà du choix proposé à la deuxième étape, qui est fait de compromis, dans la mesure où, si l'on est un chefaillon, on s'imagine n'avoir aucune autre possibilité que composer avec l'ambivalence que l'on ressent à l'égard de son partenaire plus faible (et *vice versa*). Au contraire, il s'agit de vouloir tout en même temps – le chefaillon et la mauviette –, pour soi comme pour son partenaire. Il faudra donc trouver de nouvelles formes d'action, insolites, ou de s'interdire certains actes trop habituels. À vous de voir lesquels, car les variations individuelles possibles son innombrables. Après tout, une activité qui semblera masculine pour telle personne pourra paraître féminine pour telle autre, en fonction de l'activité en question mais aussi de la façon de la mettre en œuvre. Quoi qu'il en soit, bien que nous ayons tous des traits de caractère masculin et féminin, nous n'atteindrons jamais un équilibre parfait, et c'est même une erreur que d'y aspirer. Même si du point de vue de la psychologie, les hommes et les femmes sont plus semblables que différents, il existera toujours des différences psychologiques entre les sexes et un sentiment subjectif de leur différence. Si donc l'intégration constitue en soi un objectif souhaitable, nous ne devons pourtant jamais nous imaginer pouvoir un jour réussir à transcender totalement notre sexe.

Cela dit, et au risque de tomber dans certains clichés, je voudrais vous donner quelques exemples très concrets de comportements qui, associés à une stratégie plus générale d'intégration de votre identification sexuelle intérieure, vous aideront à atteindre un meilleur équilibre. Pour commencer, vous aurez tout à gagner à entreprendre une psychothérapie qui, de par sa nature, combine et facilite la mise en œuvre d'un processus interne et d'un changement comportemental externe. Faute de thérapie, essayez de modifier certains de vos comportements, avec l'idée qu'à force de simuler on finit par y arriver. Vous verrez que cela vous aidera aussi à faire bouger les choses au plus profond de vous.

Les femmes qui tendent à s'identifier davantage aux hommes chercheront ainsi à approfondir la relation qu'elles ont avec leur mère. Elles apprendront peut-être à apprécier certains de ses faits et gestes qu'elles avaient toujours jugés superficiels. Pour comprendre ce paradoxe, on se souviendra que ces femmes ont souvent rejeté leur mère pendant leur enfance parce qu'elles ne pouvaient pas en être fières. Si votre mère avait tendance à se montrer excessivement émotive, réactive, hystérique, et à exiger de vous une attention permanente, il est compréhensible que vous ayez été, ou soyez encore, dans l'incapacité de nouer avec elle une relation profonde qui aurait facilité une identification féminine saine. Mais au fil des années, vous avez sans doute jeté le bébé avec l'eau du bain : votre mère a certainement des qualités féminines qui, aussi superficielles soient-elles, viennent compenser au moins en partie ses défauts. Ce peut-être un goût très sûr pour s'habiller, se maquiller ou se mettre en valeur ; un don pour le flirt ; des talents créatifs, d'aménagement ou pour le jeu ; ou bien encore une facilité à éprouver et à exprimer ses sentiments qui constitue en quelque sorte le revers positif de son hystérie. Pourquoi alors ne pas essayer de vous rapprocher de votre mère en vous appuyant sur l'une ou l'autre de ses qualités ? Allez par exemple faire du shopping avec elle et laissez-la vous aider à choisir vos vêtements, ou même des bijoux. Avec le temps, vous parviendrez à vous identifier à nouveau à certains de ses attributs féminins que vous aviez toujours méprisés.

Il vous sera par ailleurs utile de vous rapprocher de certaines femmes, et plus particulièrement de celles qui font preuve d'une identification sexuelle plus équilibrée. Vous éviterez en revanche celles qui ressemblent trop à votre mère ou celles qui ont fait une croix sur les hommes au point d'en devenir un elles-mêmes, du moins d'un point de vue psychologique. Enfin, apprenez à apprécier certains des comportements qui « caractérisent » les femmes depuis des générations, comme le shopping, le maquillage, le soin du corps, la cuisine, le tricot, le plaisir du bavardage et des échanges personnels, que sais-je encore ? Cela vous aidera à renouer avec certains aspects disparus ou refoulés de votre féminité. Mais faites tout cela à votre manière et à votre rythme, en essayant d'adopter ce qui fonctionne *pour vous*, et non pour votre mère, votre copain ou votre mari.

En résumé, la stratégie des femmes qui veulent cesser de s'identifier aux hommes sera de rechercher des modèles féminins positifs. Un principe semblable vaut pour les hommes excessivement masculins, pour les machos au sens traditionnel, qui feraient bien de rechercher autour d'eux des influences féminines afin d'adoucir leur aspect extérieur agressif et laisser sortir la femme qu'ils abritent (après tout, n'ont-ils pas, eux aussi, eu une mère et reçu des influences féminines ? il leur faut donc chercher de ce côté-là). Il n'est pas question pour eux de se mettre au tricot ou au maquillage, mais peut-être apprécieront-ils de discuter de questions personnelles avec d'autres, de se lancer dans la cuisine, le jardinage ou toute autre activité traditionnellement associée aux femmes. Quant aux femmes féminines à l'excès, elles ne pourront que trouver avantage à élargir leur horizon en lisant certaines revues financières, politiques ou sportives et en fondant une partie de leur estime de soi sur des objectifs concrets et « masculins », comme le fait d'obtenir une augmentation de salaire, de réparer la porte du garage ou de conduire de façon agressive sans se faire verbaliser. Et pour finir, étant donnée la logique à laquelle obéit l'amour androgyne, les hommes d'aujourd'hui qui se sentent plus proches des femmes auront tout intérêt à emprunter le même chemin et à rechercher, une fois adultes, les influences masculines positives qui leur ont sans doute fait défaut pendant l'enfance.

Dans un célèbre tableau de la Renaissance, le Titien a saisi l'un des moments universels de la guerre entre les sexes : la déesse Vénus cherche à retenir son amant Adonis pour l'empêcher de partir à la chasse. Vénus est représentée sous les traits d'une femme robuste, nue et littéralement ancrée dans le sol qui implore et s'accroche à un Adonis puissant, impatient, aux airs d'adolescent, qu'emportent trois chiens de chasse. Sans vouloir nier les immenses changements sociaux intervenus depuis la seconde moitié du XXe siècle, cette répartition sexuelle des rôles a la peau dure. Bien que les hommes n'aillent plus depuis longtemps chasser pendant que les femmes cuisinent, il faudra à l'évolution des millions d'années pour reprogrammer l'ADN de notre identité sexuelle. Pour le meilleur et pour le pire, celle-ci fait partie de notre héritage biologique et psychologique. En voulant l'ignorer, nous sommes tombés dans la version contemporaine de l'amour androgyne, où les rôles sont inversés mais où ni l'homme ni la femme ne sont plus heureux qu'avant. En l'acceptant comme postulat de départ, nous réussirons au contraire à nous sentir plus à l'aise par rapport à notre identification sexuelle d'origine et donc à nous ouvrir davantage aux influences de l'autre sexe.

CONCLUSION

Quand l'amour vous sourit

« Vous me parlez de travail, de modèles, de défenses, de problèmes… Mais au fond, à quoi ça ressemble, une belle histoire d'amour ? » me demande un patient. Il n'est pas facile de décrire un amour sain et mature, non seulement pour le psychologue qui, du fait de son métier, a plus souvent affaire aux dilemmes de l'amour qu'à ses plaisirs, mais aussi pour le romancier : les plus belles œuvres littéraires ne parlent-elles pas d'amours tragiques, tourmentées ou « pathologiques » ? Une belle relation amoureuse est moins dramatique qu'une relation turbulente. Il arrive même qu'elle soit ennuyeuse. Toutefois, si la décrire peut être utile, comme mon patient le pensait, voici donc, en guise de conclusion, douze « indispensables » à une relation amoureuse « suffisamment bonne ». En principe, si vous suivez l'approche en trois étapes que je propose dans ce livre, vous devriez réussir à vivre une histoire d'amour comportant la plupart, si ce n'est la totalité, des éléments suivants :

1. *Un certain degré d'idéalisation mutuelle.* Si l'idéalisation est trop forte, nous pénétrons dans le

territoire de l'amour narcissique ; mais si elle est trop faible, cela signifie que notre relation ne possède rien de spécial. Quand l'histoire s'inscrit dans la durée, l'idéalisation connaît souvent des flux et des reflux, mais elle doit toujours être présente, même sous-jacente, prête à surgir, si nécessaire, pour raviver la flamme.

2. *Une profonde identification entre les deux partenaires.* C'est la capacité à se sentir concerné par une expérience fondamentale de la vie de l'autre : un même traumatisme subi pendant l'enfance, un environnement familial semblable, ou tout ce qui résonne profondément dans le psychisme des deux conjoints. C'est ce qui vous donne l'impression d'avoir trouvé l'âme sœur.

3. *Un équilibre dans les ressemblances et différences des deux personnalités.* Il est essentiel qu'il y ait un partage d'affinités ou une compatibilité en termes de philosophie de vie, de valeurs et de sensibilités. Mais attention : s'il y a trop de ressemblances, l'ennui guette, on perd l'occasion d'apprendre à aimer en dehors de sa propre personne. À l'inverse, si les contraires s'attirent et peuvent être complémentaires, ce qui garantit un formidable partenariat, trop de différences et d'oppositions peuvent néanmoins conduire à la polarisation, la discorde et l'aliénation.

4. *La capacité à parler.* La communication implique de savoir parler des sentiments importants, des idées et des décisions qui affectent la vie du couple. C'est indispensable, comme de savoir bavarder des petits riens de la vie et échanger sur des sujets « extérieurs » au couple, tels la politique, la nourriture, l'art, le sport, la psychologie, etc.

5. *Le sexe.* Le sexe, et tout ce qui lui est lié, comme l'attirance, la séduction, l'affection et le flirt, est ce qui fait tourner le monde des relations

amoureuses. Sans doute encore plus que l'argent. Alors que dans une histoire qui dure depuis longtemps le désir et l'excitation sexuels tendent à décroître avec le temps, et plus encore la fréquence des rapports sexuels, il est impossible de parler d'amour sans évoquer sa composante sexuelle. Et de fait, pour de nombreux couples, une relation amoureuse sans sexe ressemble à une sentence de mort.

6. *Tolérer et résoudre les conflits.* Il n'est pas toujours facile de communiquer son amour, ses sentiments chaleureux et doux, mais il est encore plus dur d'exprimer sa colère ou sa déception. Et pourtant, la capacité à aborder les conflits directement (en manifestant dans la clarté les sentiments négatifs que l'on ressent), ainsi que l'art et la volonté de les résoudre et de passer l'éponge pour avancer jusqu'à la prochaine fois, sont essentiels.

7. *Énoncer les règles, implicites ou explicites, de base.* Les disputes sont inévitables et peuvent aussi être constructives en facilitant le changement ou en faisant ressortir des différences importantes dans les priorités et les besoins. D'autres contrariétés, peines ou malentendus ne manqueront pas non plus de surgir. Cependant, même dans les moments les plus difficiles, il doit exister, explicite ou implicite, un *modus vivendi* pour fixer des limites à certains comportements. Les détails varient d'un couple à l'autre, mais ils concernent souvent les abus verbaux, la violence physique et la fidélité.

8. *La régulation de l'affect et des impulsions.* Elle est liée au point précédent : les deux individus doivent en effet être capables de maîtriser leurs sentiments et de se retenir d'agir impulsivement. Si l'un des partenaires commet un faux pas (par exemple sur le plan sexuel ou sous le coup de la colère), il faut que l'autre sache contrôler ses réactions pour éviter l'escalade.

9. *Une capacité individuelle au renouvellement.* Dans les histoires vraiment solides, chacun des deux partenaires doit avoir une réserve suffisamment importante d'amour de soi et d'énergie pour chercher à grandir et ne pas se contenter d'être le satellite de l'autre. Outre que le risque d'une dépendance malsaine s'en trouve réduit, cela vous permet régulièrement de vous réinventer vous-même. Cette stratégie est indispensable pour affronter les inévitables changements, crises et stress que réserve l'existence et qui peuvent mettre à mal n'importe quelle relation, même suffisamment bonne.

10. *Un projet créatif commun plus grand que soi.* Le plus souvent, cela signifie avoir des enfants, mais cela ne se résume pas à cela. Le point essentiel, ici, est que, dans une histoire qui dure « toute la vie », le couple devrait s'impliquer dans quelque chose d'extérieur, comme une cause politique, du bénévolat, etc. Faute de cet élément, la « pression narcissique » pesant sur la relation est trop forte : une attente de joies et de plaisirs sans cesse renouvelés à l'égard de son partenaire qu'aucune relation ne peut satisfaire sur le long terme.

11. *Une croyance personnelle sans faille en la valeur de l'engagement.* Elle vous aidera à traverser les difficultés et vous donnera la motivation nécessaire quand il s'agira de travailler sur votre relation. Les deux partenaires doivent partager cette conviction, car sans elle la tentation est grande d'aller voir ailleurs si l'herbe est plus verte.

12. En amour comme dans la vie, un peu de cette magie dont ne parle pas la psychologie, et un peu de cette chance qu'aucun travail, aussi acharné soit-il, ne peut produire, font toute la différence.

TABLE

Achevé d'imprimer en août 2014
par CPI (Barcelone)
Dépôt legal : janvier 2007

Imprimé en Espagne